'공기업/대기업, 부사관/ROTC/사관학교'

이제 AI가 사람을 채용하는 시대

win시대로

모바일 AI면접 캠이 없어도 OK

준비하고 연습해서 실제 면접처럼~

다양한 게임으로 실전 완벽 대비

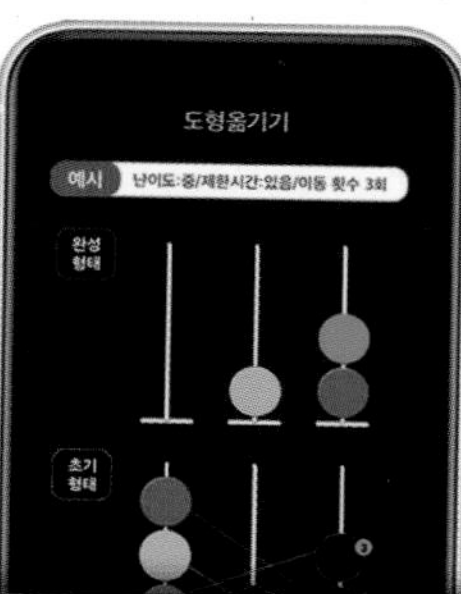

AI가 분석하는 면접 평가서

※ 윈시대로는 PC/모바일웹에서 가능합니다.

실제 'AI 면접'에 가장 가까운 체험

동영상으로 보는 셀프 모니터링

단계별 질문 및 AI 게임 트레이닝

면접별 분석 및 피드백 제공

AI면접 쿠폰 사용 안내

1. 윈시대로(www.winsidaero.com) 접속
2. 로그인 또는 회원가입 후 이벤트 페이지 이동
3. 도서에 안내된 쿠폰번호 확인 후 입력
4. [마이페이지]에서 AI면접 실시

※ 무료 쿠폰으로 응시한 면접은 일부 제한된 리포트를 제공합니다.
※ 쿠폰은 등록 후 7일간 이용 가능합니다.

win시대로

 www.winsidaero.com

 1600-3600 평일 9~18시 (토・공휴일 휴무)

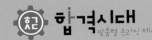

GSAT

2021 하반기 채용 대비

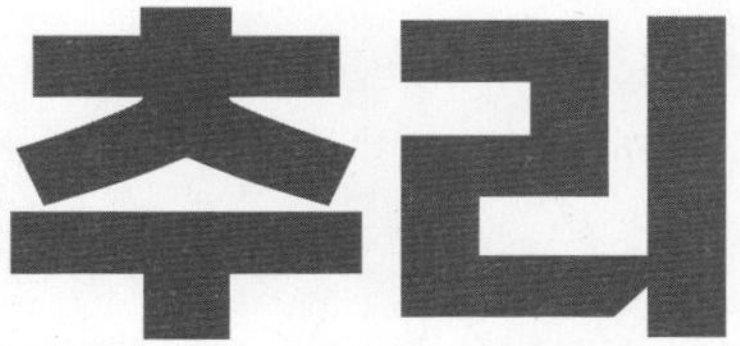

무료삼성특강

2021년 상반기 최신기출문제 복원 및 분석

Always with you
사람이 길에서 우연하게 만나거나 함께 살아가는 것만이 인연은 아니라고 생각합니다.
책을 펴내는 출판사와 그 책을 읽는 독자의 만남도 소중한 인연입니다.
(주)시대고시기획은 항상 독자의 마음을 헤아리기 위해 노력하고 있습니다.
늘 독자와 함께 하겠습니다.
합격의 공식
시대에듀
잠깐!
자격증 • 공무원 • 금융/보험 • 면허증 • 언어/외국어 • 검정고시/독학사 • 기업체/취업
이 시대의 모든 합격! 시대에듀에서 합격하세요!
www.youtube.com → 시대에듀 → 구독

PREFACE

머리말

삼성 경영철학의 최우선순위는 '인간존중' 이념이다. 이를 구현하기 위해 삼성은 1995년에 개인의 능력과 무관한 학력, 성별 등의 모든 차별을 배제한 '열린채용'을 실시함으로써 채용문화에 변화의 바람을 일으켰다. 이때 삼성 직무적성검사(SSAT : SamSung Aptitude Test)를 도입, 단편적 지식과 학력 위주의 평가 방식에서 과감히 탈피했다.

20년 동안 채용을 진행하면서, 입사 후 우수 직원들의 업무성과 요인 등을 분석한 결과 직군별 성과요인에 차이가 있었다. 또한 미래 경영환경의 변화와 글로벌 주요 기업들의 사례를 통해, 창의적이고 우수한 인재를 효과적으로 확보할 필요성이 생겼다. 이에 삼성은 2015년 하반기 공채부터 시험 위주의 획일적 채용방식을 직군별로 다양화하는 방향으로 채용제도를 개편했다. 이와 더불어 SSAT(국내)와 GSAT(해외)로 혼재되어 사용하던 삼성 직무적성검사의 명칭을 GSAT(Global Samsung Aptitude Test)로 통일시켰다.

실제 삼성 직무적성검사 기출문제를 살펴보면 평소 꾸준히 준비하지 않으면 쉽게 통과할 수 없도록 구성되어 있다. 더군다나 입사 경쟁이 날이 갈수록 치열해지는 요즘과 같은 상황에서는 이에 대한 더욱 철저한 준비가 요구된다. '철저한 준비'는 단지 입사를 위해서뿐만 아니라 성공적인 직장생활을 위해서도 필수적이다.

(주)시대고시기획에서는 수험생들이 GSAT에 대한 '철저한 준비'를 할 수 있도록 다음과 같이 교재를 구성하였으며, 이를 통해 단기에 성적을 올릴 수 있는 학습법을 제시하였다.

도서의 특징

첫 째 2021년 상반기~2014년 하반기 최신기출문제를 수록하여 최신 출제 경향을 파악할 수 있도록 하였다.

둘 째 GSAT 추리 영역의 이론점검, 대표유형, 유형점검, 불싸트(GSAT) 점검을 수록하여 체계적으로 학습이 가능하도록 하였다.

셋 째 최종점검 모의고사와 온라인 모의고사, 문제풀이 용지를 제공하여 온라인 시험에 대비할 수 있도록 하였다.

넷 째 인성검사, 면접을 수록하여 한 권으로 삼성 채용을 대비할 수 있도록 하였다.

끝으로 본서로 삼성 채용 시험을 준비하는 여러분 모두의 건강과 합격을 진심으로 기원한다.

SD적성검사연구소 씀

삼성 이야기

경영이념

인재와 기술을 바탕으로 최고의 제품과 서비스를 창출하여 인류사회에 공헌한다

핵심가치

기업은 사람이다
삼성의 인재에 대한 믿음

인재제일 인재를 중시하고 키우는 기업문화, '기업이 곧 사람'이라는 신념을 바탕으로 모든 사람이 각자 고유한 역량과 잠재력을 가진 우수한 인재이며 세상을 움직이는 원동력임을 믿습니다.

늘 앞선 변화를 선도한다
삼성의 미래를 창조하는 자세

변화선도 삼성은 현실안주를 퇴보로 인식하고 끊임없는 변화와 혁신을 추구해온 기업입니다. 시대의 흐름을 파악하고 앞선 변화를 통한 창조적인 혁신을 추구합니다.

모두의 이익에 기여를 생각한다
삼성의 철학

상생추구 삼성은 이윤뿐만 아니라 고객, 임직원, 주주, 협력업체를 먼저 생각하는 상생정신을 가지고 있습니다. 국가와 지역사회의 공헌과 인류의 공동의 발전을 위해 노력합니다.

모든 분야에서 최고를 추구한다
삼성을 움직이는 의지의 표현

최고지향 삼성의 역사는 국내에서 세계를, 일류에서 초일류를 지향해 온 최고지향의 역사입니다. 항상 최고에 도전하고 세계최고를 향한 경쟁에서 당당히 승리하기 위해 노력합니다.

언제나 바른길을 간다
삼성인의 곧은 마음가짐

정도경영 삼성은 정과 도를 명확히 구분하여 부정 없는 깨끗한 조직풍토를 유지하는 문화를 가지고 있습니다. 고객과 사회로의 신뢰와 기본과 원칙에 따른 마음가짐을 중시합니다.

인재상

Samsung People

We invite global talent of diverse backgrounds.

삼성은 학력, 성별, 국적, 종교를 차별하지 않고
미래를 이끌어 나갈 인재와 함께 합니다.

Passion
열정

We have an unyielding passion to be the best.

끊임없는 열정으로 미래에 도전하는 인재

Creativity
창의혁신

We pursue innovation through creative ideas for a better future.

창의와 혁신으로 세상을 변화시키는 인재

Integrity
인간미 · 도덕성

We act responsibly as a corporate citizen with honesty and fairness.

정직과 바른 행동으로 역할과 책임을 다하는 인재

2021년 상반기 온라인 GSAT 분석

총평

전체적으로 난이도가 평이했지만 시간이 부족했다는 의견이 많았다.

신유형 없이 기존에 출제되던 유형으로만 출제되었으며, 영역별 유형의 비율 또한 2020년 하반기 시험과 비슷했다. 시험 영역, 유형 등이 전체적으로 혼란스러웠던 작년에 비해서는 안정된 시험이었고, 난이도도 평이했다. 다만, 수리논리에서 자료해석 유형과 추리에서 조건추리 유형을 풀이하는 데 시간이 걸려 다소 까다로웠다고 느껴졌다.

영역별 출제 유형 및 비중

❶ 수리논리

영역	유형	문항 수	비율	제한시간
수리논리	응용수리	2문항	10%	30분
	자료해석	18문항	90%	

❷ 추리

영역	유형	문항 수	비율	제한시간
추리	명제	3문항	10%	30분
	조건추리	12문항	40%	
	어휘추리	2문항	7%	
	도형추리	3문항	10%	
	도식추리	4문항	13%	
	논리추리	6문항	20%	

온라인 GSAT의 핵심 전략

시간 내에 풀 수 있는 문제를 전략적으로 선택하여 높은 정답률로 가장 많이 푸는 것이 핵심이다. 따라서 먼저 본인이 가장 자신 있는 유형과 자신 없는 유형을 파악해야 하고 문제 순서를 미리 정해 자신 있는 유형을 먼저 풀고 약한 유형에 나머지 시간을 투자해야 한다.

온라인 GSAT 패스 팁!

❶ 독서대에 책을 펼쳐 놓고 눈으로만 보면서 연습장에 풀이를 쓰는 연습을 한다.
❷ 실제 온라인 GSAT에서는 풀고자 하는 문제 번호를 치면 해당 문제로 바로 갈 수 있다. 페이지를 마우스 클릭으로 일일이 넘기지 않아도 된다.
❸ 오답은 감점 처리된다. 따라서 확실하게 푼 문제만 답을 체크하고 나머지는 그냥 둔다.
❹ 풀이가 작성된 문제풀이 용지는 제출해야 하며 부정행위가 없었는지 확인하는 데에 사용된다. 따라서 풀이를 다른 사람이 알아볼 수 있도록 작성하는 연습이 필요하다.
❺ 온라인 시험에서는 풀이를 문제풀이 용지에 작성하고 정답은 화면에서 체크해야 하므로 문제를 풀고 정답을 바로바로 체크하는 연습이 필요하다.
❻ 필기도구가 떨어지는 것을 대비하여 여러 개의 필기도구를 준비한다.
❼ 찍으면 감점되므로 모르는 문제는 넘어간다.
❽ 남은 시간을 따로 알려주지 않으므로 시간 관리하는 연습을 한다.

시험 변동 사항

❶ 시스템이 개선되고 큰 혼선 없이 안정적으로 진행되었다.
❷ 자료해석이나 지문 보는 것이 힘들다는 응시자들의 의견이 있었는데 이번에는 문제의 배치를 조정하고 도표에 색상을 넣는 등 사용자 환경(UX)을 개선하며 가독성과 편의성을 높였다.
❸ 표와 그래프가 나오는 문제도 마우스 스크롤이 필요 없게 한 화면에 다 보이게끔 나왔다.
❹ 다른 응시생들의 음성은 들리지 않았고, 감독관의 음성만 들렸다.
❺ 문제풀이 용지에 정답 표기란이 없어졌다.
❻ 모니터 터치가 가능해졌다.
❼ 예비소집일에 테스트 문항을 풀어볼 수 있었다.

2021년 상반기 온라인 GSAT 분석

일정

- **온라인 예비소집**

  온라인 GSAT 시행일 이전 토요일과 일요일에 오전(09:00~10:30), 오후(14:00~15:30)로 나누어 진행한다.

  ※ 삼성직무적성검사 응시 당일과 동일한 시험환경에서 전체 프로세스 안내 및 확인

  ※ 절차 : PC 및 스마트폰 프로그램 접속 → 출석체크 → 응시환경 점검 → 테스트 문항 응시 → 이상 확인 및 공지사항 전달

- **온라인 GSAT 시행일**

  토요일과 일요일에 오전(09:00~11:10), 오후(14:00~16:10)로 나누어 진행한다.

  ※ 4회차 모두 다른 시험문제가 출제됨. 각 응시자는 지원한 계열사에 따라 04개의 타임 중 한 타임에 배치

준비방법

- **PC(데스크탑 또는 노트북)** *Windows 또는 macOS 설치 기종
  - 최소 2시간 인터넷 사용이 가능하도록 유선랜 또는 Wi-Fi 연결 필요
  - 노트북을 사용하는 경우 응시 중 배터리 방전에 대비하여 반드시 전원 연결 필요

- **스마트폰** *안드로이드 또는 iOS 설치 기종
  - 최소 2시간 인터넷 사용이 가능하도록 Wi-Fi 또는 모바일 네트워크에 연결 필요

    ※ 모바일 네트워크를 사용하는 경우 통신사 요금제에 따라 데이터 요금 발생 가능
  - 카메라/스피커가 작동되어야 하며 배터리 방전에 대비하여 반드시 전원 연결 필요

- **응시자 키트** *예비소집일 전까지 개인별 배송(서류 발표 후 배송지 입력)
  - 구성 : 스마트폰 거치대, 문제풀이 용지, 개인정보보호 카드, 응시자 유의사항

    ※ 문제풀이 용지는 삼성직무적성검사 당일 감독관의 지시가 있기 전까지 절대 개봉 금지

시험장소

가능	불가능
집, 기숙사와 같은 개인 공간	카페와 같은 공동 공간

주의사항

- 시험시간 최소 20분 전에 접속 완료해야 함
- 촬영 화면 밖으로 손이나 머리가 나가면 안 됨
- 예비소집일과 동일한 방식으로 '접속코드'를 받아서 실행해야 응시 가능
- 온라인 예비소집에서 보여준 '동일 장소'에서 응시
- '응시자 매뉴얼'을 준수
- 책상 위에 PC와 마우스패드, 필기구(펜, 샤프, 연필), 응시자 키트 구성품 이외에 다른 물건 금지
- 모니터 2대 이상 사용 금지
- 시험 문제 메모 · 촬영 금지
- 시험 보는 동안 자리 이탈 금지
- 반려견 소리 금지
- 음식, 물 취식 금지
- Wi-Fi 접속 시 비행기모드로 전환
- 전화나 카톡 소리 등 알림음 금지
- 부정행위 절대 금지
- 시험 시간 이외에 펜을 들거나 만지는 행위 금지
- 시험 시간 이외에는 손을 책상 위에 올린 채로 눈은 모니터를 응시해야 함

부정행위

- 신분증 및 증빙서류를 위 · 변조하여 검사를 치르는 행위
- 대리 시험을 의뢰하거나 대리로 검사에 응시하는 행위
- 문제를 메모 또는 촬영하는 행위
- 문제의 일부 또는 전부를 유출하거나 외부에 배포하는 행위
- 타인과 답을 주고받는 행위

도서 200% 활용하기

1 다년도 최신기출문제

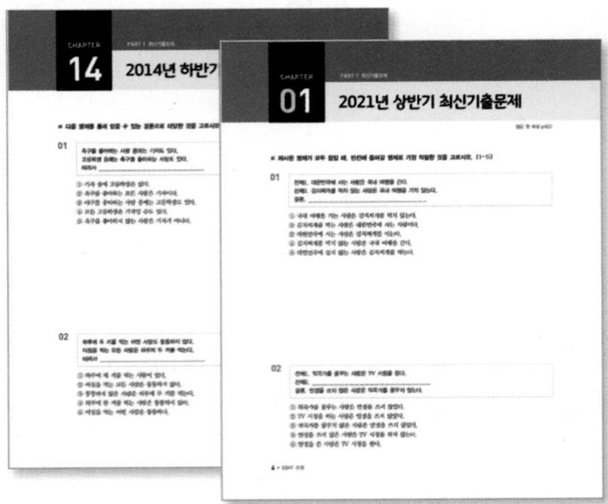

2014년 하반기부터 2021년 상반기까지 GSAT 복원 문제로 출제 경향을 파악할 수 있도록 하였다.

2 이론 + 대표유형 + 유형점검 + 불싸트

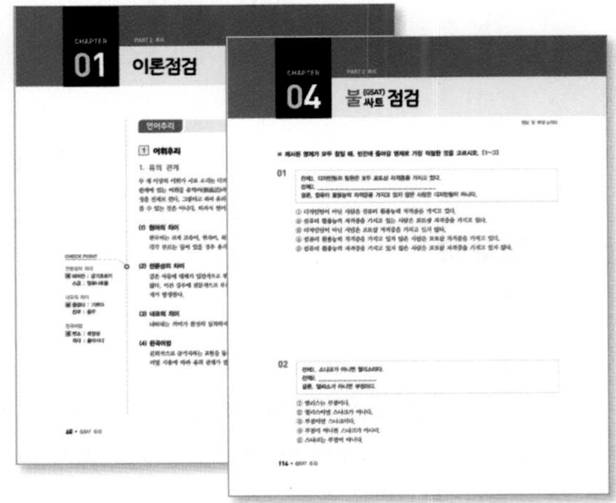

기본 유형부터 고난도 유형까지 수록하여 어떠한 난이도에서도 흔들림 없이 풀어나갈 수 있도록 하였다.

3 모의고사 + 온라인 실전연습 서비스

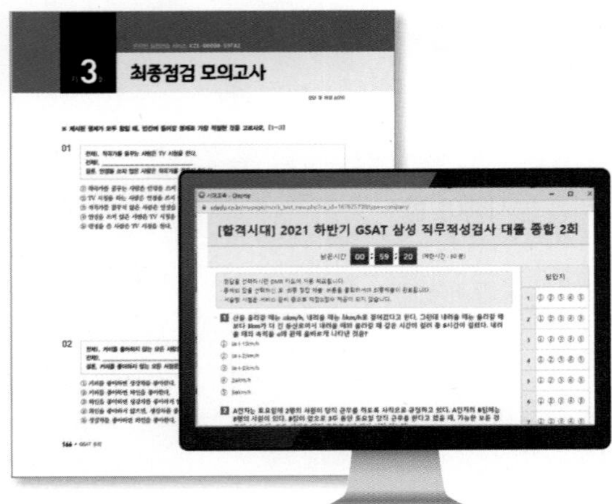

최종점검 모의고사와 온라인 실전연습 서비스, 문제풀이 용지를 활용하여 실전처럼 연습이 가능하도록 하였다.

4 인성검사 + 면접

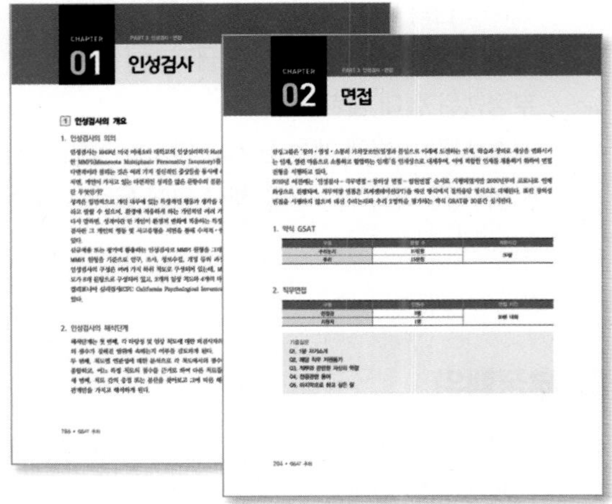

인성검사 모의연습을 통해 지원한 회사의 인재상에 부합하는지 확인할 수 있고, 면접 기출 질문을 통해 실제 면접에서 나오는 질문에 미리 대비할 수 있도록 하였다.

합격 선배들이 알려주는 GSAT 필기시험 합격기

풀고 또 풀고!

대기업 인적성 하면 제일 먼저 떠오르는 게 GSAT이고 가장 높은 장벽처럼 느껴졌습니다. 그래서 도서를 구입하고 책이 너덜너덜해질 때까지 풀고 또 풀었습니다. 안그래도 다른 대기업 인적성 도서보다 두껍고 어려운 도서를 반복해서 보려고 하니 힘들어서 포기하고 싶었지만 도서를 믿고 기출 유형을 반복하여 익혔습니다. 실제 시험에서 시대고시 도서로 공부한 문제와 유형도 비슷하게 나오고 난이도도 얼추 맞아 수월하게 시험에 응시할 수 있었던 것 같아 시대고시 도서를 믿고 푼 보람이 있었습니다.

유형부터 모의고사까지!

취업 준비를 시작하면서 가장 막막했던 것이 인적성시험 준비였습니다. 특히 삼성같은 경우에는 합격의 당락을 좌우하는 요소 중 GSAT의 비중이 매우 크다고 들었던 터라 더욱 걱정이 되었습니다. 서점에 가서 여러 종류의 책들을 훑어보다가 시대고시 도서가 유형부터 모의고사까지 구성이 되어 있어 체계적인 학습이 가능할 것 같아 선택하게 되었습니다. 저처럼 인적성시험 공부가 처음인 사람에게는 굉장히 도움이 될 것 같았고, 실제로도 그랬습니다. 최신기출문제가 맨 앞에 따로 나와 있어서 이걸 풀어보면서 시험이 어떤 식으로 출제되는지 감을 잡을 수 있었습니다. 책의 구성이 저 같은 초심자도 체계적으로 공부할 수 있도록 이루어져 있어 굉장히 도움이 되었습니다.

※ 본 독자 후기는 실제 (주)시대고시기획의 도서를 통해 공부하여 합격한 독자들께서 보내주신 후기를 재구성한 것입니다.

이 책의 차례

PART 1 최신기출문제

PART 2 추리

PART 3 최종점검 모의고사

PART 4 인성검사 · 면접

별 책 정답 및 해설

GSAT

삼성직무적성검사 | **추리**

PART 1 최신기출문제

삼성그룹은 2020년 상반기 공채에서 처음으로 온라인 직무적성검사를 시행하였다. 시험 방식은 크게 바뀌었지만 추리 영역은 새로운 유형이나 빠진 유형 없이 언어추리, 도형추리, 도식추리 그대로 출제되었다. 출제 문항 수와 시험 시간도 30문항, 30분으로 동일했다. 다만 유형별 출제 비율이 바뀌었다. 조건추리가 가장 많았고 그 다음으로 명제, 도형추리, 도식추리, 어휘, 추론 순으로 출제되었다. 이에 2021년 상반기 최신기출 문제를 포함한 8개년 추리 영역 기출문제를 수록, 기출유형과 문제를 학습하여 최신 출제 경향을 파악할 수 있게 하였다.

PART 1

최신 기출문제

※ 최신기출문제는 수험생들의 후기를 통해 (주)시대고시기획에서 복원한 문제로 실제 문제와 다소 차이가 있을 수 있으며,

2021년 상반기 최신기출문제

정답 및 해설 p.002

※ 제시된 명제가 모두 참일 때, 빈칸에 들어갈 명제로 가장 적절한 것을 고르시오. [1~5]

01

전제1. 대한민국에 사는 사람은 국내 여행을 간다.
전제2. 김치찌개를 먹지 않는 사람은 국내 여행을 가지 않는다.
결론. ________________________

① 국내 여행을 가는 사람은 김치찌개를 먹지 않는다.
② 김치찌개를 먹는 사람은 대한민국에 사는 사람이다.
③ 대한민국에 사는 사람은 김치찌개를 먹는다.
④ 김치찌개를 먹지 않는 사람은 국내 여행을 간다.
⑤ 대한민국에 살지 않는 사람은 김치찌개를 먹는다.

02

전제1. 작곡가를 꿈꾸는 사람은 TV 시청을 한다.
전제2. ________________________
결론. 안경을 쓰지 않은 사람은 작곡가를 꿈꾸지 않는다.

① 작곡가를 꿈꾸는 사람은 안경을 쓰지 않았다.
② TV 시청을 하는 사람은 안경을 쓰지 않았다.
③ 작곡가를 꿈꾸지 않은 사람은 안경을 쓰지 않았다.
④ 안경을 쓰지 않은 사람은 TV 시청을 하지 않는다.
⑤ 안경을 쓴 사람은 TV 시청을 한다.

03

> 전제1. ________________________
> 전제2. 바이올린을 배우는 사람은 모두 필라테스를 배운다.
> 결론. 피아노를 배우는 사람은 모두 필라테스를 배운다.

① 피아노를 배우는 사람은 모두 바이올린을 배운다.
② 피아노를 배우지 않는 사람은 바이올린을 배운다.
③ 바이올린을 배우는 사람은 피아노를 배운다.
④ 필라테스를 배우는 사람은 피아노를 배운다.
⑤ 필라테스를 배우지 않는 사람은 바이올린을 배운다.

04

> 전제1. 커피를 좋아하지 않는 모든 사람은 와인을 좋아하지 않는다.
> 전제2. ________________________
> 결론. 커피를 좋아하지 않는 모든 사람은 생강차를 좋아한다.

① 커피를 좋아하면 생강차를 좋아한다.
② 커피를 좋아하면 와인을 좋아한다.
③ 와인을 좋아하면 생강차를 좋아하지 않는다.
④ 와인을 좋아하지 않으면, 생강차를 좋아한다.
⑤ 생강차를 좋아하면 와인을 좋아한다.

05

> 전제1. 유행에 민감한 모든 사람은 고양이를 좋아한다.
> 전제2. ________________________
> 결론. 고양이를 좋아하는 어떤 사람은 쇼핑을 좋아한다.

① 고양이를 좋아하는 모든 사람은 유행에 민감하다.
② 유행에 민감한 어떤 사람은 쇼핑을 좋아한다.
③ 쇼핑을 좋아하는 모든 사람은 고양이를 좋아하지 않는다.
④ 유행에 민감하지 않은 어떤 사람은 쇼핑을 좋아한다.
⑤ 고양이를 좋아하지 않는 모든 사람은 쇼핑을 좋아한다.

06 A ~ E 5명은 아이스크림 가게에서 바닐라, 딸기, 초코맛 중에 한 개씩 주문하였다. 〈조건〉과 같을 때 다음 중 옳지 않은 것은?

조건

- C 혼자 딸기맛을 선택했다.
- A와 D는 서로 같은 맛을 선택했다.
- B와 E는 다른 맛을 선택했다.
- 바닐라, 딸기, 초코맛 아이스크림은 각각 2개씩 있다.
- 마지막에 주문한 E는 인원 초과로 선택한 아이스크림을 먹지 못했다.

① A가 바닐라맛을 선택했다면, E는 바닐라맛을 선택했다.
② C가 딸기맛이 아닌 초코맛을 선택하고 딸기맛은 아무도 선택하지 않았다면 C는 아이스크림을 먹지 못했을 것이다.
③ D보다 E가 먼저 주문했다면, E는 아이스크림을 먹었을 것이다.
④ A와 E가 같은 맛을 주문했다면, B와 D는 서로 다른 맛을 주문했다.
⑤ E가 딸기맛을 주문했다면, 모두 각자 선택한 맛의 아이스크림을 먹을 수 있었다.

07 A, B, C, D 네 명은 S옷가게에서 각자 마음에 드는 옷을 입어보았다. 〈조건〉과 같을 때, 다음 중 항상 옳은 것은?

조건

- S옷가게에서 판매하는 옷의 종류는 티셔츠, 바지, 코트, 셔츠이다.
- 종류별로 각각 검은색, 흰색 색상이 있으며, 재고는 1장씩밖에 남지 않았다.
- 각자 옷의 종류가 겹치지 않도록 2장씩 입었다.
- 같은 색상으로 입어본 사람은 2명이다.
- 코트를 입어본 사람은 셔츠를 입어보지 않았다.
- 티셔츠를 입어본 사람은 바지를 입어보지 않았다.
- B는 검은색 바지를, C는 흰색 셔츠를 입어보았다.
- 코트는 A, B가, 티셔츠는 A, C가 입어보았다.
- 검은색 코트와 셔츠는 A와 D가 입어보았다.

① A는 검은색 티셔츠와 흰색 바지를 입었다.
② A는 검은색 티셔츠와 흰색 코트를 입었다.
③ B는 흰색 바지와 흰색 코트를 입었다.
④ C는 흰색 티셔츠와 검은색 셔츠를 입었다.
⑤ D는 흰색 바지와 검은색 셔츠를 입었다.

08 1에서 5까지의 자연수가 적혀있는 카드가 A, B가 앉아있는 두 책상 위에 동일하게 놓여있다. A, B 두 사람은 각자의 책상 위에 숫자가 안보이게 놓여있는 카드를 세 장씩 뽑았다. A, B가 뽑은 카드가 〈조건〉과 같을 때 카드 숫자 합이 가장 큰 조합은?(단, 한 번 뽑은 카드는 다시 뽑지 않는다)

조건

- A와 B는 같은 숫자가 적힌 카드를 한 장 뽑았고, 그 숫자는 2이다.
- B가 세 번째에 뽑은 카드에 적힌 숫자는 A가 세 번째에 뽑은 카드에 적힌 숫자보다 1만큼 작고, B가 첫 번째에 뽑은 카드에 적힌 숫자보다 1만큼 크다.
- 첫 번째, 두 번째, 세 번째에 A가 뽑은 카드에 적힌 숫자는 B가 뽑은 카드에 적힌 숫자보다 1만큼 크다.

① A – 첫 번째, B – 세 번째
② A – 두 번째, B – 첫 번째
③ A – 두 번째, B – 두 번째
④ A – 세 번째, B – 두 번째
⑤ A – 세 번째, B – 세 번째

09 A, B, C, D, E가 순서대로 놓인 1, 2, 3, 4, 5번 콘센트를 1개씩 이용하여 배터리가 방전된 핸드폰을 충전하려고 한다. 〈조건〉을 만족할 때 다음 중 항상 옳은 것은?(단, 작동하는 콘센트를 이용하는 사람의 핸드폰은 전원이 켜지고, 작동되지 않는 콘센트를 이용하는 사람의 핸드폰은 전원이 켜지지 않는다)

조건

- 5번 콘센트는 작동되지 않고, 나머지 콘센트는 작동한다.
- B는 3번 콘센트를 사용한다.
- D는 5번 콘센트를 이용하지 않는다.
- A는 1번이나 5번 콘센트를 이용한다.
- A와 E, C와 D는 바로 옆 콘센트를 이용한다.

① C의 핸드폰에 전원이 켜지지 않는다면, E는 1번 콘센트를 이용한다.
② C가 B의 바로 옆 콘센트를 이용하면, A의 핸드폰에 전원이 켜지지 않는다.
③ E가 4번 콘센트를 이용하면, C는 B의 바로 옆 콘센트를 이용한다.
④ A의 핸드폰에 전원이 켜지지 않는다면, D는 1번 콘센트를 이용한다.
⑤ D가 2번 콘센트를 이용하면, E의 핸드폰에 전원이 켜지지 않는다.

10 가와 나 마을에 A~F가 살고 있다. 가와 나 마을에는 3명씩 살고 있으며, 가 마을 사람들은 항상 진실만을 말하고 나 마을 사람들은 항상 거짓만 말한다. F가 가 마을에 살고 있고, 다음 〈조건〉을 고려했을 때 나 마을 사람으로 옳은 것은?

> **조건**
> - A : B, D 중 한 명은 가 마을이야.
> - C : A, E 중 한 명은 나 마을이야.

① A, B, C
② A, B, D
③ B, C, D
④ B, C, E
⑤ C, D, E

※ 다음 제시된 단어의 대응관계가 동일하도록 빈칸에 들어갈 가장 적절한 단어를 고르시오. **[11~12]**

11

> 영겁 : 순간 = (　　) : 고귀

① 숭고
② 비속
③ 고상
④ 존귀
⑤ 신성

12

> 팽대 : 퇴세 = 쇄신 : (　　)

① 진보
② 은폐
③ 세파
④ 답습
⑤ 개혁

※ 다음 단어의 대응관계가 나머지와 다른 하나를 고르시오. [13~14]

13 ① 참조 – 참고 ② 숙독 – 탐독
③ 임대 – 차용 ④ 정세 – 상황
⑤ 분별 – 인식

14 ① 옹호하다 : 편들다
② 상정하다 : 가정하다
③ 혁파하다 : 폐지하다
④ 원용하다 : 인용하다
⑤ 겸양하다 : 거만하다

※ 다음 제시된 도형의 규칙을 보고 ?에 들어갈 알맞은 것을 고르시오. [15~17]

15

①

②
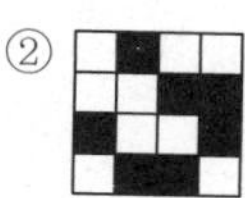

③

④
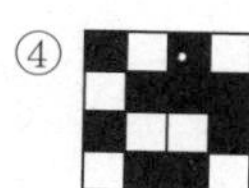

⑤

16

①
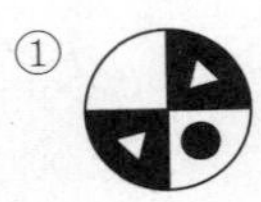

②
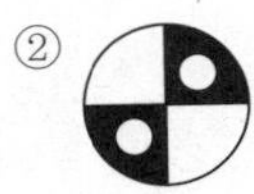

③

④

⑤

17

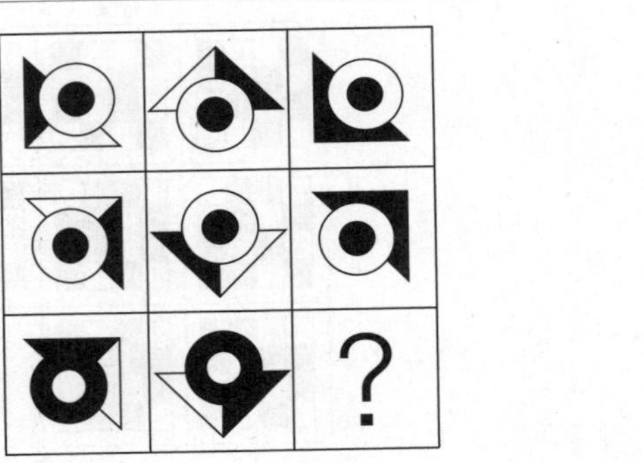

①

②
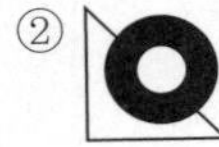

③

④

⑤

※ 다음 도식에서 기호들은 일정한 규칙에 따라 문자를 변화시킨다. ?에 들어갈 알맞은 문자를 고르시오(단, 규칙은 가로와 세로 중 한 방향으로만 적용된다). **[18~21]**

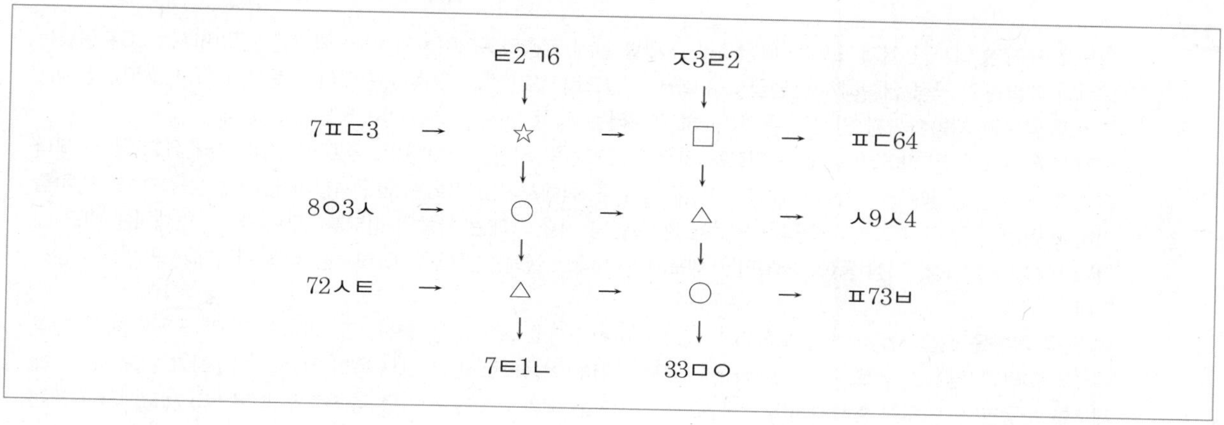

		ㅌ2ㄱ6		ㅈ3ㄹ2		
		↓		↓		
7ㅍㄷ3	→	☆	→	□	→	ㅍㄷ64
		↓		↓		
8ㅇ3ㅅ	→	○	→	△	→	ㅅ9ㅅ4
		↓		↓		
72ㅅㅌ	→	△	→	○	→	ㅍ73ㅂ
		↓		↓		
		7ㅌ1ㄴ		33ㅁㅇ		

18

QE1O → □ → ☆ → ?

① 1QPD
② EQP1
③ E1QO
④ E1QP
⑤ D1QP

19

JW37 → △ → ○ → ?

① 82JX
② 82XJ
③ 8JX2
④ 37JW
⑤ JX28

20

? → △ → □ → OVUE

① UNWD
② UNVC
③ UOVE
④ UVEO
⑤ TNWD

21

? → ☆ → △ → 5845

① 3675
② 4557
③ 9465
④ 6753
⑤ 2167

PART 1 최신기출문제

※ 다음 글의 내용이 참일 때 항상 거짓인 것을 고르시오. [22~23]

22

별도로 제작된 디자인 설계 도면을 바탕으로 소재를 얇게 적층하여 3차원의 입체 형상을 만들어내는 3D프린터는 오바마 대통령의 국정 연설에서도 언급되며 화제를 일으키기도 했다. 단순한 형태의 부품부터 가구, 치아, 심지어 크기만 맞으면 자동차까지 인쇄할 수 있는 3D프린터는 의학 분야에서도 역시 활용되고 있다.

인간의 신체 일부를 찍어낼 수 있는 의료용 3D바이오프린팅 시장은 이미 어느 정도 주류로 자리 잡고 있다. 뼈나 장기가 소실된 환자에게 유기물로 3D프린팅 된 신체를 대체시키는 기술은 연구개발과 동시에 상용화에도 박차를 가하고 있는 상황이다. 그리고 이러한 의료용 3D프린팅 기술 중에는 사람의 피부를 3D프린터로 인쇄하는 것도 있다. 화상이나 찰과상, 자상 등에 의해 피부 세포가 죽거나 소실되었을 때 인공 피부를 직접 사람에게 인쇄하는 방식이다.

이 인공 피부를 직접 사람에게 인쇄하기 위해서는 마찬가지로 살아 있는 잉크, 즉 '바이오 잉크'가 필요한데, 피부 세포와 콜라겐, 섬유소 등으로 구성된 바이오 잉크는 거부 반응으로 인한 괴사 등의 위험을 해결하기 위해 자기유래 세포를 사용한다. 이처럼 환자의 피부 조직을 배양해 만든 배양 피부를 바이오 잉크로 쓰면 본인의 세포에서 유래된 만큼 거부 반응을 최소화할 수 있다는 장점이 있다.

물론 의료용 3D프린팅 기술에도 해결해야 할 문제는 존재한다. 3D프린팅 기술을 통한 피부이식에 대한 안전성 검증에는 많은 비용과 시간, 인내가 필요함에 따라 결과 도출에 오랜 시간이 걸릴 것으로 예상되며, 이 과정에서 장기 이식 및 전체적 동식물 유전자 조작에 대한 부정적 견해를 유발할 수 있을 것으로 우려되기 때문이다.

① 3D프린터는 재료와 그 크기에 따라 다양한 사물을 인쇄할 수 있다.
② 3D프린터 기술이 발전한다면 장기기증자를 기다리지 않아도 될 것이다.
③ 피부를 직접 환자에게 인쇄하기 위해서는 별도의 잉크가 필요하다.
④ 같은 바이오 잉크라 해도 환자에 따라 거부 반응이 발생할 여지가 있다.
⑤ 자칫 장기 이식 및 선택적 동식물 유전자 조작에 대한 부정적 견해를 유발할 수 있다.

23

> 생태학에서 생물량, 또는 생체량으로 번역되어 오던 단어인 바이오매스(Biomass)는, 태양 에너지를 받은 식물과 미생물의 광합성에 의해 생성되는 식물체, 균체, 그리고 이를 자원으로 삼는 동물체 등을 모두 포함한 생물 유기체를 일컫는다. 그리고 이러한 바이오매스를 생화학적, 또는 물리적 변환과정을 통해 액체, 가스, 고체연료, 또는 전기나 열에너지 형태로 이용하는 기술을 화이트 바이오테크놀로지(White Biotechnology), 줄여서 '화이트 바이오'라고 부른다.
>
> 옥수수나 콩, 사탕수수와 같은 식물자원을 이용해 화학제품이나 연료를 생산하는 기술인 화이트 바이오는 재생이 가능한 데다 기존 화석원료를 통한 제조방식에서 벗어나 이산화탄소 배출을 줄일 수 있는 탄소중립적인 기술로 주목받고 있다. 한편 산업계에서는 미생물을 활용한 화이트 바이오를 통해 산업용 폐자재나 가축의 분뇨, 생활폐기물과 같이 죽은 유기물이라 할 수 있는 유기성 폐자원을 바이오매스 자원으로 활용하여 에너지를 생산하고자 연구하고 있어, 온실가스 배출, 악취 발생, 수질오염 등 환경적 문제는 물론 그 처리비용 문제도 해결할 수 있을 것으로 기대를 모으고 있다.
>
> 비록 보건 및 의료 분야의 바이오산업인 레드 바이오나, 농업 및 식량 분야의 그린 바이오보다 늦게 발전을 시작했지만, 한국과학기술기획평가원이 발간한 보고서에 따르면 화이트 바이오 관련 산업은 연평균 18%의 빠른 속도로 성장하며 기존의 화학 산업을 대체할 것으로 전망하고 있다.

① 생태학에서 정의하는 바이오매스와 산업계에서 정의하는 바이오매스는 다르다.
② 산업계는 화이트 바이오를 통해 환경오염 문제를 해결할 수 있을 것으로 기대를 모으고 있다.
③ 가정에서 나온 폐기물은 바이오매스 자원으로 고려되지 않는다.
④ 화이트 바이오 산업은 아직 다른 두 바이오산업에 비해 규모가 작을 것이다.
⑤ 기존 화학 산업의 경우 탄소배출이 문제가 되고 있었다.

24 다음 글에 대한 반론으로 가장 적절한 것은?

> 경제 문제는 대개 해결이 가능하다. 대부분의 경제 문제에는 몇 개의 해결책이 있다. 그러나 모든 해결책은 누군가가 상당한 손실을 반드시 감수해야 한다는 특징을 갖고 있다. 하지만 누구도 이 손실을 자발적으로 감수하고자 하지 않으며, 우리의 정치제도는 누구에게도 이 짐을 짊어지라고 강요할 수 없다. 우리의 정치적, 경제적 구조로는 실질적으로 제로섬(Zero-sum)적인 요소를 지니는 경제 문제에 전혀 대처할 수 없다.
>
> 대개의 경제적 해결책은 대규모의 제로섬적인 요소를 갖기 때문에 큰 손실을 수반한다. 모든 제로섬 게임에는 승자가 있다면 반드시 패자가 있으며, 패자가 존재해야만 승자가 존재할 수 있다. 경제적 이득이 경제적 손실을 초과할 수도 있지만, 손실의 주체에게 손실의 의미란 상당한 크기의 경제적 이득을 부정할 수 있을 만큼 매우 중요하다. 어떤 해결책으로 인해 평균적으로 사회는 더 잘살게 될 수도 있지만, 이 평균이 훨씬 더 잘살게 된 수많은 사람들과 훨씬 더 못살게 된 수많은 사람들을 감춘다. 만약 당신이 더 못살게 된 사람 중 하나라면 내 수입이 줄어든 것보다 다른 누군가의 수입이 더 많이 늘었다고 해서 위안을 얻지는 않을 것이다. 결국 우리는 우리 자신의 수입을 보호하기 위해 경제적 변화가 일어나는 것을 막거나 혹은 사회가 우리에게 손해를 입히는 공공정책이 강제로 시행되는 것을 막기 위해 싸울 것이다.

① 빈부격차를 해소하는 것만큼 중요한 정책은 없다.
② 사회의 총생산량이 많아지게 하는 정책이 좋은 정책이다.
③ 경제문제에서 모두가 만족하는 해결책은 존재하지 않는다.
④ 경제적 변화에 대응하는 정치제도의 기능에는 한계가 존재한다.
⑤ 경제정책의 효율성을 높이는 방법은 일관성을 유지하는 것이다.

※ 다음 지문을 토대로 〈보기〉에 대한 해석으로 옳지 않은 것을 고르시오. **[25~27]**

25

최근 환경 문제가 심각해져, 필환경* 시대가 되었고, 이 시대에 맞춰 그린 컨슈머(Green Consumer)가 늘어나고 있다. 이들은 환경 또는 건강을 가장 중요한 판단 기준으로 하는 소비자로 편의성과 쾌적함 등이 아닌 건강과 환경을 기준으로 제품을 선택하기 때문에 기존의 제품 생산 체계를 유지해 오던 기업들에게 적지 않은 영향을 미치고 있다. 이들은 지구를 살리는 습관이라고 하는 4가지 소비방식인 Refuse, Reduce, Reuse, Recycle을 지키려고 하고 있는데, 이처럼 환경을 의식하는 소비자 운동을 그린 컨슈머 운동이라고도 하고, 그린 컨슈머리즘(Green Consumerism)이라고 부르기도 한다. 필환경 시대에는 컨셔스 패션(Conscious Fashion), 제로 웨이스트(Zero Waste), 프리 사이클링(Precycling) 등의 친환경적 성격의 활동이 떠오르고 있다.
우리나라의 1인당 연간 플라스틱 소비량은 98.2kg으로 미국(97.7kg), 프랑스(73kg), 일본(66.9kg) 등의 국가보다 자원 소비가 많다. 쓰레기 문제는 이미 심각하며, 쓰레기 저감은 선택이 아닌 생존의 문제기 때문에 많은 사람이 그린 컨슈머에 합류해서 환경보전활동에 참여해야 한다.
* 인류의 생존을 위해 반드시 지켜야 할 소비 트렌드

보기

뉴스를 보던 A씨는 지금이 필환경 시대인가를 고민하다가, 집에 쌓여있는 많은 잡동사니를 보고 자신도 그린 컨슈머에 동참해야겠다고 생각하였다. 개인적으로 할 수 있는 것을 해보자는 생각으로 그린 컨슈머의 4가지 소비방식부터 시작하였다. 그런데 활동을 시작하자 생각했던 것보다 훨씬 어려운 점이 많다는 것을 알게 되었다.

① A씨는 커피숍에 갈 때 텀블러를 들고 가고, 물품을 살 때 필요한 것인지 한 번 더 생각하게 될 것이다.
② A씨는 과대 포장은 불필요하기 때문에 공정과정에서 필수 포장만 하도록 조정할 것이다.
③ 패션 업계가 A씨처럼 필환경 시대에 동참하려 한다면, 옷의 생산부터 제작, 폐기까지 친환경적인 요소를 적용하고, 이를 소비자에게 공개할 것이다.
④ A씨가 지금 필환경 시대가 아니라고 판단한다면, 지금과 큰 차이 없는 생활을 할 것이다.
⑤ A씨가 그린 컨슈머가 된 이유는 자신도 우리나라 연간 쓰레기 생산에 관여하고 있는 것을 느꼈기 때문이다.

26

올해 한국의 유진테크가 처음으로 일본 고쿠사이를 제치고 삼성전자에 ALD 장비를 수주하게 되었다. 삼성전자는 기존 고쿠사이의 ALD 장비에 100% 의존하고 있었지만, 이제 ALD 장비 구매가 이원화되면서 구매 협상력이 높아졌다. 삼성전자는 고쿠사이에 웨이퍼 속도를 높여달라고 요청했지만 받아들여지지 않았고, 이후 다른 기업과 ALD 기술 개발을 도전하였으나 상용화하지 못한 상황에 놓여 있었지만, 이번 수주를 계기로 향후 ALD 산업에 청신호가 켜졌다는 전망이다.

ALD는 반도체 제조 과정에서 보호막을 씌우는 데 활용된다. 구체적으로는 실리콘 웨이퍼처럼 미세한 층에 박막(Thin Film)을 씌우는 것으로 반도체 공정에는 반드시 필요한 기술이다. 유진테크는 수년간의 연구개발을 통해 기술력을 높여 기술력이 고쿠사이보다 더 높다는 평가를 받는데 고쿠사이는 기계당 100장 미만의 웨이퍼를 넣어 처리할 수 있지만, 유진테크의 장비는 기계당 150장을 처리할 수 있다. 게다가 이후에도 점점 더 좋은 기술을 확보할 것으로 전망된다.

국내 기술이라는 점과 기술력 등의 강점을 토대로 유진테크는 삼성전자에 ALD 장비를 처음으로 공급하게 되었으며, 기계당 가격은 60 ~ 70억 원으로 현재 13대의 발주를 받았다. 지난해 매출은 2,026억 원이며, 올해 전망치는 3,700억 원이 될 것으로 보인다. 한편 유진테크 외에도 주성엔지니어링 등이 ALD 기술을 가지고 국내에 판매하는 등 일본의 수출규제로 인해 한국의 여러 기업이 기술에 투자하고 있으며, 시간이 지남에 따라 일본에 의존해왔던 기술들을 한국에서도 충분히 가능하리라 전망되고 있다.

보기

일본의 수출규제에 불만을 품고 있던 B씨는 유진테크가 삼성에 ALD 장비를 처음으로 공급하고 있다는 뉴스를 접하고 환호성을 질렀다. 이후 B씨는 우리나라 기술이 어느 정도까지 진척되고 있는지 알아보기 위해 ALD 기술 등 반도체와 관련이 있는 회사 소식을 찾아보고, 경제・IT 전문가들이 전망하고 있는 내용을 조사해 보았다.

① B씨는 유진테크뿐만 아니라 다른 국내기업과도 향후에 ALD 장비 계약을 할 수 있다는 것을 알았다.
② B씨는 유진테크의 올해 매출 전망치 중 1/5 이상이 ALD 장비 수익임을 알고 기술의 중요성을 깨달을 것이다.
③ B씨는 이미 국내 ALD 기술이 일본의 기술을 넘어서고 있다는 것을 알고, 이와 관련된 국내 주식을 조사해 볼 수 있다.
④ B씨는 삼성이 이제 일본에서 ALD 장비를 가져오지 않아도 국내 기업을 통해 장비를 구매할 수 있다는 것을 알고 기뻐할 것이다.
⑤ B씨는 얇은 필름을 씌우는 기술이 반도체 공정에 필수적인 기술임을 알게 될 것이다.

27

가스는 통상적으로 연료로 사용되는 기체를 의미하며, 우리 생활에는 도시가스 등이 밀접해 있다. 우리나라의 경우 천연가스 중 LNG를 도시가스로 많이 사용하는데, 천연가스는 가솔린이나 LPG보다 열량이 높은 청정에너지를 가지고 있다. 기체 상태이기 때문에 부피가 커서 충전과 운반, 보관 등이 어려워 가솔린이나 디젤보다 사용이 늦어졌으나, 20세기에 LNG를 만드는 기술이 개발되면서 상용화되었다.
천연가스는 변환 방식이나 공급 방식에 따라 종류가 달라진다. 먼저 PNG(Pipeline Natural Gas)는 천연가스 채굴지역에서 소비 지역까지 배관을 통해 가스를 기체 상태로 이동시켜 사용하는 것으로 CNG나 LNG보다 경제성이 좋으나 직접 연결할 수 없는 지정학적 위치상 우리나라에서는 사용되지 않고 있다.
LNG(Liquefied Natural Gas)는 천연가스의 주성분인 메탄을 영하 162°로 냉각해 액체 상태로 만드는 것으로 부피가 약 600배로 압축된 상태이다. 무색의 투명한 액체로 공해 물질이 거의 없고 열량이 높아 우수한 연료지만, 초저온 탱크가 필요하기 때문에 자동차에서는 운행거리가 긴 시외버스나 대형 화물차에 사용된다.
CNG(Compressed Natural Gas)는 가정이나 공장 등에서 사용되는 LNG를 자동차 연료용으로 변환한 것으로 LNG를 상온에서 기화시킨 후 약 200기압으로 압축해서 만들어진다. LNG보다 부피가 3배 정도 커서 1회 충전으로는 운행 거리가 짧기 때문에 장거리 화물차 등에는 잘 사용되지 않지만 LNG보다 냉각과 단열 장치에 필요한 비용이 절감되어 더 경제적이다. 주로 시내버스용으로 사용되며 서울의 시내버스는 대부분 CNG 버스이다.
우리가 흔히 사용하는 LPG(Liquefied Petroleum Gas)는 천연가스와는 다른 액화석유가스로 프로판과 부탄을 상온에서 가압하여 액화한 것을 말한다. 차량용, 가정용, 공업용 등 다양하게 활용할 수 있으며, 주로 가스통 형태로 공급된다. LPG는 에너지가 크고 쉽게 액화할 수 있으나 공기보다 무겁고 물보다 가벼워 누출 시 폭발 위험성이 크다.

보기

최근 들어 환경문제가 주목을 받기 시작하면서 석유가스보다는 천연가스의 사용 비중과 중요도가 높아지고 있다. 많은 자동차의 연료가 CNG로 전환되고 있으며, 가정에는 도시가스가 보급되고 있다. 우리나라는 북쪽으로 북한이 있어 배관을 연결할 수 없기 때문에 유럽 등의 국가처럼 러시아의 천연가스를 공급받는 대신 다른 방법을 이용하고 있다. 폭발 위험성이 큰 종류는 사용을 줄이려고 하지만 아직은 다양한 분야에서 사용되고 있다. 천연가스는 변화하는 방법에 따라 여러 종류로 나눠지며, 천연가스를 자원화하기 시작한 지는 그리 오래된 편이 아니다.

① PNG, CNG, LNG 등은 친환경적이다.
② 남북이 통일된다면 PNG를 활용할 수 있다.
③ CNG는 천연가스보다 부피가 작으며 시내버스에 주로 사용되고 있다.
④ 천연가스는 변환 방법에 따라 종류와 쓰임이 다르다.
⑤ 폭발 위험성이 큰 것은 가정용으로 사용하지 않는다.

2020년 하반기 최신기출문제

정답 및 해설 p.007

01 제시된 명제가 모두 참일 때, 빈칸에 들어갈 명제로 가장 적절한 것을 고르면?

> 전제1. 야근을 하는 모든 사람은 X분야의 업무를 한다.
> 전제2. 야근을 하는 모든 사람은 Y분야의 업무를 한다.
> 결론. ______________________________

① X분야의 업무를 하는 모든 사람은 야근을 한다.
② Y분야의 업무를 하는 어떤 사람은 X분야의 업무를 한다.
③ Y분야의 업무를 하는 모든 사람은 야근을 한다.
④ X분야의 업무를 하는 모든 사람은 Y분야의 업무를 한다.
⑤ 야근을 하는 어떤 사람은 X분야의 업무를 하지 않는다.

※ 다음 〈조건〉을 통해 추론할 때, 다음 중 항상 거짓이 되는 것을 고르시오. **[2~3]**

02

> 조건
> - 6대를 주차할 수 있는 2행3열로 구성된 G주차장이 있다.
> - G주차장에는 자동차 a, b, c, d가 주차되어 있다.
> - 1행과 2행에 빈자리가 한 곳씩 있다.
> - a자동차는 대각선을 제외하고 주변에 주차된 차가 없다.
> - b자동차와 c자동차는 같은 행 바로 옆에 주차되어 있다.
> - d자동차는 1행에 주차되어 있다.

① b자동차의 앞 주차공간은 비어있다.
② c자동차의 옆 주차공간은 빈자리가 없다.
③ a자동차는 2열에 주차되어 있다.
④ a자동차와 d자동차는 같은 행에 주차되어 있다.
⑤ d자동차와 c자동차는 같은 열에 주차되어 있다.

03

조건

- A, B, C, D, E 다섯 명의 이름을 입사한 지 오래된 순서로 이름을 적었다.
- A와 B의 이름은 바로 연달아서 적혔다.
- C와 D의 이름은 연달아서 적히지 않았다.
- E는 C보다 먼저 입사하였다.
- 가장 최근에 입사한 사람은 입사한 지 2년 된 D이다.

① C의 이름은 A의 이름보다 먼저 적혔다.
② B는 E보다 먼저 입사하였다.
③ E의 이름 바로 다음에 C의 이름이 적혔다.
④ A의 이름은 B의 이름보다 나중에 적혔다.
⑤ B는 C보다 나중에 입사하였다.

04 다음 〈조건〉을 통해 추론할 때, 다음 중 항상 참인 것은?

조건

- 사원번호는 0부터 9까지 정수로 이루어졌다.
- S사에 입사한 사원에게 부여되는 사원번호는 여섯 자리이다.
- 2020년 상반기에 입사한 S사 신입사원의 사원번호 앞의 두 자리는 20이다.
- 사원번호 앞의 두 자리를 제외한 나머지 자리에는 0이 올 수 없다.
- 2020년 상반기 S사에 입사한 K씨의 사원번호는 앞의 두 자리를 제외하면 세 번째, 여섯 번째 자리의 수만 같다.
- 사원번호 여섯 자리의 합은 9이다.

① K씨 사원번호의 세 번째 자리 수는 '1'이다.
② K씨의 사원번호는 '201321'이다.
③ K씨의 사원번호는 '201231'이 될 수 없다.
④ K씨의 사원번호 앞의 두 자리가 '20'이 아닌 '21'이 부여된다면 K씨의 사원번호는 '211231'이다.
⑤ K씨의 사원번호 네 번째 자리의 수가 다섯 번째 자리의 수보다 작다면 K씨의 사원번호는 '202032'이다.

※ 다음 제시된 단어의 대응관계가 동일하도록 빈칸에 들어갈 가장 적절한 단어를 고르시오. **[5~8]**

05

변변하다 : 넉넉하다 = 소요하다 : (　　)

① 치유하다
② 한적하다
③ 공겸하다
④ 소유하다
⑤ 소란하다

06

공시하다 : 반포하다 = 각축하다 : (　　)

① 공들이다
② 통고하다
③ 독점하다
④ 상면하다
⑤ 경쟁하다

07

침착하다 : 경솔하다 = 섬세하다 : (　　)

① 찬찬하다
② 조악하다
③ 감분하다
④ 치밀하다
⑤ 신중하다

08

겨냥하다 : 가늠하다 = 다지다 : (　　)

① 진거하다
② 겉잡다
③ 요량하다
④ 약화하다
⑤ 강화하다

09 다음 단어의 대응관계가 나머지와 다른 하나를 고르면?

① 황혼 : 여명

② 유별 : 보통

③ 낭설 : 진실

④ 유지 : 부지

⑤ 서막 : 결말

10 다음 제시된 도형의 규칙을 보고 ?에 들어갈 알맞은 것을 고르면?

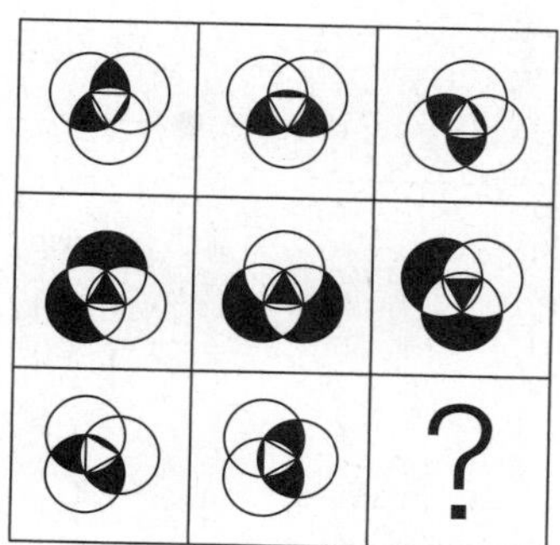

①

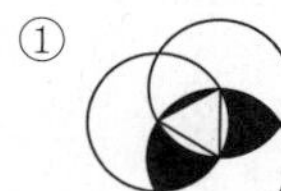

②

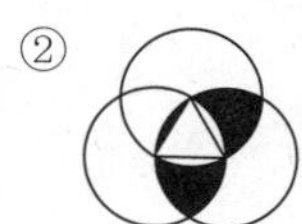

③

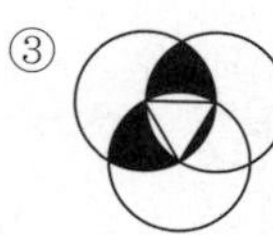

④

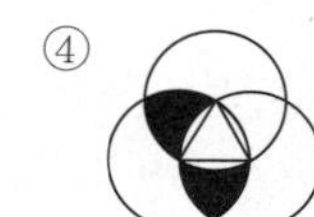

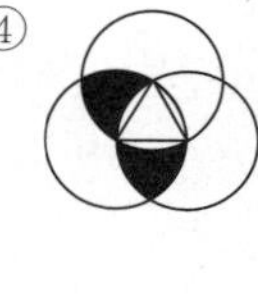

⑤

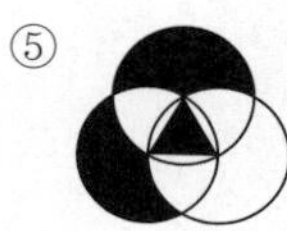

PART 1 최신기출문제

※ 다음 도식에서 기호들은 일정한 규칙에 따라 문자를 변화시킨다. ?에 들어갈 알맞은 문자를 고르시오(단, 규칙은 가로와 세로 중 한 방향으로만 적용된다). **[11~14]**

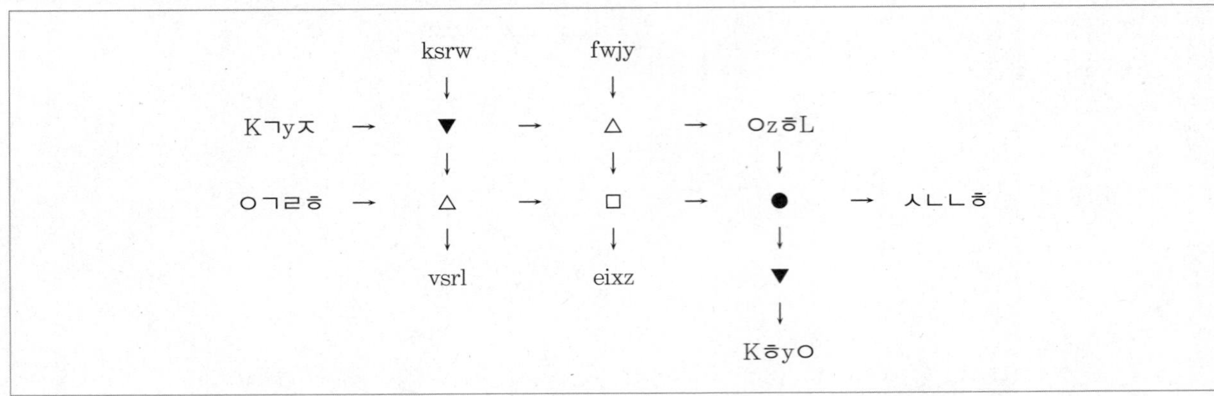

11

ㅅㄴㄹㅁ → ▼ → □ → ?

① ㅁㄴㄹㅅ　② ㅁㄹㄴㅅ
③ ㅁㅅㄴㄹ　④ ㅇㄱㄷㅂ
⑤ ㅅㄱㄹㄹ

12

isog → ● → △ → ?

① hsog　② iosg
③ gosi　④ hsng
⑤ irof

13

? → ▼ → ● → yenv

① neyv　② vney
③ yfnw　④ wyfn
⑤ wnfy

14

? → □ → △ → ㅇㅌㄷㄹ

① ㅈㄹㅋㄷ　② ㅊㄹㄷㅈ
③ ㅈㅊㄹㄷ　④ ㅅㅌㄴㄹ
⑤ ㅅㅌㄹㄴ

15 다음 글의 내용이 참일 때 항상 거짓인 것을 고르면?

> 일반적으로 최초의 망원경은 네덜란드의 안경 제작자인 한스 리퍼쉬(Hans Lippershey)에 의해 만들어졌다고 알려져 있다. 이 최초의 망원경 발명에는 출처가 분명하지는 않지만 재미있는 일화가 전해진다.
> 1608년 리퍼쉬의 아들이 리퍼쉬의 작업실에서 렌즈를 가지고 놀다가 두 개의 렌즈를 어떻게 조합을 하였더니 멀리 있는 교회의 뾰족한 첨탑이 매우 가깝게 보였다. 리퍼쉬의 아들은 이러한 사실을 아버지에게 알렸고 이것을 본 리퍼쉬가 망원경을 발명하였다. 리퍼쉬가 만들었던 망원경은 당시 그 지역을 다스리던 영주에게 상납되었다. 유감스럽게도 리퍼쉬가 망원경 제작에 사용한 렌즈의 조합은 현재 정확하게 알려져 있지는 않지만, 아마도 두 개의 볼록렌즈를 사용했을 것으로 추측된다. 이렇게 망원경이 발명되었다는 소식은 유럽 전역으로 빠르게 전파되어, 약 1년 후에는 이탈리아의 갈릴레오에게까지 전해졌다.
> 1610년, 갈릴레오는 초점거리가 긴 볼록렌즈를 망원경의 대물렌즈로 사용하고 초점 거리가 짧은 오목렌즈를 초점면 앞에 놓아 접안렌즈로 사용하였다. 이 같은 설계는 물체와 상의 상하좌우가 같은 정립상을 제공하므로 지상 관측에 적당하다. 이러한 광학적 설계 방식을 갈릴레이식 굴절 망원경이라고 한다.
> 갈릴레오가 자신이 만든 망원경으로 천체를 관측하여 발견한 천문학적 사실 중 가장 중요한 것은 바로 금성의 상변화이다. 금성의 각크기가 변한다는 것을 관측함으로써 금성이 지구를 중심으로 공전하는 것이 아니라 태양을 중심으로 공전하고 있다는 것을 증명하였으며, 따라서 코페르니쿠스의 지동설을 지지하는 강력한 증거를 제공하였다. 그러나 갈릴레이식 굴절 망원경은 초점 거리가 짧은 오목렌즈 제작의 어려움으로 배율에 한계가 있었으며, 시야도 좁고 색수차가 심하여 17세기 초반까지만 사용되었다. 오늘날에는 갈릴레이식 굴절 망원경은 오페라 글라스와 같은 작은 쌍안경에나 쓰일 뿐 거의 사용되지 않고 있다.
> 이후 케플러가 설계했다는 천체 관측용 망원경이 만들어졌는데, 이 망원경은 갈릴레이식보다 진일보한 형태로 오늘날 천체 관측용 굴절 망원경의 원형이 되고 있다. 케플러식 굴절 망원경은 장초점의 볼록렌즈를 대물렌즈로 하고 단초점의 볼록렌즈를 초점면 뒤에 놓아 접안렌즈로 사용한 구조이다. 이러한 설계 방식은 상의 상하좌우가 뒤집힌 도립상을 보여주기 때문에 지상용으로는 부적절하지만 천체를 관측할 때는 별다른 문제가 없다.

① 네덜란드의 안경 제작자인 한스 리퍼쉬는 아들의 렌즈 조합 발견을 계기로 망원경을 제작할 수 있었다.
② 갈릴레오의 망원경은 볼록렌즈를 대물렌즈로, 오목렌즈를 접안렌즈로 사용하였다.
③ 갈릴레오는 자신이 발명한 망원경으로 금성의 상변화를 관측하여 금성이 태양을 중심으로 공전한다는 것을 증명하였다.
④ 케플러식 망원경은 볼록렌즈만 사용하여 만들어졌다.
⑤ 케플러식 망원경은 갈릴레오식 망원경과 다르게 상의 상하좌우가 같은 정립상을 보여준다.

16 다음 주장에 대한 반박으로 가장 적절한 것은?

비타민D 결핍은 우리 몸에 심각한 건강 문제를 일으킬 수 있다. 비타민D는 칼슘이 체내에 흡수되어 뼈와 치아에 축적되는 것을 돕고 가슴뼈 뒤쪽에 위치한 흉선에서 면역세포를 생산하는 작용에 관여하는데, 비타민D가 부족할 경우 칼슘과 인의 흡수량이 줄어들고 면역력이 약해져 뼈가 약해지거나 신체 불균형이 일어날 수 있다.
비타민D는 주로 피부가 중파장 자외선에 노출될 때 형성된다. 중파장 자외선은 피부와 혈류에 포함된 7-디하이드로콜레스테롤을 비타민D로 전환시키는데, 이렇게 전환된 비타민D는 간과 신장을 통해 칼시트리롤(Calcitriol)이라는 호르몬으로 활성화된다. 바로 이 칼시트리롤을 통해 우리는 혈액과 뼈에 흡수될 칼슘과 인의 흡수를 조절하는 것이다.
이러한 기능을 담당하는 비타민D를 함유하고 있는 식품은 자연에서 매우 적기 때문에, 우리의 몸은 충분한 비타민D를 생성하기 위해 주기적으로 태양빛에 노출될 필요가 있다.

① 태양빛에 노출될 경우 피부암 등의 질환이 발생하여 도리어 건강이 더 악화될 수 있다.
② 비타민D 결핍으로 인해 생기는 부작용은 주기적인 칼슘과 인의 섭취를 통해 해결할 수 있다.
③ 비타민D 보충제만으로는 체내에 필요한 비타민D를 얻을 수 없다.
④ 태양빛에 직접 노출되지 않거나 자외선 차단제를 사용했음에도 체내 비타민D 수치가 정상을 유지한다는 연구결과가 있다.
⑤ 선크림 등 자외선 차단제를 사용하더라도 비타민D 생성에 충분한 중파장 자외선에 노출될 수 있다.

17 다음 지문을 토대로 〈보기〉를 바르게 해석한 것은?

요즘 대세로 불리는 폴더블 스마트폰이나 커브드 모니터를 직접 보거나 사용해 본 적이 있는가? 혁신적인 디자인과 더불어 사용자에게 뛰어난 몰입감을 제공하며 시장에서 큰 인기를 끌고 있는 이 제품들의 사양을 자세히 보면 'R'에 대한 값이 표시되어 있음을 알 수 있다. 이 R은 반지름(Radius)을 뜻하며 제품의 굽혀진 곡률을 나타내는데, 이 R의 값이 작을수록 접히는 부분의 비는 공간이 없어 완벽하게 접힌다.

일반적으로 여러 층의 레이어로 구성된 패널은 접었을 때 앞면에는 줄어드는 힘인 압축응력이, 뒷면에는 늘어나는 힘인 인장응력이 동시에 발생한다. 이처럼 서로 반대되는 힘인 압축응력과 인장응력이 충돌하면서 패널의 구조에 영향을 주는 것을 '폴딩 스트레스'라고 하는데, 곡률이 작을수록 즉, 더 접힐수록 패널이 받는 폴딩 스트레스가 높아진다. 따라서 곡률이 상대적으로 작은 인폴딩 패널이 곡률이 큰 아웃폴딩 패널보다 개발 난이도가 높은 셈이다.

보기

S전자는 이번 행사에서 1.4R의 인폴딩 패널을 사용한 폴더블 스마트폰을 개발하는 데 성공했다고 발표했다. 이는 아웃폴딩 패널을 사용한 H기업이나 동일한 인폴딩 패널을 사용한 A기업의 폴더블 스마트폰보다 현저히 낮은 곡률이다.

① 이번에 H기업에서 새로 개발한 1.6R의 작은 곡률이 적용된 패널을 사용한 폴더블 스마트폰은 S전자에서 개발한 폴더블 스마트폰과 동일한 방식의 패널을 사용했을 것이다.

② 아웃폴딩 패널을 사용한 H기업의 폴더블 스마트폰은 이번에 S전자에서 개발한 폴더블 스마트폰보다 폴딩 스트레스가 낮을 것이다.

③ 인폴딩 패널을 사용한 A기업의 폴더블 스마트폰은 S전자에서 개발한 폴더블 스마트폰과 개발난이도가 비슷했을 것이다.

④ 아웃폴딩 패널을 사용한 H기업의 폴더블 스마트폰의 R값이 인폴딩 패널을 사용한 A기업의 폴더블 스마트폰의 R값보다 작을 것이다.

⑤ S전자의 폴더블 스마트폰의 R값이 경쟁 기업보다 작은 것은 여러 층으로 구성된 패널의 층수를 타 기업의 패널보다 줄여 압축응력과 인장응력으로 인한 스트레스를 줄였기 때문일 것이다.

2020년 상반기 최신기출문제

정답 및 해설 p.011

※ 다음 짝지어진 단어 사이의 관계가 나머지와 다른 하나를 고르시오. [1~2]

01
① 노리다 – 겨냥하다
② 엄정 – 해이
③ 성기다 – 뜨다
④ 자아내다 – 끄집어내다
⑤ 보편 – 일반

02
① 득의 – 실의
② 엎어지다 – 자빠지다
③ 화해 – 결렬
④ 판이하다 – 다르다
⑤ 고상 – 저열

※ 제시된 낱말과 동일한 관계가 되도록 빈칸에 들어갈 가장 적절한 단어를 고르시오. [3~4]

03

뇌까리다 : 지껄이다 = ( ) : 상서롭다

① 망하다
② 성하다
③ 길하다
④ 실하다
⑤ 달하다

04

초췌하다 : 수척하다 = 함양 : ( )

① 집합
② 활용
③ 결실
④ 도출
⑤ 육성

※ 주어진 명제가 참일 때, 다음 빈칸에 들어갈 명제로 가장 적절한 것을 고르시오. [5~6]

05

> 피자를 좋아하는 사람은 치킨을 좋아한다.
> 치킨을 좋아하는 사람은 감자튀김을 좋아한다.
> 나는 피자를 좋아한다.
> 따라서 ____________________

① 나는 피자를 좋아하지만 감자튀김은 좋아하지 않는다.
② 치킨을 좋아하는 사람은 피자를 좋아한다.
③ 감자튀김을 좋아하는 사람은 치킨을 좋아한다.
④ 나는 감자튀김을 좋아한다.
⑤ 감자튀김을 좋아하는 사람은 피자를 좋아한다.

06

> 갈매기는 육식을 하는 새이다.
> ____________________
> 바닷가에 사는 새는 갈매기이다.
> 따라서 헤엄을 치는 새는 육식을 한다.

① 바닷가에 살지 않는 새는 헤엄을 치지 않는다.
② 갈매기는 헤엄을 친다.
③ 육식을 하는 새는 바닷가에 살지 않는다.
④ 헤엄을 치는 새는 육식을 하지 않는다.
⑤ 갈매기가 아니어도 육식을 하는 새는 있다.

07

고등학교 동창인 A, B, C, D, E, F는 중국음식점에서 식사를 하기 위해 원형 테이블에 앉았다. 〈조건〉이 다음과 같을 때, 항상 옳은 것은?

> 조건
> • E와 F는 서로 마주보고 앉아 있다.
> • C와 B는 붙어있다.
> • A는 F와 한 칸 떨어져 앉아 있다.
> • D는 F의 바로 오른쪽에 앉아 있다.

① A와 B는 마주보고 있다.
② A와 D는 붙어있다.
③ B는 F와 붙어있다.
④ C는 F와 붙어있다.
⑤ D는 C와 마주보고 있다.

08 A, B, C, D, E 다섯 사람은 마스크를 사기 위해 차례대로 줄을 서고 있다. 네 사람이 진실을 말한다고 할 때, 다음 중 거짓말을 하는 사람은?

> A : B 다음에 E가 바로 도착해서 줄을 섰어.
> B : D는 내 바로 뒤에 줄을 섰지만 마지막은 아니었어.
> C : 내 앞에 줄을 선 사람은 한 명뿐이야.
> D : 내 뒤에는 두 명이 줄을 서고 있어.
> E : A는 가장 먼저 마스크를 구입할 거야.

① A
② B
③ C
④ D
⑤ E

09 친구 갑, 을, 병, 정은 휴일을 맞아 백화점에서 옷을 고르기로 했다. 〈조건〉이 다음과 같을 때 갑, 을, 병, 정이 고른 옷으로 옳은 것은?

> 조건
> - 네 사람은 각각 셔츠, 바지, 원피스, 치마를 구입했다.
> - 병은 원피스와 치마 중 하나를 구입했다.
> - 갑은 셔츠와 치마를 입지 않는다.
> - 정은 셔츠를 구입하기로 했다.
> - 을은 치마와 원피스를 입지 않는다.

	갑	을	병	정
①	치마	바지	원피스	셔츠
②	바지	치마	원피스	셔츠
③	치마	셔츠	원피스	바지
④	원피스	바지	치마	셔츠
⑤	바지	원피스	치마	셔츠

※ 다음 제시된 도형의 규칙을 보고 ?에 들어갈 알맞은 것을 고르시오. **[10~11]**

10

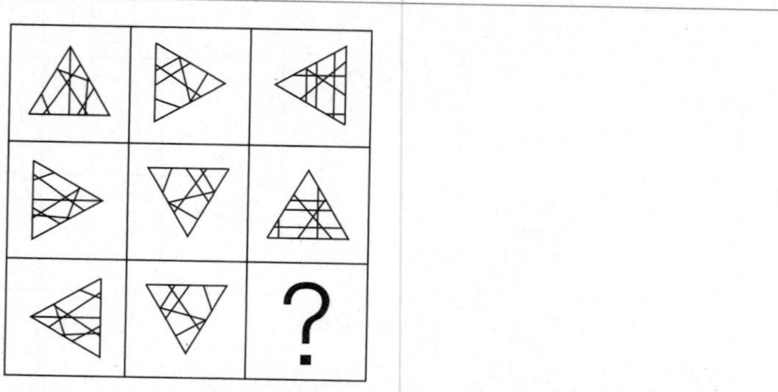

① 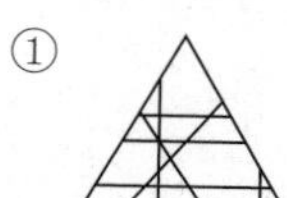

② 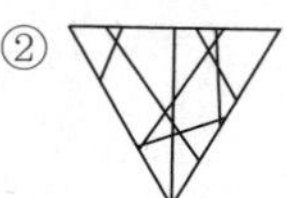

③ 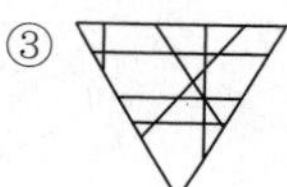

④ 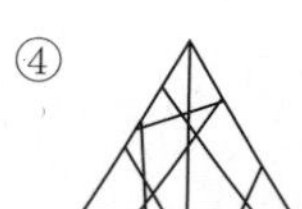

⑤ 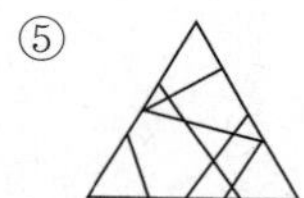

11

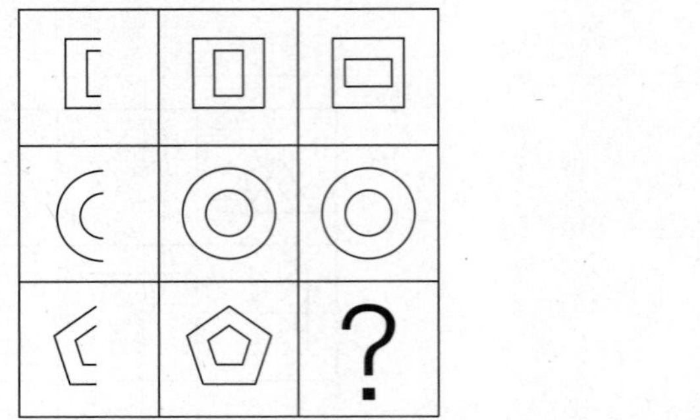

① 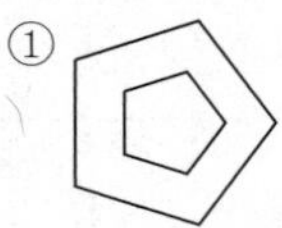

② 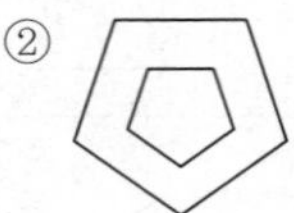

③ 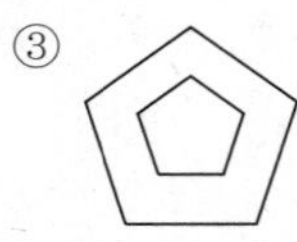

④ 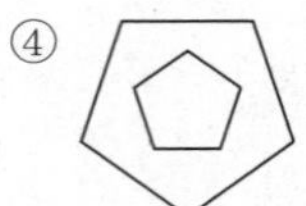

⑤ 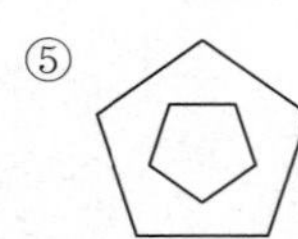

12 **다음 글을 통해 추론할 수 있는 내용으로 적절하지 않은 것은?**

> 오골계(烏骨鷄)라는 단어를 들었을 때 머릿속에 떠오르는 이미지는 어떤가? 아마 대부분의 사람들은 볏부터 발끝까지 새까만 닭의 모습을 떠올릴지도 모르겠다. 하지만 사실 이것은 토착종인 오계로, 오골계와는 엄밀히 구분되는 종이다. 그렇다면 오골계와 오계는 정확히 어떠한 차이가 있을까?
> 흔히 시장에 유통되고 있는 오골계는 정확히는 일제강점기에 유입된 '실키'라는 품종에서 비롯된 혼합종이라고 할 수 있다. 살과 가죽, 뼈 등이 검정에 가까운 자색을 띠지만 흰색이나 붉은 갈색의 털을 지니기도 한다. 병아리 또한 흰 솜털로 덮여 있으며 발가락 수가 5개인 것이 특징이다.
> 연산오계라고도 불리는 오계는 대한민국 천연기념물 제265호로 지정되어 충남 논산시에 위치한 국내 유일의 오계 사육 농장에서만 사육되고 있다. 살과 가죽, 뼈는 물론 털까지 검으며 야생성이 강하고 사육기간이 길어 기르는 것이 쉽지 않은 것으로 알려져 있다. 병아리 또한 검은색을 띠고 발가락 수가 일반 닭과 같은 4개이기에 구분이 어렵지는 않다.
> 오계라는 명칭은 동의보감에서 그 이름과 함께 약효와 쓰임새가 기록되어 있는 것을 토대로 최소 선조 이전부터 사육되었던 것으로 추정하고 있다. 하지만 현재는 그 수가 적어 천연기념물로 보호하기 위한 종계 개체 수 1,000마리를 유지하고 있으며, 그 외의 종계로써의 가치가 끝난 퇴역종계와 비 선발 종계후보들만이 식용으로 쓰이고 있다.

① 털의 색을 통해 오골계와 오계를 구분할 수 있을 것이다.
② 손질된 오골계와 오계 고기를 구분하기는 어려울 것이다.
③ 살이 검은 것을 제외하면 오골계와 일반 닭은 큰 차이가 없다고 볼 수 있다.
④ 오계는 병아리 때부터 다른 닭과 구분하기 쉽다고 할 수 있다.
⑤ 오계는 식재보다는 약용으로 더 많이 쓰였을 것으로 짐작할 수 있다.

2019년 하반기 최신기출문제

정답 및 해설 p.013

※ 제시된 단어의 대응 관계로 볼 때 빈칸에 들어갈 말로 알맞은 것을 고르시오. **[1~2]**

01

제한하다 : 통제하다 = 만족하다 : ( )

① 번잡하다
② 부족하다
③ 탐탁하다
④ 모자라다
⑤ 듬직하다

02

돛단배 : 바람 = 전등 : ( )

① 어둠
② 전기
③ 태양
④ 에어컨
⑤ 빛

※ 다음 짝지어진 단어 사이의 관계가 나머지와 다른 하나를 고르시오. **[3~4]**

03

① 견사 – 비단
② 오디 – 뽕잎
③ 콩 – 두부
④ 포도 – 와인
⑤ 우유 – 치즈

04

① 괄시 – 후대
② 비호 – 보호
③ 숙려 – 숙고
④ 속박 – 농반
⑤ 채근 – 독촉

05 경제학과, 물리학과, 통계학과, 지리학과 학생인 A～D는 검은색, 빨간색, 흰색의 세 가지 색 중 최소 1가지 이상의 색을 좋아한다. 다음 〈조건〉에 따라 항상 참이 되는 것은?

조건

- 경제학과 학생은 검은색과 빨간색만 좋아한다.
- 경제학과 학생과 물리학과 학생은 좋아하는 색이 서로 다르다.
- 통계학과 학생은 빨간색만 좋아한다.
- 지리학과 학생은 물리학과 학생과 통계학과 학생이 좋아하는 색만 좋아한다.
- C는 검은색을 좋아하고, B는 빨간색을 좋아하지 않는다.

① A는 통계학과이다.
② B는 물리학과이다.
③ C는 지리학과이다.
④ D는 경제학과이다.
⑤ B와 C는 빨간색을 좋아한다.

PART 1 최신기출문제

06 다음 제시된 도형의 규칙을 보고 ?에 들어갈 알맞은 것은?

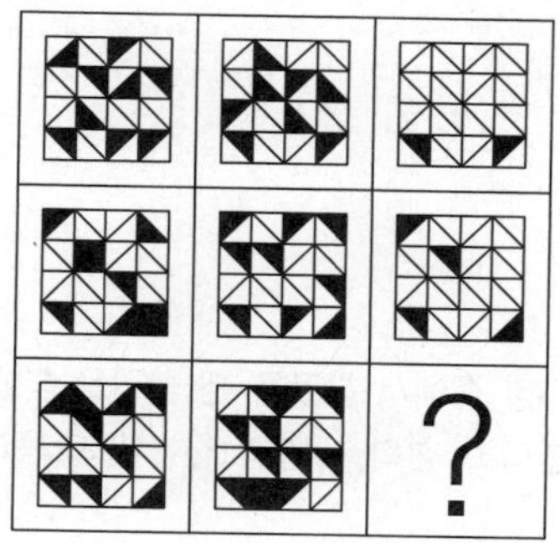

①
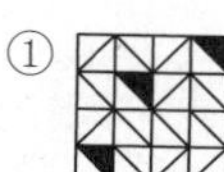

②
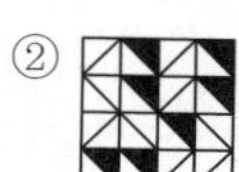

③
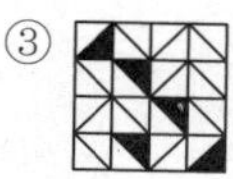

④
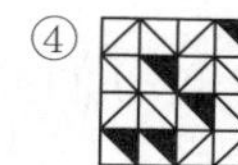

⑤
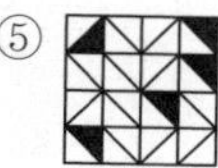

2019년 상반기 최신기출문제

정답 및 해설 p.014

※ 다음 제시된 낱말의 대응 관계로 볼 때 빈칸에 들어가기에 알맞은 것을 고르시오. [1~2]

01

응분 : 과분 = 겸양하다 : (　　)

① 강직하다
② 너그럽다
③ 쩨쩨하다
④ 겸손하다
⑤ 젠체하다

02

칠칠하다 : 야무지다 = (　　) : (　　)

① 순간, 영원
② 낙찰, 유찰
③ 널널하다, 너르다
④ 가축, 야수
⑤ 천진, 사악

03 어젯밤 회사에 남아있던 A ~ E 5명 중에서 창문을 깬 범인을 찾고 있다. 범인은 2명이고, 범인은 거짓을 말하며, 범인이 아닌 사람은 진실을 말한다고 한다. 5명의 진술이 다음과 같을 때, 다음 중 동시에 범인이 될 수 있는 사람끼리 짝지어진 것은?

A : B와 C가 함께 창문을 깼어요.
B : A가 창문을 깨는 것을 봤어요.
C : 저랑 E는 확실히 범인이 아니에요.
D : C가 범인이 확실해요.
E : 제가 아는데, B는 확실히 범인이 아닙니다.

① A, B
② A, C
③ B, C
④ C, D
⑤ D, E

04

S전자 마케팅부 직원 A ~ J 10명이 점심식사를 하러 가서, 다음 조건에 따라 6인용 원형테이블 2개에 각각 4명, 6명씩 나눠 앉았다. 다음 중 항상 거짓인 것을 고르면?

- A와 I는 빈자리 하나만 사이에 두고 앉아 있다.
- C와 D는 1명을 사이에 두고 앉아 있다.
- F의 양옆 중 오른쪽 자리만 비어 있다.
- E는 C나 D의 옆자리가 아니다.
- H의 바로 옆에 G가 앉아 있다.
- H는 J와 마주보고 앉아 있다.

① A와 B는 같은 테이블이다.
② H와 I는 다른 테이블이다.
③ C와 G는 마주보고 앉아 있다.
④ A의 양옆은 모두 빈자리이다.
⑤ D의 옆에 J가 앉아 있다.

05

다음 제시된 도형의 규칙을 보고 ?에 들어갈 알맞은 것을 고르면?

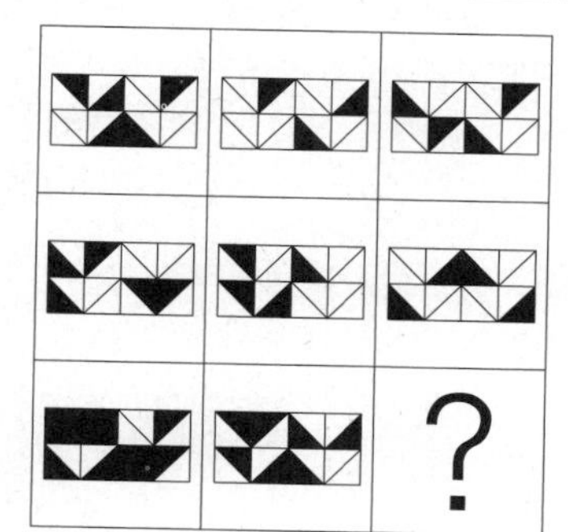

①

②

③

④

⑤

PART 1 최신기출문제

CHAPTER 06 2018년 하반기 최신기출문제

정답 및 해설 p.015

※ 제시된 낱말과 동일한 관계가 되도록 빈칸에 들어갈 가장 적절한 단어를 고르시오. [1~2]

01

용호상박 : 용, 호랑이 = 토사구팽 : (　　)

① 뱀, 토끼
② 개, 토끼
③ 뱀, 개
④ 토끼, 호랑이
⑤ 개, 호랑이

02

동가홍상 : 붉은색 = 청렴결백 : (　　)

① 흰색
② 푸른색
③ 검은색
④ 노란색
⑤ 회색

03 다음 짝지어진 단어 사이의 관계가 나머지와 다른 하나를 고르면?

① 원자 – 분자
② 우유 – 치즈
③ 단어 – 문장
④ 고무 – 바퀴
⑤ 돈 – 지갑

04 A, B, C, D, E는 함께 카페에 가서 다음과 같이 음료를 주문하였다. 다음 중 녹차를 주문한 사람은?(단, 한 사람당 하나의 음료만 주문하였다)

- 홍차를 주문한 사람은 2명이며, B는 커피를 주문하였다.
- A는 홍차를 주문하였다.
- C는 홍차 또는 녹차를 주문하였다.
- D는 커피 또는 녹차를 주문하였다.
- E는 딸기주스 또는 홍차를 주문하였다.
- 직원의 실수로 E만 잘못된 음료를 받았다.
- 주문 결과 홍차 1잔과 커피 2잔, 딸기주스 1잔, 녹차 1잔이 나왔다.

① A
② B
③ C
④ D
⑤ E

05 S기업의 영업1팀은 강 팀장, 김 대리, 이 대리, 박 사원, 유 사원으로 이루어져 있었으나 최근 인사이동으로 인해 팀원의 변화가 일어났고, 이로 인해 자리를 새롭게 배치하려고 한다. 주어진 조건이 다음과 같을 때, 다음 중 항상 옳은 것은?

- 영업1팀의 김 대리는 영업2팀의 팀장으로 승진하였다.
- 이번 달 영업1팀에 김 사원과 이 사원이 새로 입사하였다.
- 각 팀마다 자리는 일렬로 위치해 있으며, 영업1팀은 영업2팀과 마주하고 있다.
- 자리의 가장 안쪽 옆은 벽이며, 반대편 끝자리의 옆은 복도이다.
- 각 팀의 팀장은 가장 안쪽인 왼쪽 끝에 앉는다.
- 이 대리는 영업2팀 팀장의 대각선에 앉는다.
- 박 사원의 양옆은 신입사원이 앉는다.
- 김 사원의 자리는 이 사원의 자리보다 왼쪽에 있다.

① 유 사원과 이 대리의 자리는 서로 인접한다.
② 박 사원의 자리는 유 사원의 자리보다 왼쪽에 있다.
③ 이 사원의 양옆 중 한쪽은 복도이다.
④ 김 사원의 자리는 유 사원의 자리와 인접하지 않는다.
⑤ 이 대리의 자리는 강 팀장의 자리와 서로 인접한다.

06 다음 글에 대한 논리적인 반박으로 가장 적절한 것은?

> 아마란스는 남아메리카 지방에서 예로부터 잉카인들이 즐겨 먹어 오던, 5천 년의 재배 역사를 지닌 곡물이다. 척박한 안데스 고산지대에서 자라날 수 있는 강한 생명력을 가지고 있으며, 각종 풍부한 영양소로 인해 '신이 내린 곡물'이라는 별명을 얻기도 했다.
>
> 아마란스는 곡물로서는 흔치 않은 고단백 식품이라는 점도 주목할 만하다. 성분 전체 중 15~17%에 달할 정도로 식물성 단백질 성분이 풍부하며, 식이섬유 성분이 다량 함유되어 있다. 반면 쌀, 보리, 밀 등 다른 곡류에 비해 탄수화물이나 나트륨 함량이 낮은 편이며, 체중에 위협이 되는 글루텐 성분 또한 없다. 또한 칼슘·칼륨·인·철분 등의 무기질을 비롯해 다양한 영양성분이 풍부하여 다른 곡물에 부족한 영양소를 보충할 수 있다. 아마란스가 최근 비만 환자들에게 의사들이 적극 추천하는 식품이 된 이유가 여기에 있다.
>
> 때문에 아마란스는 향후 우리나라 사람들의 주식인 백미를 대체할 수 있는 식품이 될 수 있다. 백미의 경우 구성성분이 대부분 탄수화물로 이루어져 있는 반면, 유효한 영양소는 적기 때문에 비만의 주범이 되고 있다. 바꾸어 말해, 주식으로 백미 대신 동일한 양의 아마란스를 섭취하는 것은 탄수화물 섭취를 크게 줄일 수 있고, 체중 조절에 훨씬 유리하다. 따라서 국내 비만율을 낮추기 위해 국가 차원에서 정책적으로 뒷받침하여 쌀 대신 아마란스를 대량 재배해야 한다.

① 아마란스도 과량으로 섭취하면 체중이 증가한다.
② 아마란스는 우리나라 기후와 맞지 않아 국내 재배가 어렵다.
③ 국내에는 아마란스를 이용한 요리가 거의 알려지지 않았다.
④ 섭취하는 식품뿐만 아니라 운동 부족도 비만에 지대한 영향을 끼친다.
⑤ 백미를 일일권장량 이상 섭취해도 정상체중이거나 저체중인 사람들이 많다.

2018년 상반기 최신기출문제

정답 및 해설 p.016

※ 제시된 낱말과 동일한 관계가 되도록 빈칸에 들어갈 가장 적절한 단어를 고르시오. [1~2]

01

마이동풍 : 말 = 당구풍월 : ( )

① 당나귀
② 여우
③ 개
④ 새
⑤ 원숭이

02

문학 : 수필 = 포유류 : ( )

① 박쥐
② 펭귄
③ 도마뱀
④ 상어
⑤ 개구리

03 다음 짝지어진 단어 사이의 관계가 나머지와 다른 하나를 고르면?

① 이따금 – 간혹
② 다독 – 정독
③ 값 – 액수
④ 파견 – 파송
⑤ 우수리 – 잔돈

04 A, B, C 세 사람이 각각 빨간색, 파란색, 노란색 모자를 쓰고 일렬로 서 있다. 세 사람 모두 누가 어떤 모자를 쓰고 몇 번째 줄에 서 있는지 모른다고 대답할 때 주어진 〈조건〉을 보고 반드시 거짓인 것을 고르면?

조건

- B는 파란색 모자를 쓰지 않았다.
- C는 바로 앞에 있는 파란색 모자를 보고 있다.

① C는 빨간색 모자를 쓰고 맨 뒤에 서 있다.
② B는 빨간색 모자를 쓰고 세 번째에 서 있다.
③ B는 노란색 모자를 쓰고 두 번째에 서 있다.
④ A는 B와 C 사이에 서 있다.
⑤ A는 무조건 파란색 모자밖에 쓸 수 없다.

05 다음 글을 바탕으로 한 추론으로 옳지 않은 것은?

사람들이 즐겨 마시는 맥주에는 사실 알고 보면 뛰어난 효능이 많이 잠재되어 있다. 전문가들은 맥주에는 특정 질병과 싸우는 효능이 있으므로 적당히 섭취하면 건강에 좋다고 말한다.
맥주가 건강에 미치는 긍정적 영향에는 크게 세 가지가 있는데, 그 첫 번째는 바로 '암 예방'이다. 맥주의 '잔토휴몰' 성분에는 항산화 기능이 있어 인간의 몸에 암을 일으키는 요소를 몸 밖으로 배출하는 데 큰 도움이 된다. 남성의 경우 전립선암을, 여성의 경우 유방암을 예방하는 데 효과적이다. 특히 맥주의 대표적인 미네랄인 '셀레늄'은 비타민 E의 1,970배에 달하는 강력한 항산화 작용을 함으로써 활성산소를 제거하는 효과가 있으며, 수용성 섬유질은 콜레스테롤 수치를 낮추고 고혈압과 동맥경화 등의 성인병을 예방하는 데에도 도움이 된다.
맥주의 두 번째 효능은 '심장 질환 예방'이다. 맥주는 보리로 만들어지기 때문에 수용성 섬유질이 많이 들어있다. 섬유질은 나쁜 콜레스테롤로 불리는 혈중 LDL의 수치를 낮추는 데 도움을 준다. 또한, 맥주의 원료인 홉과 맥아에는 심장 건강에 좋은 항산화제가 풍부하게 함유되어 있으며, 특히 흑맥주에 그 함유량이 많은 것으로 알려져 있다. 이탈리아의 한 연구에 따르면 매일 맥주 한 잔을 마시면 심장 질환을 앓을 확률이 31%로 감소한다고 한다. 맥주 효모에 풍부하게 함유되어 있는 핵산은 면역세포의 생성을 도와 면역을 증진하고, 피부나 모발의 생성을 도와 노화 방지에도 탁월하다.
마지막으로 런던 케임브리지 대학에서 실시한 연구 결과에 따르면 적당량의 맥주 섭취가 알츠하이머병 예방에도 도움이 된다고 한다. 연구팀에 의하면 적당량의 맥주를 주기적으로 섭취한 사람들에게서 알츠하이머 발병률이 23%나 감소했다고 한다.
맥주에는 맥아, 효모, 규소, 효소 등의 성분이 함유되어 있다. 맥주의 맥아에는 각종 비타민이 풍부하게 함유되어 있으며, 이중 비타민 B는 신진대사를 원활히 하는 데 도움을 주므로 피로 회복에 효과적이다. 또한, 노폐물과 독소 배출에도 좋은 것으로 널리 알려져 있다. 그밖에 '루풀린'과 '후물론'이라는 성분이 중추신경에 영향을 미쳐 신경을 안정시키고 숙면을 취할 수 있게 해준다.
탈모 개선에 도움이 되는 것으로 알려진 맥주 효모는 단백질이 풍부하며, 특히 비타민 B_2인 리보플라빈은 지방과 단백질 대사를 도와 두피 건강에 좋다.
콜라겐을 묶어 결합조직을 튼튼하게 하는 화학물질인 규소는 뼈를 튼튼하게 하는 데 도움이 된다. 피부, 혈관, 뼈, 치아, 근육 등 모든 결합조직의 주된 단백질인 콜라겐은 뼈의 밀도를 강화하고, 관절을 유연하게 유지하는 역할을 한다. 따라서 홉과 맥아로 만든 맥주는 뼈 건강에 아주 좋으며 골다공증을 예방하는 데 큰 도움이 된다.
효소는 맥주의 맥아에 들어있으며, 향균력이 뛰어나 여드름, 두드러기 등의 피부 트러블을 예방한다. 또한, 여성호르몬과 유사한 '호프케톤' 성분은 유방암을 예방하는 데 도움을 준다.
이와 같이 적당량의 맥주 섭취는 건강에 도움이 된다. 하지만 과용은 금물이다. 뉴저지와 매사추세츠의 알코올 상담교사 폴라 벨라 주니어는 "세계에서 가장 건강한 사람들에게 술은 항상 식사자리에 있다."라고 말하며, 이와 더불어 과음의 위험성을 지적하는 것 또한 잊지 않았다.

① 적당한 음주는 건강에 긍정적인 영향을 미친다.
② 맥주의 효모는 심장 건강에 좋은 항산화제를 다량 함유하고 있어 심장 질환 예방에 도움이 된다.
③ 맥주를 적당량 섭취하는 것은 탈모 환자들에게도 도움이 된다.
④ 맥주에는 강력한 항산화 효과가 있으며, 특히 흑맥주에 항산화제가 풍부히 함유되어 있다.
⑤ 여드름 때문에 고민하는 사람들에게 적당량의 맥주 섭취를 권장해 볼 수 있다.

2017년 하반기 최신기출문제

정답 및 해설 p.014

01 주어진 전제를 통해 다음과 같은 결론이 나왔을 때 빈칸에 들어갈 알맞은 명제는 무엇인가?

〈전제〉
- 공부를 잘하는 사람은 모두 꼼꼼하다.
- ______________________

〈결론〉
꼼꼼한 사람 중 일부는 시간 관리를 잘한다.

① 공부를 잘하는 사람 중 일부는 꼼꼼하지 않다.
② 시간 관리를 잘하지 못하는 사람은 꼼꼼하다.
③ 꼼꼼한 사람은 시간 관리를 잘하지 못한다.
④ 공부를 잘하는 어떤 사람은 시간 관리를 잘한다.
⑤ 시간 관리를 잘하는 사람 중 일부는 꼼꼼하지 않다.

02 제시된 낱말과 동일한 관계가 되도록 빈칸에 들어갈 가장 적절한 단어를 고르면?

고매하다 : 고결하다 = 곱다 : (　　)

① 추하다
② 밉다
③ 거칠다
④ 치밀하다
⑤ 조악하다

03 **테니스공, 축구공, 농구공, 배구공, 야구공, 럭비공을 각각 A, B, C상자에 넣으려고 한다. 한 상자에 공을 두 개까지 넣을 수 있고, 〈조건〉이 아래와 같다고 할 때 거짓인 것을 고르면?**

조건

- 테니스공과 축구공은 같은 상자에 넣는다.
- 럭비공은 B상자에 넣는다.
- 야구공은 C상자에 넣는다.

① 농구공을 C상자에 넣으면 배구공은 B상자에 들어가게 된다.
② 테니스공과 축구공은 반드시 A상자에 들어간다.
③ 배구공과 농구공은 같은 상자에 들어갈 수 없다.
④ B상자에 배구공을 넣으면 농구공은 야구공과 같은 상자에 들어가게 된다.
⑤ 럭비공은 반드시 배구공과 같은 상자에 들어간다.

04 **S학교에는 A, B, C, D, E 다섯 명의 교사가 있다. 이들이 각각 1반부터 5반까지 한 반씩 담임을 맡는다고 할 때, 주어진 〈조건〉이 다음과 같다면 옳지 않은 것은 무엇인가?(단, 1반부터 5반까지 각 반은 왼쪽에서 오른쪽 방향으로 순서대로 위치한다)**

조건

- A는 3반의 담임을 맡는다.
- E는 A의 옆 반 담임을 맡는다.
- B는 양 끝에 위치한 반 중 하나의 담임을 맡는다.

① C가 2반을 맡으면 D는 1반 또는 5반을 맡게 된다.
② B가 5반을 맡으면 C는 반드시 1반을 맡게 된다.
③ E는 절대 1반을 맡을 수 없다.
④ B는 절대 2반을 맡을 수 없다.
⑤ 1반을 B가, 2반을 E가 맡는다면 C는 D의 옆 반이다.

※ 다음 도식에서 기호들은 일정한 규칙에 따라 문자를 변화시킨다. ?에 들어갈 알맞은 문자를 고르시오. **[5~7]**

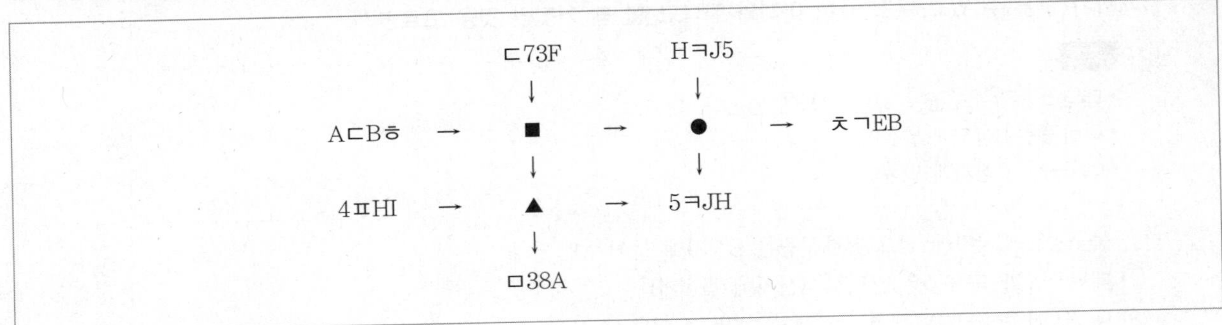

05

GHKT → ■ → ● → ?

① PFNH
② PFMH
③ SFNH
④ PFMI
⑤ PFNR

06

5454 → ▲ → ● → ?

① 3275
② 3266
③ 3376
④ 3276
⑤ 2276

07

76ㄱI → ▲ → ■ → ?

① 91ㅂD
② 92ㅅD
③ 92ㅂT
④ 84ㄹF
⑤ 92ㅂD

2017년 상반기 최신기출문제

정답 및 해설 p.018

01 제시된 낱말과 동일한 관계가 되도록 빈칸에 들어갈 가장 적절한 단어를 고르면?

만족 : 흡족 = 부족 : (　　)

① 미미　　② 곤궁
③ 궁핍　　④ 결핍
⑤ 가난

02 다음 중 단어 간의 관계가 다른 것은?

① 연주자 – 악기 – 음악
② 대장장이 – 망치 – 광물
③ 요리사 – 프라이팬 – 음식
④ 화가 – 붓 – 그림
⑤ 목수 – 톱 – 식탁

03 신입사원인 윤지, 순영, 재철, 영민이는 영국, 프랑스, 미국, 일본으로 출장을 간다. 출장은 나라별로 한 명씩 가야 하며, 출장 기간은 서로 중복되지 않아야 한다. 다음의 조건에 따를 때 참인 것은 무엇인가?

- 윤지는 가장 먼저 출장을 가지 않는다.
- 재철은 영국 또는 프랑스로 출장을 가야 한다.
- 영민은 순영보다는 먼저 출장을 가야 하고, 윤지보다는 늦게 가야 한다.
- 가장 마지막 출장지는 미국이다.
- 영국 출장과 프랑스 출장은 일정이 연달아 잡히지 않는다.

① 윤지는 프랑스로 출장을 간다.
② 재철은 영국으로 출장을 간다.
③ 영민은 세 번째로 출장을 간다.
④ 순영은 두 번째로 출장을 간다.
⑤ 윤지와 순영은 연이어 출장을 간다.

04 동성, 현규, 영희, 영수, 미영은 A의 이사를 도와주면서 A가 사용하지 않는 물건들을 각각 하나씩 받으려고 한다. 다음과 같은 조건을 만족시킬 때의 설명으로 옳지 않은 것은?

- A가 사용하지 않는 물건은 세탁기, 컴퓨터, 드라이기, 로션, 핸드크림이고, 동성, 현규, 영희, 영수, 미영 순서로 물건을 고를 수 있다.
- 동성이는 세탁기 또는 컴퓨터를 받길 원한다.
- 현규는 세탁기 또는 드라이기를 받길 원한다.
- 영희는 로션 또는 핸드크림을 받길 원한다.
- 영수는 전자기기 이외의 것을 받길 원한다.
- 미영은 아무것이나 받아도 상관없다.

① 동성이는 자신이 원하는 물건을 받을 수 있다.
② 영희는 영수와 원하는 물건이 동일하다.
③ 미영이는 드라이기를 받을 수 없다.
④ 영수는 원하는 물건을 고를 수 있는 선택권이 없다.
⑤ 현규는 드라이기를 받을 확률이 더 높다.

05 다음 제시된 도형의 규칙을 보고 ?에 들어갈 알맞은 것을 고르면?

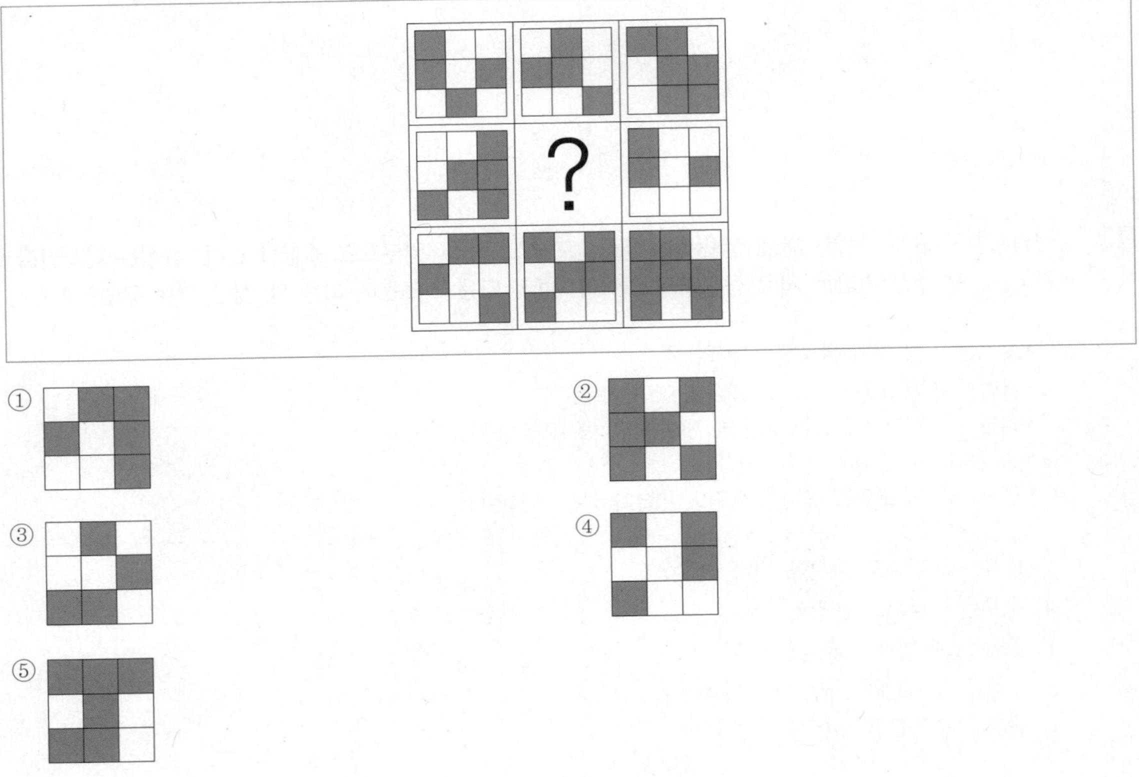

※ 다음 도식에서 기호들은 일정한 규칙에 따라 문자를 변화시킨다. ?에 들어갈 알맞은 문자를 고르시오. **[6~8]**

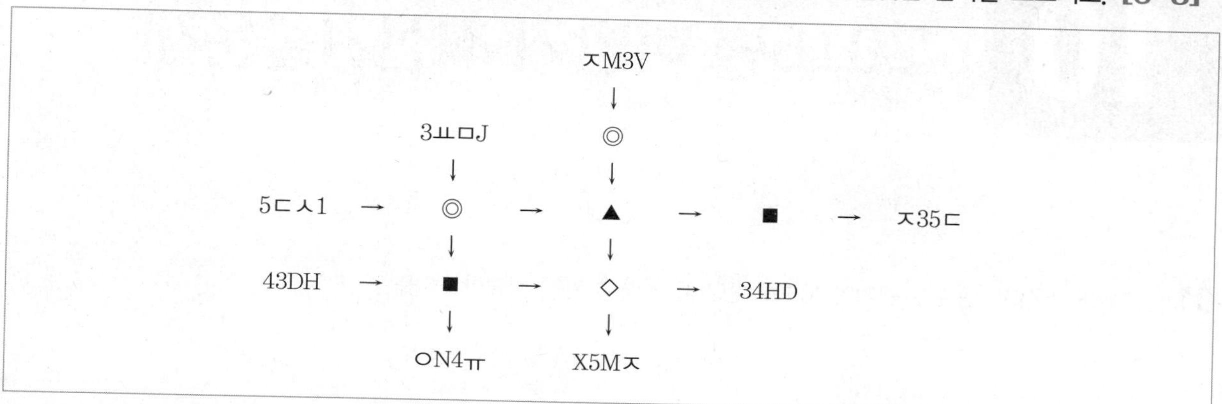

06

2Uㅓㅋ → ◇ → ▲ → ?

① T1ㅈㅑ
② ㅈ3Rㅠ
③ 4ㅍㅗS
④ ㅊㅏT0
⑤ ㅋ5Oㅑ

07

ㅂ5ㄴ6 → ■ → ◎ → ?

① ㄷ8ㅈ9
② ㅊ8ㄹ7
③ 67ㅅㄱ
④ 68ㄱㄷ
⑤ 79ㄹㅅ

08

4ㅜDH → ▲ → ◇ → ◎ → ?

① DㅛC5
② GEㅠ7
③ 6ㅜID
④ 6FㅗC
⑤ ㅗ2BG

2016년 하반기 최신기출문제

정답 및 해설 p.020

01 제시된 낱말과 동일한 관계가 되도록 빈칸에 들어갈 가장 적절한 단어는?

가로등 : 전기 = (　　) : 수증기

① 구름
② 액체
③ 신호등
④ 증기기관
⑤ 주전자

02 다음 〈조건〉을 바탕으로 추론할 수 있는 것은?

조건
- 빵을 좋아하는 사람은 우유를 좋아한다.
- 주스를 좋아하는 사람은 우유를 좋아하지 않는다.
- 주스를 좋아하지 않는 사람은 치즈를 좋아한다.

① 주스를 좋아하지 않는 사람은 우유를 좋아한다.
② 주스를 좋아하는 사람은 치즈를 좋아한다.
③ 치즈를 좋아하는 사람은 빵을 좋아하지 않는다.
④ 빵을 좋아하는 사람은 치즈를 좋아하지 않는다.
⑤ 빵을 좋아하는 사람은 치즈를 좋아한다.

03 매주 금요일은 마케팅팀 동아리 모임이 있는 날이다. 동아리 회비를 담당하고 있는 F팀장은 점심시간 후, 회비가 감쪽같이 사라진 것을 발견했다. 점심시간 동안 사무실에 있었던 사람은 A, B, C, D, E 5명이고, 이들 중 2명은 범인이고, 3명은 범인이 아니다. 범인은 거짓말을 하고, 범인이 아닌 사람은 진실을 말한다고 할 때, 〈보기〉를 토대로 다음 중 옳은 것을 고르면?

보기

- A는 B, D 중 한 명이 범인이라고 주장한다.
- B는 C가 범인이라고 주장한다.
- C는 B가 범인이라고 주장한다.
- D는 A가 범인이라고 주장한다.
- E는 A와 B가 범인이 아니라고 주장한다.

① A와 D 중 범인이 있다.
② B가 범인이다.
③ C와 E가 범인이다.
④ A는 범인이다.
⑤ 범인이 누구인지 주어진 조건만으로는 알 수 없다.

04 다음 글을 바탕으로 한 추론으로 옳은 것을 고르면?

조선시대 들어 유교적 혈통률의 영향을 받아 삶의 모습은 처거제 – 부계제로 변화하였다. 이러한 체제는 조선 전기까지 대부분 유지되었다. 친척관계 자료를 수집하기 위해 마을을 방문하던 중, '처가로 장가를 든 선조가 이 마을의 입향조가 되었다.'는 얘기를 듣곤 하는데, 이것이 바로 처거제 – 부계제의 원리가 작동한 결과라고 말할 수 있다. 거주율과 혈통률을 결합할 경우, 혼인에서는 남자의 뿌리를 뽑아서 여자의 거주지로 이전하고, 집안 계승의 측면에서는 남자 쪽을 선택하도록 한 것이다. 이를 통해 거주율에서는 여자의 입장을 유리하게 하고, 혈통률에서는 남자의 입장이 유리하도록 하는 균형적인 모습을 띠고 있음을 알 수 있다.

① 처거제는 '시집가다'와 일맥상통한다.
② 처거제 – 부계제는 조선 후기까지 대부분 유지되었다.
③ 조선 전기에 이르러 가족관계에서 남녀 간 힘의 균형이 무너졌다.
④ 조선시대 이전부터 처거제 – 부계제가 존재하였다.
⑤ 고려시대에는 조선시대에 비해 유교적 혈통률의 영향을 덜 받았다.

※ 다음 도식에서 기호들은 일정한 규칙에 따라 문자를 변화시킨다. ?에 들어갈 알맞은 문자를 고르시오. **[5~7]**

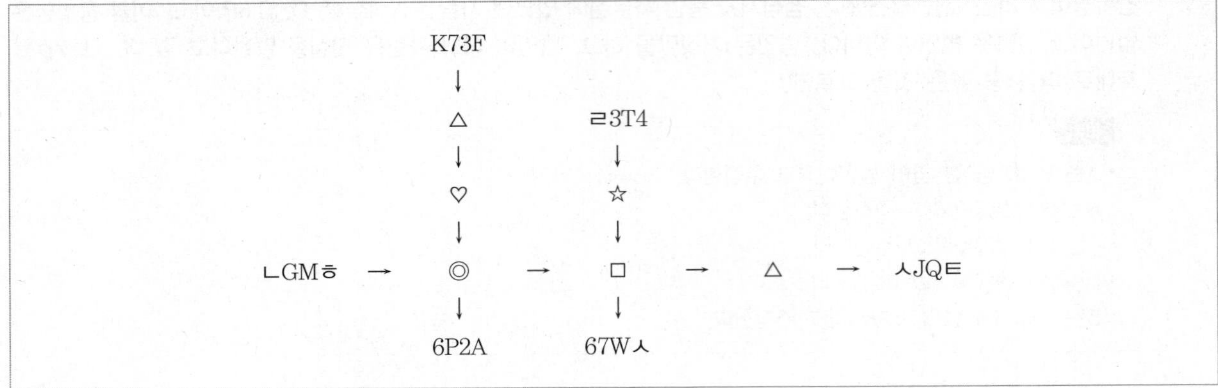

05

ㄷM4G → ♡ → △ → ?

① Q7ㄱF
② 7ㄴRF
③ 7ㄱQF
④ 1ㄱQF
⑤ Q7ㄱF

06

4Gㅕ5 → ◎ → □ → ?

① 64Lㅕ
② 4ㅕ5G
③ 5Lㅕ4
④ 5Kㅓ3
⑤ 6Lㅕ4

07

ㅛㅎㅁA → ☆ → ◎ → ?

① Cㅑㄴ B
② ㅍCㄴㅑ
③ ㅕAㅍㅂ
④ ㅌCㄴㅑ
⑤ ㅎㅗAㅁ

2016년 상반기 최신기출문제

정답 및 해설 p.021

01 다음 명제를 통해 얻을 수 있는 결론으로 타당한 것을 고르면?

- 원숭이는 기린보다 키가 크다.
- 기린은 하마보다 몸무게가 더 나간다.
- 원숭이는 기린보다 몸무게가 더 나간다.

① 원숭이는 하마보다 키가 크다.
② 원숭이는 하마보다 몸무게가 더 나간다.
③ 기린은 하마보다 키가 크다.
④ 하마는 기린보다 몸무게가 더 나간다.
⑤ 기린의 키는 원숭이와 하마 중간이다.

02 제시된 낱말과 동일한 관계가 되도록 빈칸에 들어갈 가장 적절한 단어를 고르면?

높새 : 하늬 = (　　) : 여우

① 곰
② 이슬
③ 사슴
④ 비
⑤ 은하수

※ 다음 짝지어진 단어 사이의 관계가 나머지와 다른 하나를 고르시오. [3~5]

03 ① 철근 – 콘크리트 ② 냄비 – 주전자
③ 마우스 – 키보드 ④ 욕조 – 변기
⑤ 도장 – 인주

04 ① 성공 – 노력 ② 타인 – 생각
③ 인재 – 육성 ④ 소설 – 집필
⑤ 목적 – 달성

05 ① 대장장이 – 망치 – 목수
② 작곡자 – 악보 – 연주자
③ 레스토랑 – 음식 – 식객
④ 기술자 – 트랙터 – 농부
⑤ 디자이너 – 의상 – 모델

※ 다음 도식에서 기호들은 일정한 규칙에 따라 문자를 변화시킨다. ?에 들어갈 알맞은 문자를 고르시오. **[6~8]**

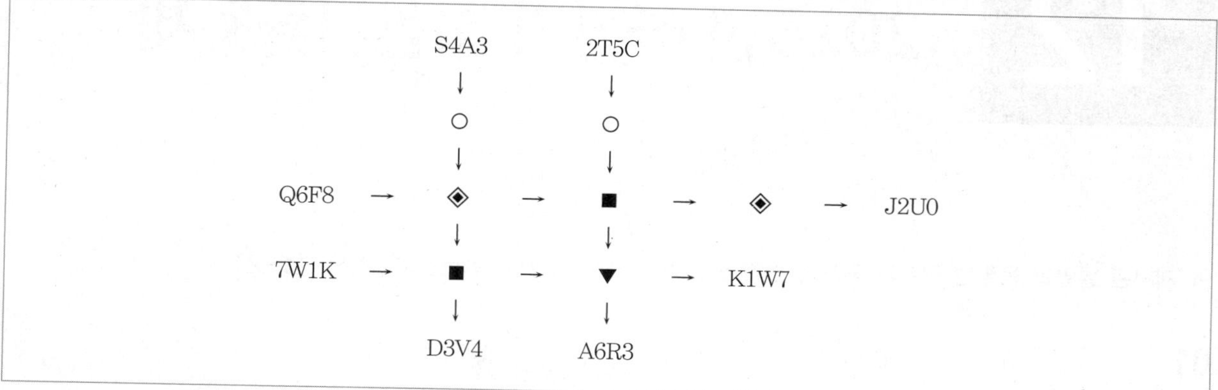

06

5ㅂ2ㅌ → ▼ → ○ → ?

① ㅍ0ㅅ3
② 0ㅂ3ㅋ
③ ㅅ3ㅍ0
④ ㅂ3ㅋ0
⑤ 3ㅅ0ㅋ

07

LㅅEㅈ → ◈ → ■ → ?

① FㅇMㅍ
② ㅋGㅈN
③ MㅇFㅍ
④ GㅋNㅈ
⑤ NㅈGㅋ

08

ㄱBㄷV → ■ → ○ → ?

① ㄹZㄴT
② TㄴZㄹ
③ WㄱCㅍ
④ CㅍWㄱ
⑤ ㄹTㄴZ

2015년 하반기 최신기출문제

정답 및 해설 p.022

※ 제시된 낱말과 동일한 관계가 되도록 빈칸에 들어갈 가장 적절한 단어를 고르시오. [1~2]

01

요긴 : 중요 = 특성 : (   )

① 성질
② 특별
③ 특이
④ 특질
⑤ 특수

02

세입 : 세출 = 할인 : (   )

① 상승
② 인상
③ 할증
④ 감소
⑤ 인하

※ 다음 짝지어진 단어 사이의 관계가 나머지와 다른 하나를 고르시오. [3~4]

03

① 선장 – 조타수
② 변호사 – 피의자
③ 배우 – 관객
④ 의사 – 환자
⑤ 선생 – 학생

04

① 비 – 내리다
② 눈 – 감다
③ 머리 – 자라다
④ 천둥 – 치다
⑤ 성적 – 떨어지다

※ 다음 도식에서 기호들은 일정한 규칙에 따라 문자를 변화시킨다. ?에 들어갈 알맞은 문자를 고르시오. [5~7]

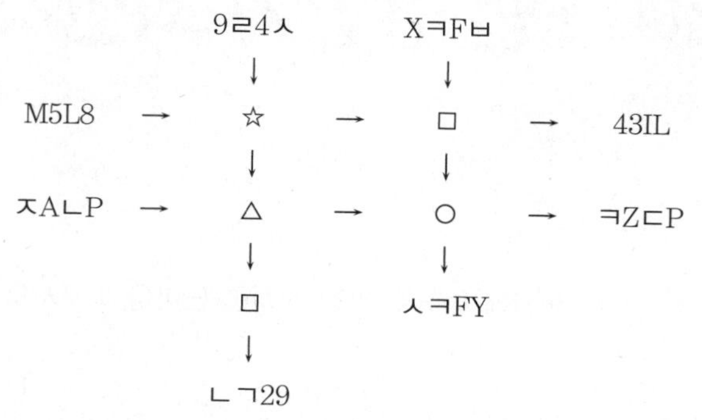

		9ㄹ4ㅅ		XㅋFㅂ		
		↓		↓		
M5L8	→	☆	→	□	→	43IL
		↓		↓		
ㅈAㄴP	→	△	→	○	→	ㅋZㄷP
		↓		↓		
		□		ㅅㅋFY		
		↓				
		ㄴㄱ29				

05

LIKE → ○ → □ → ?

① MHLD
② MIKF
③ NHLE
④ FIKM
⑤ DHLM

06

7288 → □ → ☆ → ?

① 7053
② 9288
③ 8287
④ 7278
⑤ 7055

07

MJㅊㅍ → ☆ → ○ → ?

① ㅎJㅊN
② MGㅋㅇ
③ MHㅅㅊ
④ OIㅋㅎ
⑤ NJㅊㅎ

2015년 상반기 최신기출문제

정답 및 해설 p.023

※ 제시된 낱말과 동일한 관계가 되도록 빈칸에 들어갈 가장 적절한 단어를 고르시오. **[1~3]**

01

데스크탑 : 노트북 = (　　) : 캠핑카

① 여행
② 자동차
③ 주차장
④ 집
⑤ 사무실

02

말 : 마차 = 소 : (　　)

① 가마
② 경운기
③ 쟁기
④ 지게
⑤ 가래

03

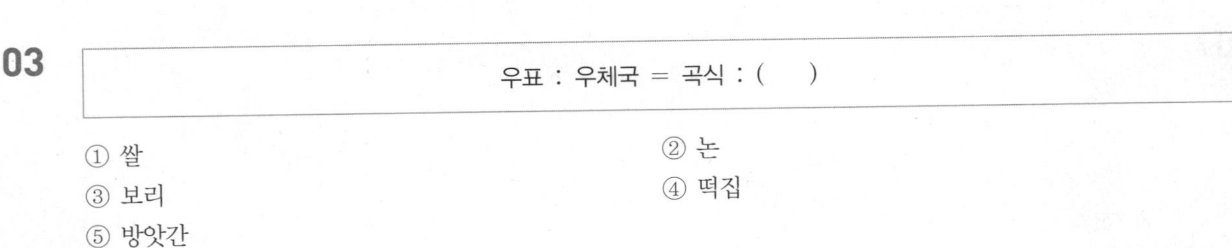

우표 : 우체국 = 곡식 : (　　)

① 쌀
② 논
③ 보리
④ 떡집
⑤ 방앗간

※ 다음 짝지어진 단어 사이의 관계가 나머지와 다른 하나를 고르시오. [4~6]

04 ① 선구자 – 예언자
② 풋내기 – 초보자
③ 거론 – 언급
④ 혼란 – 혼잡
⑤ 보조개 – 볼우물

05 ① 나무 – 숯 – 재
② 수성 – 금성 – 지구
③ 씨앗 – 나무 – 열매
④ 아침 – 점심 – 저녁
⑤ 대서 – 입추 – 한로

06 ① 철새 – 두루미
② 한식 – 불고기
③ 동물 – 사람
④ 가전 – 전류
⑤ 아시아 – 카자흐스탄

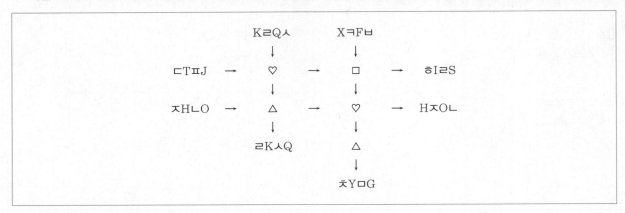

※ 다음 도식에서 기호들은 일정한 규칙에 따라 문자를 변화시킨다. ?에 들어갈 알맞은 문자를 고르시오. **[7~9]**

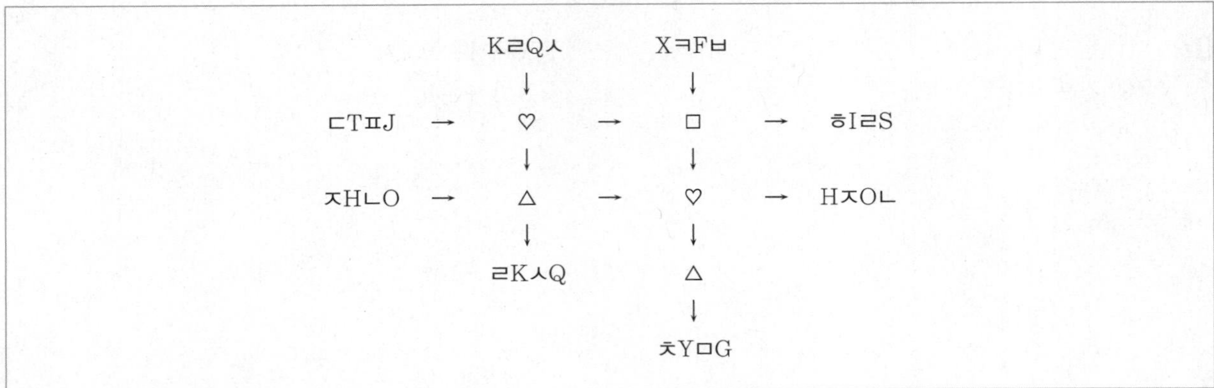

07

ㄱㅌWN → □ → ♡ → ?

① VMㅎㅋ
② ㅎㅋVM
③ XMㄴㅋ
④ ㄴㅋXM
⑤ XOㅎㅍ

08

IUㄹㅅ → △ → ♡ → ?

① Uㅅlㄹ
② IUㄹㅅ
③ ㄹㅅIU
④ UIㅅㄹ
⑤ ㅅㄹUI

09

ㅎBㄱG → □ → △ → ?

① FAㄱㄴ
② CHㅍㅎ
③ FㄴAㄱ
④ CㅎHㅍ
⑤ AㄱㄴF

2014년 하반기 최신기출문제

정답 및 해설 p.024

※ 다음 명제를 통해 얻을 수 있는 결론으로 타당한 것을 고르시오. [1~4]

01

> 축구를 좋아하는 사람 중에는 기자도 있다.
> 고등학생 중에는 축구를 좋아하는 사람도 있다.
> 따라서 ______________________

① 기자 중에 고등학생은 없다.
② 축구를 좋아하는 모든 사람은 기자이다.
③ 야구를 좋아하는 사람 중에는 고등학생도 있다.
④ 모든 고등학생은 기자일 수도 있다.
⑤ 축구를 좋아하지 않는 사람은 기자가 아니다.

02

> 하루에 두 끼를 먹는 어떤 사람도 뚱뚱하지 않다.
> 아침을 먹는 모든 사람은 하루에 두 끼를 먹는다.
> 따라서 ______________________

① 하루에 세 끼를 먹는 사람이 있다.
② 아침을 먹는 모든 사람은 뚱뚱하지 않다.
③ 뚱뚱하지 않은 사람은 하루에 두 끼를 먹는다.
④ 하루에 한 끼를 먹는 사람은 뚱뚱하지 않다.
⑤ 아침을 먹는 어떤 사람은 뚱뚱하다.

03

> 비가 오지 않으면 개구리가 울지 않는다.
> 비가 오지 않으면 제비가 낮게 날지 않는다.
> 따라서 ______________________

① 비가 오면 제비가 낮게 난다.
② 제비가 낮게 날지 않는 날에는 비가 오지 않는다.
③ 개구리가 울지 않으면 제비가 낮게 날지 않는다.
④ 제비가 낮게 나는 날에는 개구리가 울지 않는다.
⑤ 제비가 낮게 날면 비가 온다.

04

> 성공한 사업가는 존경받는다.
> 어떤 합리적인 사업가는 존경받지 못한다.
> 따라서 ______________________

① 어떤 사업가는 합리적임에도 불구하고 성공하지 못한다.
② 모든 사업가는 합리적이다.
③ 합리적인 사업가는 모두 성공한다.
④ 존경받는 사업가는 모두 합리적이다.
⑤ 성공한 모든 사업가는 합리적이다.

05 다음 제시된 도형의 규칙을 보고 ?에 들어갈 알맞은 것을 고르면?

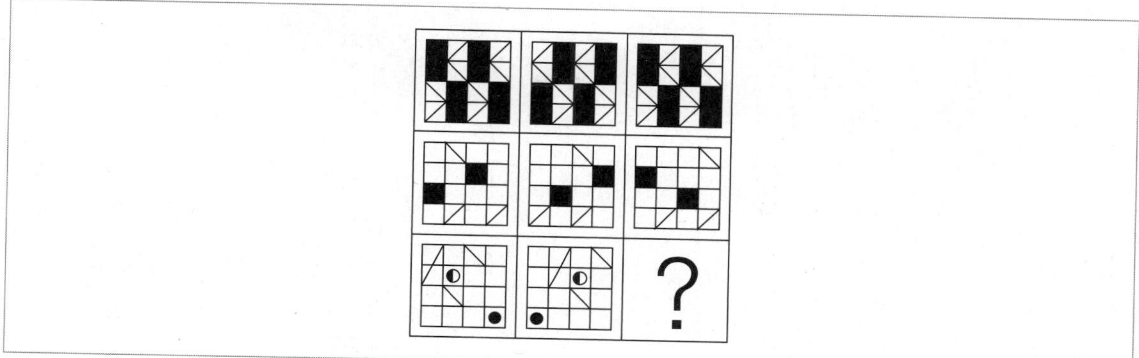

①
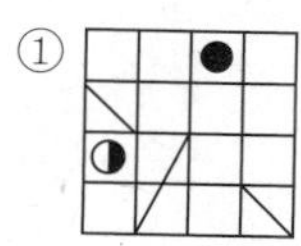

②
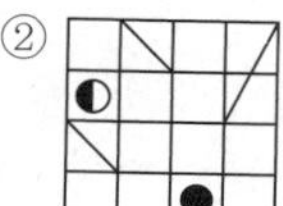

③
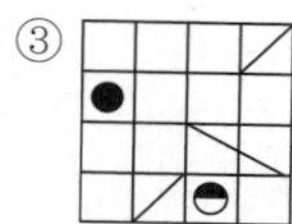

④
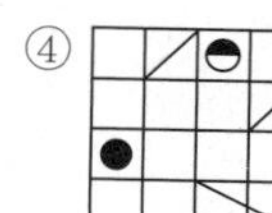

⑤
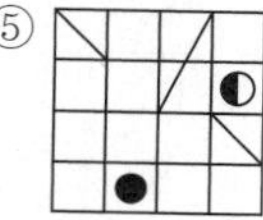

※ 다음 도식에서 기호들은 일정한 규칙에 따라 문자를 변화시킨다. ?에 들어갈 알맞은 문자를 고르시오. **[6~8]**

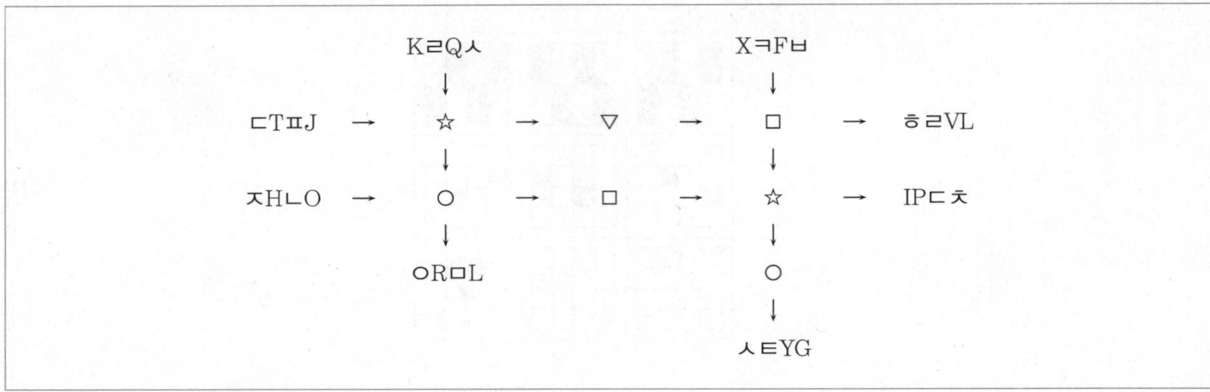

06

ㄱㅌWN → ☆ → ▽ → ☆ → ?

① ㄷㄱYQ
② YㄷOㄴ
③ ㄴㅎXO
④ PㄴQㄱ
⑤ ㄴㅎXP

07

IUㄹㅅ → ○ → ▽ → □ → ?

① ㅅㄹUI
② ㅅUIㄹ
③ ㅁHㅇT
④ UㅇJㅁ
⑤ UㅅㅁJ

08

ㅎBㄱG → □ → □ → ○ → ?

① Hㄱㄴ C
② ㄱHCㄴ
③ ㅍFAㅎ
④ Gㅎㄱ B
⑤ ㅎGBㄱ

※ 다음 빈칸에 들어갈 적절한 단어를 고르시오. [9~10]

09

건물 : 설계도 = 오페라 : ( )

① 연기
② 악보
③ 배우
④ 무대
⑤ 공연

10

탄산 : 사이다 = ( ) : 공기

① 하늘
② 산소
③ 바람
④ 물
⑤ 오존

※ 다음 짝지어진 단어 사이의 관계가 나머지와 다른 하나를 고르시오. [11~12]

11
① 질소 – 이산화탄소
② 물 – 콜라
③ 볼펜 – 잉크
④ 화강암 – 현무암
⑤ 침 – 이온음료

12
① 미국 – 캐나다 – 멕시코
② 한국 – 중국 – 일본
③ 인도네시아 – 베트남 – 태국
④ 영국 – 프랑스 – 독일
⑤ 브라질 – 러시아 – 인도

13 S그룹의 신입사원 8명 중 남자 사원은 A부터 D까지, 여자 사원은 E부터 H까지 각각 4명씩 구성되어 있다. 이들은 본인이 합격한 부서를 찾아가고자 한다. S그룹 본사는 8층 빌딩에 입주해 있다. 다음의 〈조건〉을 모두 만족시켜야 할 때, 반드시 거짓인 것은?

조건

- 한 층에는 한 명만 근무할 수 있다.
- 성별이 같으면 인접한 층에서 근무할 수 없다.
- G는 6층이다.
- E와 D 사이에는 4개 층이 있다.
- H는 A, C와 인접해 있다.

① A는 E보다 위에 있다.
② A는 F보다 높은 곳에 있다.
③ C는 G와 인접한 층에서 근무한다.
④ E와 B는 인접해 있다.
⑤ A와 C의 층수를 더하면 8이다.

14 E놀이공원의 동물원에는 A, B, C, D 4개의 구역이 순차적으로 있고, 여기에는 독수리, 사슴, 악어, 호랑이가 한 마리씩 들어간다. 다음 〈조건〉에 따라 동물이 위치한다고 할 때, 반드시 거짓인 것은?

조건

- 악어는 C 또는 D구역에 들어간다.
- 사슴은 B구역을 제외하고 다 들어갈 수 있다.

① 호랑이가 A구역에 있다면 독수리는 B구역에 있다.
② 독수리가 호랑이의 왼쪽 구역에 있다면 호랑이의 오른쪽 구역에는 아무것도 없다.
③ 독수리가 악어 오른쪽 구역에 있다면 호랑이는 C 또는 D구역에 살 수 있다.
④ 호랑이가 B구역에 있다면 악어와 이웃해 있다.
⑤ 독수리가 D구역에 있다면 사슴과 가장 멀리 떨어져 있다.

MEMO

I wish you the best of luck!

PART 2 추리

GSAT 추리 영역은 크게 언어추리, 도형추리, 도식추리로 나눌 수 있다. 언어추리에서는 동의・유의・반의・상하 관계 등 다양한 어휘 관계를 묻는 문제와 논리추리 및 추론을 요하는 문제가 출제된다. 또한, 도형추리 문제에서는 제시된 도형의 단계적 변화 속에서 변화의 규칙을 찾아내야 하며, 도식추리 문제에서는 문자의 변화 과정에 숨어있는 규칙을 읽어야 한다. 이 영역을 통해 평가하고자 하는 바는 '실제 업무를 행하는 데 필요한 논리적 사고력을 갖추고 있는가', '신속하고 올바른 판단을 내릴 수 있는가', '현재의 과정을 통해 미래를 추론할 수 있는가'이다. 이러한 세 가지 능력을 평가하기 위해 30개 문항을 30분 안에 풀도록 하고 있다.

PART 2

추리

이론점검

언어추리

1 어휘추리

1. 유의 관계

두 개 이상의 어휘가 서로 소리는 다르나 의미가 비슷한 경우를 유의 관계라고 하고, 유의 관계에 있는 어휘를 유의어(類義語)라고 한다. 유의 관계의 대부분은 개념적 의미의 동일성을 전제로 한다. 그렇다고 하여 유의 관계를 이루는 단어들을 어느 경우에나 서로 바꾸어 쓸 수 있는 것은 아니다. 따라서 언어 상황에 적합한 말을 찾아 쓰도록 노력하여야 한다.

(1) 원어의 차이

한국어는 크게 고유어, 한자어, 외래어로 구성되어 있다. 따라서 하나의 사물에 대해서 각각 부르는 일이 있을 경우 유의 관계가 발생하게 된다.

(2) 전문성의 차이

같은 사물에 대해서 일반적으로 부르는 이름과 전문적으로 부르는 이름이 다른 경우가 많다. 이런 경우에 전문적으로 부르는 이름과 일반적으로 부르는 이름 사이에 유의 관계가 발생한다.

(3) 내포의 차이

나타내는 의미가 완전히 일치하지는 않으나, 유사한 경우에 유의 관계가 발생한다.

(4) 완곡어법

문화적으로 금기시하는 표현을 둘러서 말하는 것을 완곡어법이라고 하며, 이러한 완곡어법 사용에 따라 유의 관계가 발생한다.

CHECK POINT

전문성의 차이
예 에어컨 : 공기조화기
소금 : 염화나트륨

내포의 차이
예 즐겁다 : 기쁘다
친구 : 동무

완곡어법
예 변소 : 화장실
죽다 : 돌아가다

2. 반의 관계

(1) 개요

반의어(反意語)는 둘 이상의 단어에서 의미가 서로 짝을 이루어 대립하는 경우를 말한다. 즉, 반의어는 어휘의 의미가 서로 대립하는 단어를 말하며, 이러한 어휘들의 관계를 반의 관계라고 한다. 한 쌍의 단어가 반의어가 되려면, 두 어휘 사이에 공통적인 의미 요소가 있으면서도 동시에 서로 다른 하나의 의미 요소가 있어야 한다.

반의어는 반드시 한 쌍으로만 존재하는 것이 아니라, 다의어(多義語)이면 그에 따라 반의어가 여러 개로 달라질 수 있다. 즉, 하나의 단어에 대하여 여러 개의 반의어가 있을 수 있다.

(2) 반의어의 종류

반의어에는 상보 반의어와 정도 반의어, 관계 반의어, 방향 반의어가 있다.

① **상보 반의어** : 한쪽 말을 부정하면 다른 쪽 말이 되는 반의어이며, 중간항은 존재하지 않는다. '있다'와 '없다'가 상보적 반의어이며, '있다'와 '없다' 사이의 중간 상태는 존재할 수 없다.

② **정도 반의어** : 한쪽 말을 부정하면 반드시 다른 쪽 말이 되는 것이 아니며, 중간항을 갖는 반의어이다. '크다'와 '작다'가 정도 반의어이며, 크지도 작지도 않은 중간이라는 중간항을 갖는다.

③ **관계 반의어** : 관계 반의어는 상대가 존재해야만 자신이 존재할 수 있는 반의어이다. '부모'와 '자식'이 관계 반의어의 예이다.

④ **방향 반의어** : 맞선 방향을 전제로 하여 관계나 이동의 측면에서 대립을 이루는 단어 쌍이다. 방향 반의어는 공간적 대립, 인간관계 대립, 이동적 대립 등으로 나누어 볼 수 있다.

CHECK POINT

방향 반의어
- 공간적 대립
  예 위 : 아래
  처음 : 끝
- 인간관계 대립
  예 스승 : 제자
  남편 : 아내
- 이동적 대립
  예 사다 : 팔다
  열다 : 닫다

3. 상하 관계

상하 관계는 단어의 의미적 계층 구조에서 한쪽이 의미상 다른 쪽을 포함하거나 다른 쪽에 포섭되는 관계를 말한다. 상하 관계를 형성하는 단어들은 상위어(上位語)일수록 일반적이고 포괄적인 의미를 지니며, 하위어(下位語)일수록 개별적이고 한정적인 의미를 지닌다. 따라서 상위어는 하위어를 함의하게 된다. 즉, 하위어가 가지고 있는 의미 특성을 상위어가 자동적으로 가지게 된다.

CHECK POINT

상하 관계
예 꽃 : 장미
과일 : 사과
문학 : 소설
파충류 : 개구리

4. 부분 관계

부분 관계는 한 단어가 다른 단어의 부분이 되는 관계를 말하며, 전체 – 부분 관계라고도 한다. 부분 관계에서 부분을 가리키는 단어를 부분어(部分語), 전체를 가리키는 단어를 전체어(全體語)라고 한다. 예를 들면, '머리, 팔, 몸통, 다리'는 '몸'의 부분어이며, 이러한 부분어들에 의해 이루어진 '몸'은 전체어이다.

CHECK POINT

연역 추론
모든 사람은 죽는다.
→ 나는 죽는다.
→ 영희는 죽는다.
→ 철수는 죽는다.

2 명제추리

1. 연역 추론

이미 알고 있는 판단(전제)을 근거로 새로운 판단(결론)을 유도하는 추론이다. 연역 추론은 진리일 가능성을 따지는 귀납 추론과는 달리, 명제 간의 관계와 논리적 타당성을 따진다. 즉, 연역 추론은 전제들로부터 절대적인 필연성을 가진 결론을 이끌어내는 추론이다.

(1) 직접 추론

한 개의 전제로부터 중간적 매개 없이 새로운 결론을 이끌어내는 추론이며, 대우 명제가 그 대표적인 예이다.

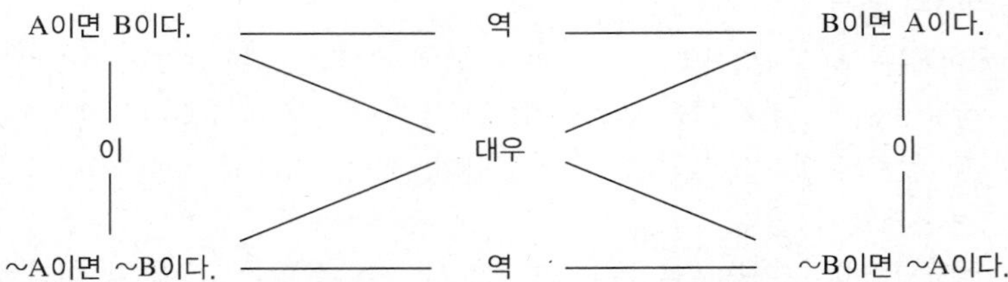

- 한국인은 모두 황인종이다. (전제)
- 그러므로 황인종이 아닌 사람은 모두 한국인이 아니다. (결론 1)
- 그러므로 황인종 중에는 한국인이 아닌 사람도 있다. (결론 2)

CHECK POINT

간접 추론
P는 대개념, S는 소개념, M은 매개념이다.
- 모든 곤충은 다리가 여섯이다(M은 P이다). [대전제]
- 모든 개미는 곤충이다(S는 M이다). [소전제]
- 그러므로 모든 개미는 다리가 여섯이다(S는 P이다). [결론]

(2) 간접 추론

둘 이상의 전제로부터 새로운 결론을 이끌어내는 추론이다. 삼단논법이 가장 대표적인 예이다.

① **정언 삼단논법** : 세 개의 정언명제로 구성된 간접추론 방식이다. 세 개의 명제 가운데 두 개의 명제는 전제이고, 나머지 한 개의 명제는 결론이다. 세 명제의 주어와 술어는 세 개의 서로 다른 개념을 표현한다.

② **가언 삼단논법** : 가언명제로 이루어진 삼단논법을 말한다. 가언명제란 두 개의 정언명제가 '만일 ~이라면'이라는 접속사에 의해 결합된 복합명제이다. 여기서 '만일'에 의해 이끌리는 명제를 전건이라고 하고, 그 뒤의 명제를 후건이라고 한다. 가언 삼단논법의 종류로는 혼합가언 삼단논법과 순수가언 삼단논법이 있다.

㉠ **혼합가언 삼단논법** : 대전제만 가언명제로 구성된 삼단논법이다. 긍정식과 부정식 두 가지가 있으며, 긍정식은 'A면 B이다. A이다. 그러므로 B이다.'이고, 부정식은 'A면 B이다. B가 아니다. 그러므로 A가 아니다.'이다.

- 만약 A라면 B이다.
- B가 아니다.
- 그러므로 A가 아니다.

㉡ **순수가언 삼단논법** : 대전제와 소전제 및 결론까지 모두 가언명제들로 구성된 삼단논법이다.

- 만약 A라면 B이다.
- 만약 B라면 C이다.
- 그러므로 만약 A라면 C이다.

③ **선언 삼단논법** : '~이거나 ~이다.'의 형식으로 표현되며 전제 속에 선언 명제를 포함하고 있는 삼단논법이다.

- 내일은 비가 오거나 눈이 온다(A 또는 B이다).
- 내일은 비가 오지 않는다(A가 아니다).
- 그러므로 내일은 눈이 온다(그러므로 B이다).

④ **딜레마 논법** : 대전제는 두 개의 가언명제로, 소전제는 하나의 선언명제로 이루어진 삼단논법으로, 양도추론이라고도 한다.

• 만일 네가 거짓말을 하면, 신이 미워할 것이다.	(대전제)
• 만일 네가 거짓말을 하지 않으면, 사람들이 미워할 것이다.	(대전제)
• 너는 거짓말을 하거나, 거짓말을 하지 않을 것이다.	(소전제)
• 그러므로 너는 미움을 받게 될 것이다.	(결론)

CHECK POINT

명제의 역, 이, 대우
- 채식주의자라면 고기를 먹지 않을 것이다.
  - → (역) 고기를 먹지 않으면 채식주의자이다.
  - → (이) 채식주의자가 아니라면 고기를 먹을 것이다.
  - → (대우) 고기를 먹는다면 채식주의자가 아닐 것이다.

CHECK POINT

귀납 추론
- 히틀러도 사람이고 죽었다.
- 스탈린도 사람이고 죽었다.
- 그러므로 모든 사람은 죽는다.

2. 귀납 추론

특수한 또는 개별적인 사실로부터 일반적인 결론을 이끌어 내는 추론을 말한다. 귀납 추론은 구체적 사실들을 기반으로 하여 결론을 이끌어 내기 때문에 필연성을 따지기보다는 개연성과 유관성, 표본성 등을 중시하게 된다. 여기서 개연성이란, 관찰된 어떤 사실이 같은 조건하에서 앞으로도 관찰될 수 있는가 하는 가능성을 말하고, 유관성은 추론에 사용된 자료가 관찰하려는 사실과 관련되어야 하는 것을 일컬으며, 표본성은 추론을 위한 자료의 표본 추출이 공정하게 이루어져야 하는 것을 가리킨다. 이러한 귀납 추론은 일상생활 속에서 많이 사용하고, 우리가 알고 있는 과학적 사실도 이와 같은 방법으로 밝혀졌다.

그러나 전제들이 참이어도 결론이 항상 참인 것은 아니다. 단 하나의 예외로 인하여 결론이 거짓이 될 수 있다.

- 성냥불은 뜨겁다.
- 연탄불도 뜨겁다.
- 그러므로 모든 불은 뜨겁다.

위 예문에서 '성냥불이나 연탄불이 뜨거우므로 모든 불은 뜨겁다.'라는 결론이 나왔는데, 반딧불은 뜨겁지 않으므로 '모든 불이 뜨겁다.'라는 결론은 거짓이 된다.

CHECK POINT

귀납과 연역
한 가지의 구체적인 사실에서 일반적인 원리를 도출해 내는 것이 귀납이면, 반대로 일반적인 원리를 최초의 전제로 하고 거기에서 개별적인 경우를 추론하는 것이 연역이다. 즉, 귀납은 경험주의의 방법이며 연역은 합리주의의 방법이라 할 수 있다.

(1) 완전 귀납 추론

관찰하고자 하는 집합의 전체를 다 검증함으로써 대상의 공통 특질을 밝혀내는 방법이다. 이는 예외 없는 진실을 발견할 수 있다는 장점은 있으나, 집합의 규모가 크고 속성의 변화가 다양할 경우에는 적용하기 어려운 단점이 있다.

예 1부터 10까지의 수를 다 더하여 그 합이 55임을 밝혀내는 방법

(2) 통계적 귀납 추론

통계적 귀납 추론은 관찰하고자 하는 집합의 일부에서 발견한 몇 가지 사실을 열거함으로써 그 공통점을 결론으로 이끌어 내려는 방식을 가리킨다. 관찰하려는 집합의 규모가 클 때 그 일부를 표본으로 추출하여 조사하는 방식이 이에 해당하며, 표본 추출의 기준이 얼마나 적합하고 공정한가에 따라 그 결과에 대한 신뢰도가 달라진다는 단점이 있다.

예 여론조사에서 일부의 국민에 대한 설문 내용을 바탕으로, 이를 전체 국민의 여론으로 제시하는 것

CHECK POINT

인과적 귀납 추론
일치법
예 마을 잔칫집에서 돼지고기를 먹은 사람들이 집단 식중독을 일으켰다. 따라서 식중독의 원인은 상한 돼지고기가 아닌가 생각한다.

(3) 인과적 귀납 추론

관찰하고자 하는 집합의 일부 원소들이 지닌 인과 관계를 인식하여 그 원인이나 결과를 이끌어 내려는 방식을 말한다.

① **일치법** : 공통적인 현상을 지닌 몇 가지 사실 중에서 각기 지닌 요소 중 어느 한 가지만 일치한다면 이 요소가 공통 현상의 원인이라고 판단

② **차이법** : 어떤 현상이 나타나는 경우와 나타나지 않은 경우를 놓고 보았을 때, 각 경우의 여러 조건 중 단 하나만이 차이를 보인다면 그 차이를 보이는 조건이 원인이 된다고 판단

예 현수와 승재는 둘 다 지능이나 학습 시간, 학습 환경 등이 비슷한데 공부하는 태도에는 약간의 차이가 있다. 따라서 두 사람이 성적이 차이를 보이는 것은 학습 태도의 차이 때문으로 생각된다.

③ **일치·차이 병용법** : 몇 개의 공통 현상이 나타나는 경우와 몇 개의 그렇지 않은 경우를 놓고 일치법과 차이법을 병용하여 적용함으로써 그 원인을 판단

예 학업 능력 정도가 비슷한 두 아동 집단에 대해 처음에는 같은 분량의 과제를 부여하고 나중에는 각기 다른 분량의 과제를 부여한 결과, 많이 부여한 집단의 성적이 훨씬 높게 나타났다. 이로 보아, 과제를 많이 부여하는 것이 적게 부여하는 것보다 학생의 학업 성적 향상에 도움이 된다고 판단할 수 있다.

④ **공변법** : 관찰하는 어떤 사실의 변화에 따라 현상의 변화가 일어날 때 그 변화의 원인이 무엇인지 판단

예 담배를 피우는 양이 각기 다른 사람들의 집단을 조사한 결과, 담배를 많이 피울수록 폐암에 걸릴 확률이 높다는 사실이 발견되었다.

⑤ **잉여법** : 앞의 몇 가지 현상이 뒤의 몇 가지 현상의 원인이며, 선행 현상의 일부분이 후행 현상의 일부분이라면, 선행 현상의 나머지 부분이 후행 현상의 나머지 부분의 원인임을 판단

예 어젯밤 일어난 사건의 혐의자는 정은이와 규민이 두 사람인데, 정은이는 알리바이가 성립되어 혐의 사실이 없는 것으로 밝혀졌다. 따라서 그 사건의 범인은 규민이일 가능성이 높다.

3. 유비 추론

두 개의 대상 사이에 일련의 속성이 동일하다는 사실에 근거하여 그것들의 나머지 속성도 동일하리라는 결론을 이끌어내는 추론, 즉 이미 알고 있는 것에서 다른 유사한 점을 찾아내는 추론을 말한다. 그렇기 때문에 유비 추론은 잣대(기준)가 되는 사물이나 현상이 있어야 한다. 유비 추론은 가설을 세우는 데 유용하다. 이미 알고 있는 사례로부터 아직 알지 못하는 것을 생각해 봄으로써 쉽게 가설을 세울 수 있다. 이때 유의할 점은 이미 알고 있는 사례와 이제 알고자 하는 사례가 매우 유사하다는 확신과 증거가 있어야 한다. 그렇지 않은 상태에서 유비 추론에 의해 결론을 이끌어 내면, 그것은 개연성이 거의 없고 잘못된 결론이 될 수도 있다.

- 지구에는 공기, 물, 흙, 햇빛이 있다(A는 a, b, c, d의 속성을 가지고 있다).
- 화성에는 공기, 물, 흙, 햇빛이 있다(B는 a, b, c, d의 속성을 가지고 있다).
- 지구에 생물이 살고 있다(A는 e의 속성을 가지고 있다).
- 그러므로 화성에도 생물이 살고 있을 것이다(그러므로 B도 e의 속성을 가지고 있을 것이다).

CHECK POINT

연역 추론과 유비 추론
연역 추론은 대전제가 소전제와 결론을 포함하고 있기 때문에 추론의 결과가 항상 참이지만, 유비 추론은 일부의 공통점을 근거로 다른 일부도 공통적일 것이라고 추론하기 때문에 참이 아닌 경우도 있을 수 있다.

CHECK POINT

주요 규칙

회전	45° 회전
	60° 회전
	90° 회전
	120° 회전
	180° 회전
색반전	
대칭	x축 대칭
	y축 대칭

도형추리

1. 회전 모양

(1) 180° 회전한 도형은 좌우가 상하가 모두 대칭이 된 모양이 된다.

예

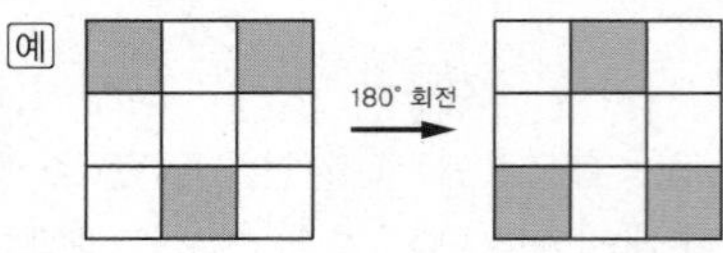

(2) 시계 방향으로 90° 회전한 도형은 시계 반대 방향으로 270° 회전한 도형과 같다.

예

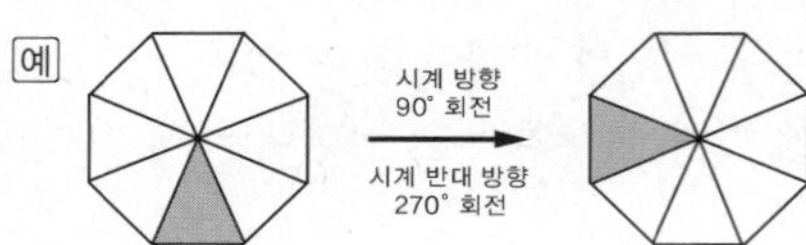

(3) 좌우 반전 → 좌우 반전, 상하 반전 → 상하 반전은 같은 도형이 된다.

예

(4) 도형을 거울에 비친 모습은 방향에 따라 좌우 또는 상하로 대칭된 모습이 나타난다.

예

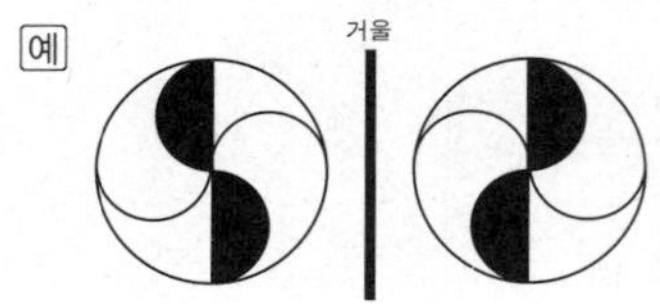

2. 회전 각도

도형의 회전 각도는 도형의 모양으로 유추할 수 있다.

(1) 회전한 모양이 회전하기 전의 모양과 같은 경우

도형	가능한 회전 각도
60°	…, $-240°$, $-120°$, $+120°$, $+240°$, …
90°	…, $-180°$, $-90°$, $+90°$, $+180°$, …
108°	…, $-144°$, $-72°$, $+72°$, $+144°$, …

CHECK POINT

정n각형의 한 내각의 크기

$\frac{180°\times(n-2)}{n}$

(2) 회전한 모양이 회전하기 전의 모양과 다른 경우

회전 전 모양	회전 후 모양	회전한 각도

CHAPTER 02

대표유형 01

| 명제 |

삼단논법

유형분석

- '$p \rightarrow q$, $q \rightarrow r$이면 $p \rightarrow r$이다.' 형식의 삼단논법과 명제의 대우를 활용하여 푸는 유형이다.
- 전제를 추리하거나 결론을 추리하는 유형이 출제된다.
- 'A○ → B×' 또는 '$p \rightarrow \sim q$'와 같이 명제를 단순화하여 정리하면서 풀어야 한다.

제시된 명제가 모두 참일 때, 빈칸에 들어갈 명제로 가장 적절한 것을 고르면?

전제1. 공부를 하지 않으면 시험을 못 본다.
전제2. ______________________
결론. 공부를 하지 않으면 성적이 나쁘게 나온다.

① 공부를 한다면 시험을 잘 본다.
② 시험을 잘 본다면 공부를 한 것이다.
③ 성적이 좋다면 공부를 한 것이다.
④ 시험을 잘 본다면 성적이 좋은 것이다.
⑤ 성적이 좋다면 시험을 잘 본 것이다.

정답 ⑤

'공부를 함'을 p, '시험을 잘 봄'을 q, '성적이 좋게 나옴'을 'r'이라 하면 첫 번째 명제는 $\sim p \rightarrow \sim q$, 마지막 명제는 $\sim p \rightarrow \sim r$이다. 따라서 $\sim q \rightarrow \sim r$이 빈칸에 들어가야 $\sim p \rightarrow \sim q \rightarrow \sim r$이 되어 $\sim p \rightarrow \sim r$이 성립한다. 참인 명제의 대우도 역시 참이므로 $\sim q \rightarrow \sim r$의 대우인 '성적이 좋다면 시험을 잘 본 것이다.'가 답이 된다.

30초 컷 풀이 Tip

전제 추리 방법	결론 추리 방법
전제1이 $p \rightarrow q$일 때, 결론이 $p \rightarrow r$이라면 각 명제의 앞부분이 같으므로 뒷부분을 $q \rightarrow r$로 이어준다. 만일 형태가 이와 맞지 않는다면 대우명제를 이용한다.	대우명제를 활용하여 전제1과 전제2가 $p \rightarrow q$, $q \rightarrow r$의 형태로 만들어진다면 결론은 $p \rightarrow r$이다.

온라인 풀이 Tip

해설처럼 p, q, r 등의 문자로 표현하는 것이 아니라 자신이 알아볼 수 있는 단어나 기호로 표시한다. 문제풀이 용지만 봐도 문제 풀이가 가능하도록 풀이과정을 써야 한다.

전제1. 공부 × → 시험 ×
전제2. ______________
결론. 공부 × → 성적 ×

주어진 정보

⇒ 전제2. 시험 × → 성적 ×
& 성적 ○ → 시험 ○

문제 풀이

PART 2 추리

| 명제 |

벤다이어그램

유형분석

- '어떤', '모든' 등 일부 또는 전체를 나타내는 명제 유형이다.
- 전제를 추리하거나 결론을 추리하는 유형이 출제된다.
- 벤다이어그램으로 나타내어 접근한다.

제시된 명제가 모두 참일 때, 빈칸에 들어갈 명제로 가장 적절한 것을 고르면?

전제1. 어떤 키가 작은 사람은 농구를 잘한다.
전제2. ______________________________
결론. 어떤 순발력이 좋은 사람은 농구를 잘한다.

① 어떤 키가 작은 사람은 순발력이 좋다.
② 농구를 잘하는 어떤 사람은 키가 작다.
③ 순발력이 좋은 사람은 모두 키가 작다.
④ 키가 작은 사람은 모두 순발력이 좋다.
⑤ 어떤 키가 작은 사람은 농구를 잘하지 못한다.

정답 ④

'키가 작은 사람'을 A, '농구를 잘하는 사람'을 B, '순발력이 좋은 사람'을 C라고 하면, 전제1과 결론은 다음과 같은 벤다이어그램으로 나타낼 수 있다.

1) 전제1

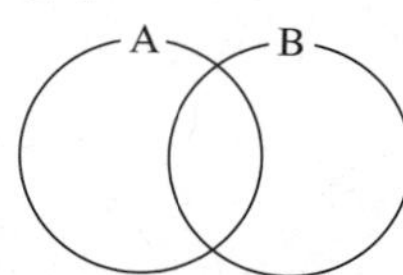

2) 결론

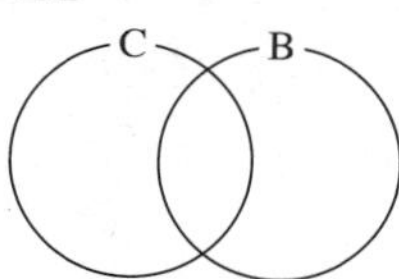

결론이 참이 되기 위해서는 B와 공통되는 부분의 A와 C가 연결되어야 하므로 A를 C에 모두 포함시켜야 한다. 즉, 다음과 같은 벤다이어그램이 성립할 때 마지막 명제가 참이 될 수 있으므로 빈칸에 들어갈 명제는 '키가 작은 사람은 모두 순발력이 좋다.'의 ④이다.

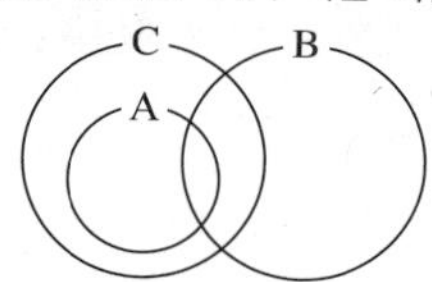

오답분석

① 다음과 같은 경우 성립하지 않는다.

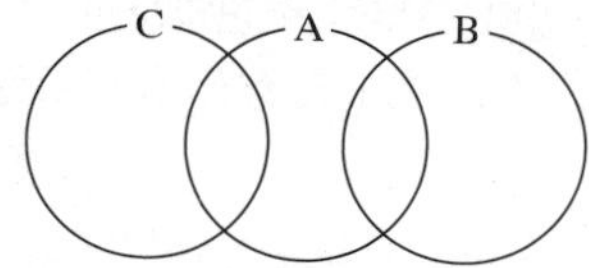

③ 다음과 같은 경우 성립하지 않는다.

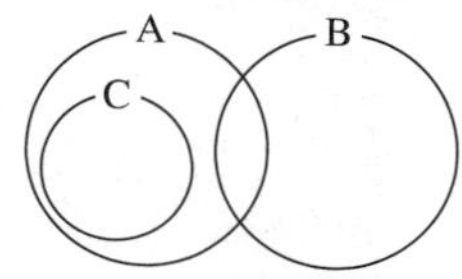

30초 컷 풀이 Tip

다음은 출제 가능성이 높은 명제 유형을 정리한 표이다. 이를 응용한 다양한 유형의 문제가 출제될 수 있으므로 대표적인 유형을 학습해두어야 한다.

명제 유형		전제1	전제2	결론
유형1	명제	어떤 A는 B이다.	모든 A는 C이다.	어떤 C는 B이다. (=어떤 B는 C이다.)
	벤다이어그램	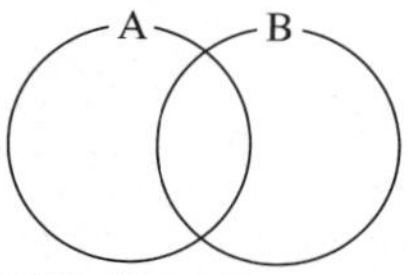	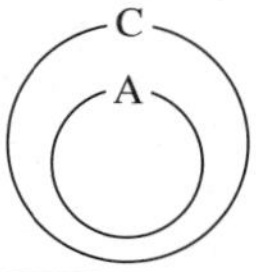	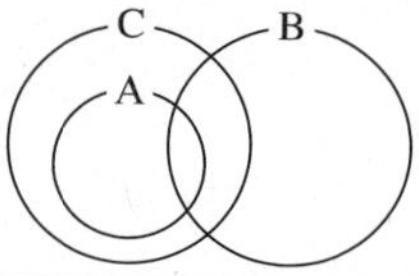
유형2	명제	모든 A는 B이다.	모든 A는 C이다.	어떤 C는 B이다. (=어떤 B는 C이다.)
	벤다이어그램	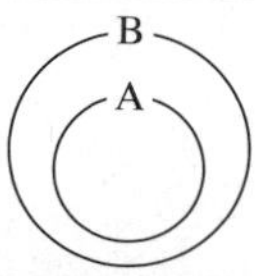	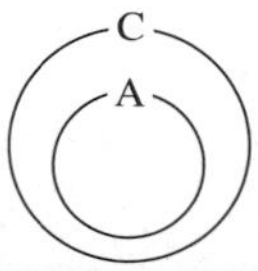	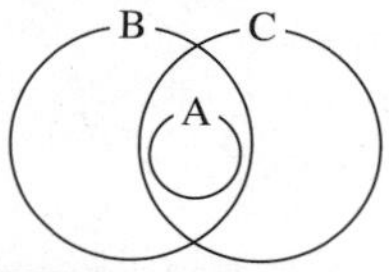

| 조건추리 |

배열하기 · 묶기 · 연결하기

유형분석

- 주어진 조건에 따라 한 줄로 세우거나 자리를 배치하는 유형이다.
- 평소 충분한 연습이 되어있지 않으면 풀기 어려운 유형이므로, 최대한 다양한 유형을 접해 보고 패턴을 익히는 것이 좋다.

S전자 마케팅팀에는 부장 A, 과장 B · C, 대리 D · E, 신입사원 F · G 총 7명이 근무하고 있다. A부장은 신입사원 입사 기념으로 팀원을 데리고 영화관에 갔다. 영화를 보기 위해 주어진 조건에 따라 자리에 앉는다고 할 때, 항상 옳은 것을 고르면?

- 7명은 7자리가 일렬로 붙어 있는 좌석에 앉는다.
- 양 끝자리 옆에는 비상구가 있다.
- D와 F는 인접한 자리에 앉는다.
- A와 B 사이에는 한 명이 앉아 있다.
- C와 G 사이에는 한 명이 앉아 있다.
- G는 왼쪽 비상구 옆 자리에 앉아 있다.

① E는 D와 B 사이에 앉는다.
② G와 가장 멀리 떨어진 자리에 앉는 사람은 D이다.
③ C 양 옆에는 A와 B가 앉는다.
④ D는 비상구와 붙어 있는 자리에 앉는다.
⑤ 가운데 자리에는 항상 B가 앉는다.

정답 ③

여섯 번째 조건에 의해 G는 첫 번째 자리에 앉고, 다섯 번째 조건에 의해 C는 세 번째 자리에 앉는다.

A와 B가 네 번째 · 여섯 번째 또는 다섯 번째 · 일곱 번째 자리에 앉으면 D와 F가 나란히 앉을 수 없다. 따라서 A와 B는 두 번째, 네 번째 자리에 앉는다. 그러면 남은 자리는 다섯 · 여섯 · 일곱 번째 자리이므로 D와 F는 다섯 · 여섯 번째 또는 여섯 · 일곱 번째 자리에 앉게 되고, 나머지 한 자리에 E가 앉는다.

이를 정리하면 다음과 같다.

구분	1	2	3	4	5	6	7
〈경우 1〉	G	A	C	B	D	F	E
〈경우 2〉	G	A	C	B	F	D	E
〈경우 3〉	G	A	C	B	E	D	F
〈경우 4〉	G	A	C	B	E	F	D
〈경우 5〉	G	B	C	A	D	F	E
〈경우 6〉	G	B	C	A	F	D	E
〈경우 7〉	G	B	C	A	E	D	F
〈경우 8〉	G	B	C	A	E	F	D

C의 양 옆에는 항상 A와 B가 앉으므로 ③은 항상 옳다.

오답분석

① 〈경우 3〉, 〈경우 4〉, 〈경우 7〉, 〈경우 8〉에서만 가능하며, 나머지 경우에는 성립하지 않는다.
②·④ 〈경우 4〉와 〈경우 8〉에서만 가능하며, 나머지 경우에는 성립하지 않는다.
⑤ B는 두 번째 자리에 앉을 수도 있다.

30초 컷 풀이 Tip

이 유형에서 가장 먼저 해야 할 일은 고정된 조건을 찾는 것이다. 고정된 조건을 찾아 그 부분을 정해 놓으면 경우의 수가 훨씬 줄어든다.

온라인 풀이 Tip

컴퓨터 화면을 오래 쳐다보면서 풀 수 있는 유형이 아니므로 빠르게 문제를 읽고 문제풀이 용지만 보고 풀 수 있도록 모든 조건을 정리해 놓아야 한다. 그러기 위해서는 주어진 조건을 기호화하여 알아보기 쉽도록 정리할 수 있어야 한다.

간단한 기호로 조건 정리하기

주어진 조건	기호화 예시
7명은 7자리가 일렬로 붙어 있는 좌석에 앉는다.	1 | 2 | 3 | 4 | 5 | 6 | 7
양 끝자리 옆에는 비상구가 있다.	비 | 1 | 2 | 3 | 4 | 5 | 6 | 7 | 비
D와 F는 인접한 자리에 앉는다.	D∧F
A와 B 사이에는 한 명이 앉아 있다.	A∨B
C와 G 사이에는 한 명이 앉아 있다.	C∨G
G는 왼쪽 비상구 옆 자리에 앉아 있다.	|G

| 조건추리 |

진실게임

유형분석

- 일반적으로 4 ~ 5명의 진술이 제시되며, 각 진술의 진실 및 거짓 여부를 확인하여 범인을 찾는 유형이다.
- 추리영역 중에서도 체감난이도가 상대적으로 높은 유형으로 알려져 있으나, 문제풀이 패턴을 익히면 시간을 절약할 수 있는 문제이다.
- 각 진술 사이의 모순을 찾아 성립하지 않는 경우의 수를 제거하거나, 경우의 수를 나누어 모든 조건이 들어맞는지를 확인해야 한다.

5명의 취업준비생 갑, 을, 병, 정, 무가 S그룹에 지원하여 그중 1명이 합격하였다. 취업준비생들은 다음과 같이 이야기하였고, 그중 1명이 거짓말을 하였다. 합격한 학생은 누구인가?

- 갑 : 을은 합격하지 않았다.
- 을 : 합격한 사람은 정이다.
- 병 : 내가 합격하였다.
- 정 : 을의 말은 거짓말이다.
- 무 : 나는 합격하지 않았다.

① 갑
② 을
③ 병
④ 정
⑤ 무

정답 ③

을과 정은 상반된 이야기를 하고 있으므로 둘 중 한 명은 진실, 다른 한 명은 거짓을 말하고 있다.

i) 을이 진실, 정이 거짓인 경우 : 정을 제외한 네 사람의 말은 모두 참이므로 합격자는 병, 정이 되는데, 합격자는 1명이어야 하므로 모순이다. 따라서 을은 거짓, 정은 진실을 말한다.

ii) 을이 거짓, 정이 진실인 경우 : 정을 제외한 네 사람의 말은 모두 참이므로 합격자는 병이다.

즉, 합격자는 병이 된다.

30초 컷 풀이 Tip

진실게임 유형 중 90% 이상은 다음 두 가지 방법으로 풀 수 있다. 주어진 진술을 빠르게 훑으며 다음 두 가지 중 어떤 경우에 해당되는지 확인한 후 문제를 풀어나간다.

두 명 이상의 발언 중 한쪽이 진실이면 다른 한쪽이 거짓인 경우

1) A가 진실이고 B가 거짓인 경우, B가 진실이고 A가 거짓인 경우 두 가지로 나눌 수 있다.
2) 두 가지 경우에서 각 발언의 진위 여부를 판단한다.
3) 주어진 조건과 비교한다(범인의 숫자가 맞는지, 진실 또는 거짓을 말한 인원수가 조건과 맞는지 등).

두 명 이상의 발언 중 한쪽이 진실이면 다른 한쪽도 진실인 경우

1) A와 B가 모두 진실인 경우, A와 B가 모두 거짓인 경우 두 가지로 나눌 수 있다.
2) 두 가지 경우에서 각 발언의 진위 여부를 판단하여 범인을 찾는다.
3) 주어진 조건과 비교한다(범인의 숫자가 맞는지, 진실 또는 거짓을 말한 인원수가 조건과 맞는지 등).

대표유형 05

ㅣ 어휘추리 ㅣ

대응관계 – 같은 것 찾기

유형분석

- 주어진 단어 사이의 관계를 유추하여 빈칸에 들어갈 알맞은 단어를 찾는 문제이다.
- 출제되는 어휘 관련 2문제 중 1문항이 이 유형으로 출제된다.
- 유의관계, 반의관계, 상하관계 이외에도 원인과 결과, 행위와 도구, 한자성어 등 다양한 관계가 제시된다.
- 최근에는 유의관계와 반의관계 위주로 출제되고 있다.

다음 제시된 단어의 대응관계가 동일하도록 빈칸에 들어갈 가장 적절한 단어를 고르면?

황공하다 : 황름하다 = ( ) : 아퀴짓다

① 두려워하다
② 거칠다
③ 마무리하다
④ 시작하다
⑤ 치장하다

정답 ③

최근에 출제되는 어휘유추 유형 문제는 선뜻 답을 고르기 쉽지 않은 경우가 많다. 이 경우 먼저 ①～⑤의 단어를 모두 빈칸에 넣어 보고, 제시된 단어와 관계 자체가 없는 보기 → 관계가 있지만 빈칸에 들어갔을 때 옆의 단어 관계와 등가 관계를 이룰 수 없는 보기 순서로 소거하면 좀 더 쉽게 답을 찾을 수 있다.

제시된 단어의 대응관계는 유의관계이다. ① 두려워하다, ② 거칠다, ⑤ 치장하다는 확실히 '아퀴짓다'와의 관계를 찾기 어려우므로 보기에서 먼저 제거할 수 있다. 다음으로 ④가 빈칸에 들어갈 경우, 제시된 두 단어는 유의관계인데, '아퀴짓다'와 ④는 반의관계이므로 제외한다. 따라서 남은 ③이 정답이다.

- 황공하다・황름하다 : 위엄이나 지위 따위에 눌리어 두렵다.
- 아퀴짓다 : 일이나 말을 끝마무리하다.
- 마무리하다 : 일을 끝맺다.

30초 컷 풀이 Tip

동의어/반의어 종류

종류		뜻	예시
동의어		형태는 다르나 동일한 의미를 가지는 두 개 이상의 단어	가난 – 빈곤, 가격 – 비용, 가능성 – 잠재력 등
반의어	상보 반의어	의미 영역이 상호 배타적인 두 영역으로 양분하는 두 개 이상의 단어	살다 – 죽다, 진실 – 거짓 등
	정도(등급) 반의어	정도나 등급에 있어 대립되는 두 개 이상의 단어	크다 – 작다, 길다 – 짧다, 넓다 – 좁다, 빠르다 – 느리다 등
	방향(상관) 반의어	맞선 방향을 전제로 하여 관계나 이동의 측면에서 대립하는 두 개 이상의 단어	오른쪽 – 왼쪽, 앞 – 뒤, 가다 – 오다, 스승 – 제자 등

함정 제거

동의어를 찾는 문제라면 무조건 보기에서 반의어부터 지우고 시작한다. 반대로 반의어를 찾는 문제라면 보기에서 동의어를 지우고 시작한다. 단어와 관련이 없는 보기는 헷갈리지 않지만 관련이 있는 보기는 아는 문제여도 함정에 빠져 틀리기 쉽기 때문이다.

CHAPTER 02

대표유형 06

| 어휘추리 |

대응관계 – 다른 것 찾기

유형분석

- 2～3개 단어의 묶음이 각각의 보기로 제시되고, 이 중에서 단어 사이의 관계가 다른 하나를 찾는 문제이다.
- 출제되는 어휘 관련 2문제 중 1문항이 이 유형으로 출제된다.
- 관계유추 유형에서 제시되는 단어 사이의 관계는 도구와 행위자, 재료와 결과물 등 어휘유추 유형보다 더욱 폭이 넓고 다양한 편이지만 이 유형 역시 앞의 유형처럼 유의관계와 반의관계가 가장 많이 출제되고 있다.

다음 단어의 대응관계가 나머지와 다른 하나를 고르면?

① 당착(撞着) : 모순(矛盾)
② 용인(庸人) : 범인(凡人)
③ 굴착(掘鑿) : 매립(埋立)
④ 체류(滯留) : 체재(滯在)
⑤ 모범(模範) : 귀감(龜鑑)

정답 ③

①・②・④・⑤는 유의 관계이나, ③은 반의 관계이다.

- 굴착(掘鑿) : 땅이나 암석 따위를 파고 뚫음
- 매립(埋立) : 우묵한 땅이나 하천, 바다 등을 돌이나 흙 따위로 채움

오답분석

① 당착(撞着) : 말이나 행동 따위의 앞뒤가 맞지 않음
　모순(矛盾) : 어떤 사실의 앞뒤, 또는 두 사실이 이치상 어긋나서 서로 맞지 않음
② 용인(庸人)・범인(凡人) : 평범한 사람
④ 체류(滯留)・체재(滯在) : 객지에 가서 머물러 있음
⑤ 모범(模範) : 본받아 배울 만한 대상
　귀감(龜鑑) : 거울로 삼아 본받을 만한 모범

30초 컷 풀이 Tip

단어 사이의 관계를 가장 확실히 알 수 있는 보기를 기준으로 하여 다른 보기와 대조해 본다.

적용

위 문제의 경우, ⑤에서 '모범(模範)'과 '귀감(龜鑑)'은 유의관계임을 알 수 있으며, 나머지 ①・②・④도 마찬가지로 유의관계임을 확인할 수 있다. 그런데 ③의 경우 '굴착(掘鑿)'과 '매립(埋立)'은 반의관계이므로 ③의 단어 사이의 관계가 다른 보기와 다름을 알 수 있다.

온라인 풀이 Tip

온라인 시험에서 답이 아닌 선택지를 화면에서는 지울 수 없다. 따라서 문제풀이 용지에 답이 아닌 선택지를 제거하는 표시를 하는 방법과 손가락을 접거나 화면에서 선택지를 손가락으로 가리는 방법을 사용해야 한다.

대표유형 07

도형추리

유형분석

- 3×3의 칸에 나열된 각 도형들 사이의 규칙을 찾아 ?에 들어갈 알맞은 도형을 찾는 유형이다.
- 이때 규칙은 가로 또는 세로로 적용되며, 회전, 색 반전, 대칭, 겹치는 부분 지우기/남기기/색 반전 등 다양한 규칙이 적용된다.
- 온라인 GSAT에서는 비교적 간단한 규칙이 출제되고 있다.

다음 제시된 도형의 규칙을 보고 ?에 들어갈 알맞은 것을 고르면?

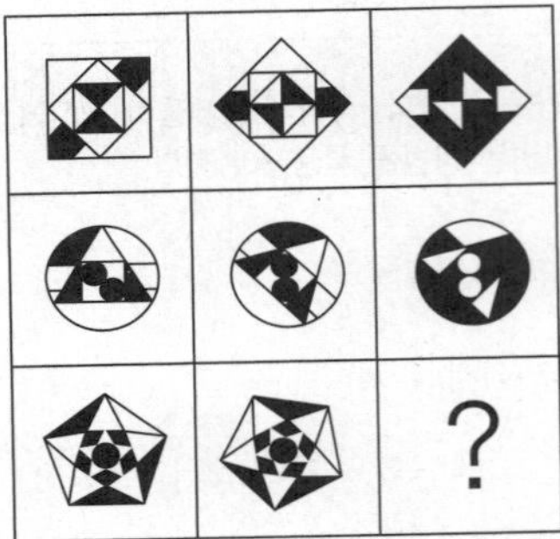

①
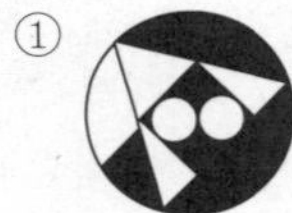

②
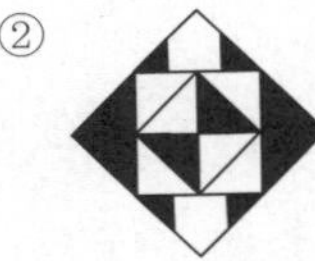

③

④
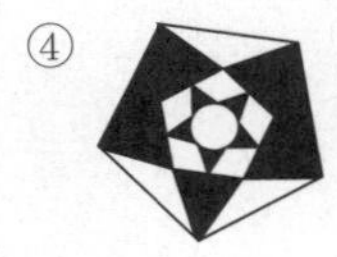

⑤
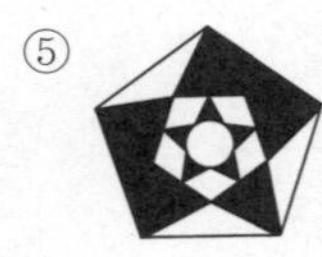

정답 ④

규칙은 가로 방향으로 적용된다.

첫 번째 도형을 시계 방향으로 45° 회전한 것이 두 번째 도형, 이를 색 반전한 것이 세 번째 도형이다.

30초 컷 풀이 Tip

1. 규칙 방향 파악
   규칙이 적용되는 방향이 가로인지 세로인지부터 파악한다. 해당 문제처럼 세 도형이 서로 다른 모양일 때에는 쉽게 파악할 수 있지만 아닌 경우도 많다. 모양이 비슷한 경우에는 가로와 세로 모두 확인하여 규칙이 적용된 방향을 유추해야 한다.
2. 규칙 유추
   규칙을 유추하기 쉬운 도형을 기준으로 규칙을 파악한다. 나머지 도형을 통해 유추한 규칙이 맞는지 확인한다.

[주요 규칙]

규칙		예시
회전	45° 회전	 시계 방향
	60° 회전	 시계 반대 방향
	90° 회전	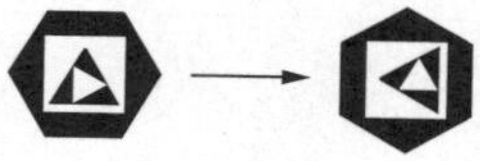 시계 반대 방향
	120° 회전	 시계 반대 방향
	180° 회전	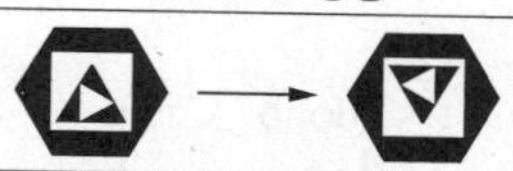
색반전		
대칭	x축 대칭	
	y축 대칭	

도식추리

유형분석

- 문자를 바꾸는 규칙을 파악한 후, 제시된 규칙이 적용되었을 때 ?에 들어갈 알맞은 문자를 고르는 유형이다.
- 각 규칙들이 2개 이상 한꺼번에 적용되어 제시되기 때문에 각각의 예시만 봐서는 규칙을 파악하기 어렵다. 공통되는 규칙이 있는 예시를 찾아 서로 비교하여 각 문자열의 위치가 바뀌었는지/숫자의 변화가 있었는지 등을 확인하며 규칙을 찾아야 한다.

다음 도식에서 기호들은 일정한 규칙에 따라 문자를 변화시킨다. ?에 들어갈 알맞은 문자를 고르면?(단, 규칙은 가로와 세로 중 한 방향으로만 적용된다)

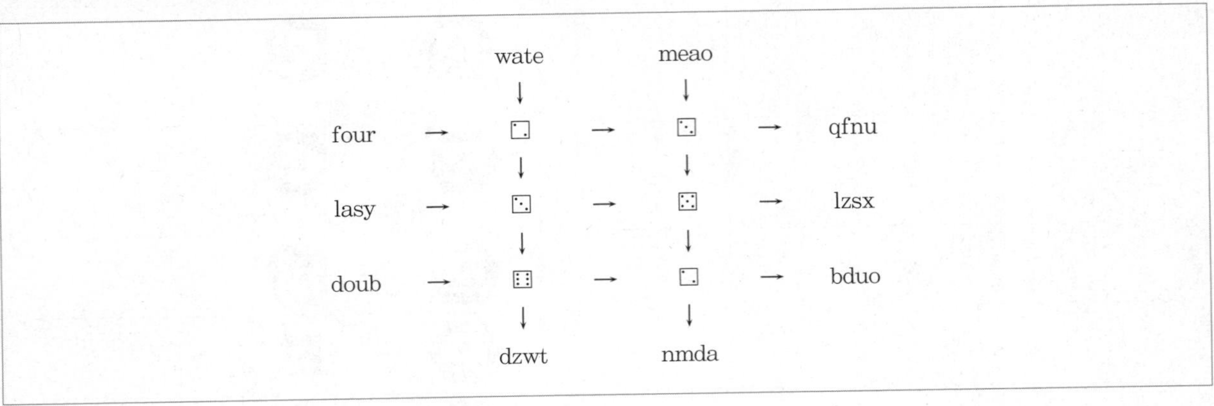

ㄱㅊㄷㅈ → □ → □ → ?

① ㅈㄱㅊㄷ
② ㄴㅈㅊㄷ
③ ㄴㅈㅊㄱ
④ ㅇㄱㅈㄷ
⑤ ㄱㅊㄴㅈ

정답 ④

1. 규칙 파악할 순서 찾기

⚁ → ⚂ and ⚅ → ⚄

2. 규칙 파악

1	2	3	4	5	6	7	8	9	10	11	12	13	14	15	16	17	18	19	20	21	22	23	24	25	26
A	B	C	D	E	F	G	H	I	J	K	L	M	N	O	P	Q	R	S	T	U	V	W	X	Y	Z
ㄱ	ㄴ	ㄷ	ㄹ	ㅁ	ㅂ	ㅅ	ㅇ	ㅈ	ㅊ	ㅋ	ㅌ	ㅍ	ㅎ	ㄱ	ㄴ	ㄷ	ㄹ	ㅁ	ㅂ	ㅅ	ㅇ	ㅈ	ㅊ	ㅋ	ㅌ

- ⚁ : 가로 두 번째 도식과 세로 두 번째 도식에서 ⚁ → ⚂ 규칙이 겹치므로 이를 이용하면 ⚁의 규칙이 1234 → 4123임을 알 수 있다.
- ⚂ and ⚅ : ⚁의 규칙을 찾았으므로 가로 첫 번째 도식에서 ⚂의 규칙이 각 자릿수 −1, 0, −1, 0임을 알 수 있다.
  같은 방법으로 가로 세 번째 도식에서 ⚅의 규칙이 1234 → 1324임을 알 수 있다.
- ⚄ : ⚂의 규칙을 찾았으므로 가로 두 번째 도식에서 ⚄의 규칙이 각 자릿수 +1, −1, +1, −1임을 알 수 있다.

따라서 정리하면 다음과 같다.

⚁ : 1234 → 4123

⚂ : 각 자릿수 −1, 0, −1, 0

⚅ : 1234 → 1324

⚄ : 각 자릿수 +1, −1, +1, −1

ㄱㅊㄷㅈ → ㅈㄱㅊㄷ → ㅇㄱㅈㄷ

(첫 번째 화살표: ⚁, 두 번째 화살표: ⚂)

30초 컷 풀이 Tip

- 문자 순서 표기
  문제를 보고 규칙을 찾기 전에 문제에서 사용한 문자를 순서대로 적어놓아야 빠르게 풀이할 수 있다.
- 묶음 규칙 이용
  규칙을 한 번에 파악할 수 없을 때 두 가지 이상의 규칙을 한 묶음으로 생각하여 접근한다.

예

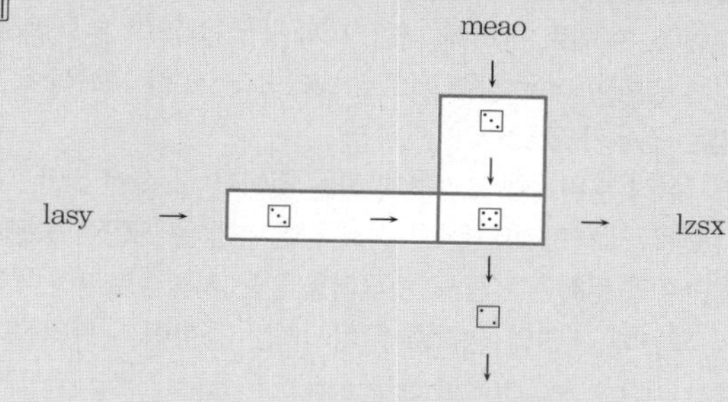

가로 도식에서 ⚂ → ⚄ 규칙을 한 묶음으로 생각하면 last → ⚂ → ⚄ → lzss이므로 ⚂ → ⚄는 각 자릿수 0, −1, 0, −1의 규칙을 갖는다.

세로 도식에서 meao은 ⚂ → ⚄의 규칙이 적용되면 mdan이 되므로 mdan → ⚁ → nmda이다. 따라서 ⚁의 규칙은 1234 → 4123이다.

- 규칙 정리
  유추한 규칙을 알아볼 수 있도록 정리해둔다.
- 기출 규칙
  GSAT에서 자주 출제되는 규칙은 크게 두 가지이다.

규칙	예시
순서 교체	1234 → 4321
각 자릿수 + 또는 −	+1, −1, +1, −1

PART 2 추리

CHAPTER 02

대표유형 09

| 독해추론 |

참 또는 거짓

유형분석

- 주어진 글을 바탕으로 추론했을 때 항상 참 또는 거짓인 것을 고르는 유형이다.
- 언어이해 영역의 내용일치와 유사한 면이 있으나 내용일치가 지문에 제시된 내용인지 아닌지만 확인하는 유형이라면, 내용추론은 지문에 직접적으로 제시되지 않은 내용까지 추론하여 답을 도출해야 한다는 점에서 차이가 있다.

다음 글의 내용이 참일 때 항상 거짓인 것을 고르면?

루머는 구전과 인터넷을 통해 확산되고, 그 과정에서 여러 사람들의 의견이 더해진다. 루머는 특히 사회적 불안감이 형성되었을 때 빠르게 확산되는데, 이는 사람들이 사회적·개인적 불안감을 해소하기 위한 수단으로 루머에 의지하기 때문이다. 나아가 루머가 확산되는 데는 사회적 동조가 중요한 영향을 미친다. 사회적 동조란 '다수의 의견이나 사회적 규범에 개인의 의견과 행동을 맞추거나 동화시키는 경향'을 뜻한다. 사회적 동조는 루머가 사실로 인식되고 대중적으로 수용되는 과정에서도 큰 영향력을 행사한다.

사회적 동조는 개인이 어떤 정보에 대해 판단하거나 그에 대한 태도를 결정하는 데 정당성을 제공한다. 다수의 의견을 따름으로써 어떤 정보를 믿는 것에 대한 합리적 이유를 갖게 되는 것이다. 실제로 루머에 대한 지지 댓글을 많이 본 사람들은 루머에 대한 반박 댓글을 많이 본 사람들에 비해 루머를 사실로 믿는 경향이 더욱 강한 것으로 나타났다. 또한 사회적 동조가 있는 상태에서는 개인의 성향과 상관없이 루머를 사실이라고 믿는 경우가 많았다.

사회적 동조의 또 다른 역할은 사람들이 자신의 의견을 제시할 때 사회적 분위기를 고려하게 하는 것이다. 소속된 집단으로부터 소외되지 않기 위해서 다수에 의해 지지되는 의견을 따라가는 현상이 발생하기도 한다. 이와 같은 현상은 개인주의 문화권보다는 집단주의 문화권에 있는 사람들에게서 더 잘 나타난다. 집단주의 문화권 사람들은 루머를 믿는 사람들로부터 루머에 대한 정보를 얻고 그것을 근거로 하여 판단하며, 다른 사람들의 의견에 개인의 생각을 일치시키는 경향이 두드러진다.

① 사람들은 루머를 사회적 불안감을 해소하기 위한 수단으로 삼기도 한다.
② 사회적 동조는 개인이 루머를 사실로 받아들이는 결정을 함에 있어 정당성을 제공한다.
③ 집단주의 문화권에서는 개인주의 문화권보다 사회적 동조가 루머의 확산에 미치는 영향이 더 크게 나타난다.
④ 루머에 대한 반박 댓글을 많이 본 사람들이 지지 댓글을 많이 본 사람들보다 루머를 사실로 믿는 경향이 더 약하다.
⑤ 사회적 동조가 있을 때, 충동적인 사람들은 충동적이지 않은 사람들에 비해 루머를 사실로 믿는 경향이 더 강하다.

정답 ⑤

사회적 동조가 있는 상태에서는 개인의 성향과 상관없이, 즉 충동적인 것과는 무관하게 루머를 사실이라고 믿는 경우가 많았다고 하였으므로 옳지 않다.

오답분석

① 사람들이 사회적 · 개인적 불안감을 해소하기 위한 수단으로 루머에 의지한다고 하였으므로 옳은 내용이다.
② 사회적 동조는 개인이 어떤 정보에 대해 판단하거나 그에 대한 태도를 결정하는 데 정당성을 제공한다고 하였으므로 옳은 내용이다.
③ 집단주의 문화권 사람들은 루머를 믿는 사람들로부터 루머에 대한 정보를 얻고 그것을 근거로 하여 판단하며, 다른 사람들의 의견에 개인의 생각을 일치시키는 경향이 두드러진다고 하였으므로 옳은 내용이다.
④ 루머에 대한 지지 댓글을 많이 본 사람들은 루머에 대한 반박 댓글을 많이 본 사람들에 비해 루머를 사실로 믿는 경향이 더욱 강한 것으로 나타났다고 하였다. 따라서 이를 역으로 생각하면 반박 댓글을 많이 본 사람들이 루머를 사실로 믿는 경향이 더 약함을 알 수 있다.

30초 컷 풀이 Tip

주어진 글에 대하여 거짓이 되는 답을 고르는 문제의 경우 제시문에 있는 특정 문장이나 키워드가 되는 단어의 의미를 비트는 경우가 많다. 따라서 정반대의 의미를 지녔거나 지나치게 과장된, 혹은 축소된 의미를 지닌 단어가 문항에 새로 추가되지는 않았는지 비교해보도록 한다.

온라인 풀이 Tip

온라인으로 풀기 어려운 유형이며 출제 비율이 높아 합격을 좌우하는 유형이 될 것이다. 따라서 비슷한 유형을 많이 풀면서 문제를 눈으로만 푸는 연습을 하여 온라인 시험에 대비해야 한다.

대표유형 10

| 독해추론 |

반박/반론/비판

유형분석

- 글을 읽고 비판적 의견이나 반박을 생각할 수 있는지를 평가하는 유형이다.
- 제시문의 '주장'에 대한 반박을 찾는 것이므로, '근거'에 대한 반박이나 논점에서 벗어난 것을 찾지 않도록 주의해야 한다.

다음 글에 대한 반론으로 가장 적절한 것을 고르면?

인공 지능 면접은 더 많이 활용되어야 한다. 인공 지능을 활용한 면접은 인터넷에 접속하여 인공 지능과 문답하는 방식으로 진행되는데, 지원자는 시간과 공간에 구애받지 않고 면접에 참여할 수 있는 편리성이 있어 면접 기회가 확대된다. 또한 회사는 면접에 소요되는 인력을 줄여, 비용 절감 측면에서 경제성이 크다. 실제로 인공 지능을 면접에 활용한 ○○회사는 전년 대비 2억 원 정도의 비용을 절감했다. 그리고 기존 방식의 면접에서는 면접관의 주관이 개입될 가능성이 큰 데 반해, 인공 지능을 활용한 면접에서는 빅데이터를 바탕으로 한 일관된 평가 기준을 적용할 수 있다. 이러한 평가의 객관성 때문에 많은 회사들이 인공 지능 면접을 도입하는 추세이다.

① 빅데이터는 사회에서 형성된 정보가 축적된 결과물이므로 왜곡될 가능성이 적다.
② 인공 지능을 활용한 면접은 기술적으로 완벽하기 때문에 인간적 공감을 떨어뜨린다.
③ 회사 관리자 대상의 설문 조사에서 인공 지능을 활용한 면접을 신뢰한다는 비율이 높게 나온 것으로 보아 기존의 면접 방식보다 지원자의 잠재력을 판단하는 데 더 적합하다.
④ 회사의 특수성을 고려해 적합한 인재를 선발하려면 오히려 해당 분야의 경험이 축적된 면접관의 생각이나 견해가 면접 상황에서 중요한 판단 기준이 되어야 한다.
⑤ 면접관의 주관적인 생각이나 견해로는 지원자의 잠재력을 판단하기 어렵다.

정답 ④

제시된 글에서는 편리성, 경제성, 객관성 등을 이유로 인공 지능 면접을 지지하고 있다. 따라서 객관성보다 면접관의 생각이나 견해가 회사 상황에 맞는 인재를 선발하는 데 적합하다는 논지로 반박하는 것은 옳다.

오답분석

② 인공 지능 면접에 필요한 기술과 인간적 공감의 관계는 제시된 글에서 주장한 내용이 아니므로 반박의 근거로도 적당하지 않다.
①·③·⑤ 제시된 글의 주장에 반박하는 것이 아니라 제시된 글의 주장을 강화하는 근거에 해당한다.

30초 컷 풀이 Tip

1. 주장, 관점, 의도, 근거 등 문제를 풀기 위한 글의 핵심을 파악한다. 이후 글의 주장 및 근거의 어색한 부분을 찾아 반박할 주장과 근거를 생각해본다.
2. 제시된 지문이 지나치게 길 경우 선택지를 먼저 파악하여 홀로 글의 주장이 어색하거나 상반된 의견을 제시하고 있는 답은 없는지 확인한다.
3. 반론 유형을 풀기 어렵다면 지문과 일치하는 선택지부터 지워나가는 소거법을 활용한다. 함정도 피하고 쉽게 풀 수 있다.
4. 문제를 풀 때 지나치게 시간에 쫓기거나 집중력이 떨어진 상황이라면 제시문의 처음 문장 혹은 마지막 문장을 읽어 글이 주장하는 바를 빠르게 파악하는 것도 좋은 방법이다. 단, 처음 문장에서 글쓴이의 주장과 반대되는 사례를 먼저 언급하는 경우도 있으므로 이 경우에는 마지막 문장과 비교하여 어느 의견이 글쓴이의 주장에 가까운지 구분하도록 한다.

| 독해추론 |

〈보기〉 해석

유형분석

- 제시된 글을 읽은 뒤 이를 토대로 〈보기〉의 문장을 바르게 해석할 수 있는지 평가하는 유형이다.
- 지문을 토대로 〈보기〉의 문장을 해석하는 것이므로 반대로 〈보기〉의 문장을 통해 지문을 해석하거나 반박하지 않도록 주의한다.

다음 지문을 토대로 〈보기〉를 바르게 해석한 것은?

근대 이후 개인의 권리가 중시되자 법철학은 권리의 근본적 성격을 법적으로 존중되는 의사에 의한 선택의 관점에서 볼 것인가 아니면 법적으로 보호되는 이익의 관점에서 볼 것인가를 놓고 지속적으로 논쟁해 왔다.

의사설의 기본적인 입장은 어떤 사람이 무언가에 대하여 권리를 갖는다는 것은 법률관계 속에서 그 무언가와 관련하여 그 사람의 의사에 의한 선택이 다른 사람의 의사보다 우월한 지위에 있음을 법적으로 인정하는 것이다. 의사설을 지지한 하트는 권리란 그것에 대응하는 의무가 존재한다고 보았다. 그는 의무의 이행 여부를 통제할 권능을 가진 권리자의 선택이 권리의 본질적 요소라고 보았기 때문에 법이 타인의 의무 이행 여부에 대한 권능을 부여하지 않은 경우에는 권리를 가졌다고 말할 수 없다고 주장했다.

의사설은 타인의 의무 이행 여부와 관련된 권능, 곧 합리적 이성을 가진 자가 아니면 권리자가 되지 못하는 난점이 있다. 또한 의사설은 면제권을 갖는 어떤 사람이 면제권을 포기함으로써 타인의 권능 아래에 놓일 권리, 즉 스스로를 노예와 같은 상태로 만들 권리를 인정해야 하는 상황에 직면한다. 하지만 현대에서는 이런 상황이 인정되기가 어렵다.

이익설의 기본적인 입장은 권리란 이익이며, 법이 부과하는 타인의 의무로부터 이익을 얻는 자는 누구나 권리를 갖는다는 것이다. 그래서 타인의 의무 이행에 따른 이익이 없다면 권리가 없다고 본다. 이익설을 주장하는 라즈는 권리와 의무가 동전의 양면처럼 논리적으로 서로 대응하는 관계일 뿐만 아니라 권리가 의무를 정당화하는 관계에 있다고 보았다. 즉, 권리가 의무 존재의 근거가 된다고 보는 입장을 지지한다고 볼 수 있다. 그래서 누군가의 어떤 이익이 타인에게 의무를 부과할 만큼 중요성을 가지는 것일 때 비로소 그 이익은 권리로서 인정된다고 보았다.

이익설의 난점으로는 제3자를 위한 계약을 들 수 있다. 가령 갑이 을과 계약하며 병에게 꽃을 배달해 달라고 했다고 하자. 이익 수혜자는 병이지만 권리자는 계약을 체결한 갑이다. 쉽게 말해 을의 의무 이행에 관한 권능을 가진 사람은 병이 아니라 갑이다. 그래서 이익설은 이익의 수혜자가 아닌 권리자가 있는 경우를 설명하기 어렵다는 비판을 받는다. 또한 이익설은 권리가 실현하려는 이익과 그에 상충하는 이익을 비교해야 할 경우 어느 것이 더 우세한지를 측정하기 쉽지 않다.

보기

A씨는 동물 보호 정책 시행 의무의 헌법 조문화, 동물 정책 기본법 제정 등을 통해 동물 보호 의무가 헌법에 명시되어야 한다고 주장하였다.

① 하트의 주장에 따르면 동물 보호 의무가 헌법에 명시되지 않더라도 동물은 기본적으로 보호받을 권리를 가지고 있다.
② 하트의 주장에 따르면 동물 생명의 존엄성이 법적으로 보호됨으로써 동물이 보다 나은 삶을 살 수 있다면 동물은 권리를 가질 수 있다.
③ 하트의 주장에 따르면 사람이 동물 보호 의무를 갖는다고 하더라도 동물은 이성적 존재가 아니므로 동물은 권리를 갖지 못한다.
④ 라즈의 주장에 따르면 사람의 의무 이행에 따른 이익이 있다면 동물이 권리를 가질 수 있지만, 그렇다고 동물의 권리가 사람의 의무를 정당화하는 것은 아니다.
⑤ 라즈의 주장에 따르면 동물의 이익이 사람에게 의무를 부과할 만큼 중요성을 가지지 못하더라도 상충하는 이익보다 우세할 경우 권리로 인정될 수 있다.

정답 ③

의사설을 지지한 하트는 의무 이행 여부를 통제할 권능을 가진 권리자의 선택을 권리의 본질적 요소로 보았기 때문에 타인의 의무 이행 여부와 관련된 권능, 곧 합리적 이성을 가진 자가 아니면 권리자가 될 수 없다고 보았다. 따라서 하트는 동물 보호 의무와 관련하여 사람이 동물 보호 의무를 갖는다고 하더라도 이성적 존재가 아닌 동물은 권리를 갖지 못한다고 주장할 수 있다.

오답분석

① 의사설을 지지한 하트에 따르면 법이 타인의 의무 이행 여부에 대한 권능을 부여하지 않은 경우에는 권리를 가졌다고 말할 수 없다.
② 법이 타인의 의무로부터 이익을 얻는 자는 누구나 권리를 갖는다는 이익설의 입장에 따른 주장이므로 의사설을 지지한 하트의 주장으로는 적절하지 않다.
④ 이익설을 주장한 라즈에 따르면 타인의 의무로부터 이익을 얻는 자는 누구나 권리를 가지므로 권리와 의무는 서로 대응하는 관계이며, 권리는 의무를 정당화한다.
⑤ 이익설을 주장한 라즈에 따르면 누군가의 이익이 타인에게 의무를 부과할 만큼 중요성을 가질 때 그 이익은 권리로서 인정된다. 또한 이익설은 권리가 실현하려는 이익과 상충하는 이익을 비교해야 할 경우 어느 것이 더 우세한지를 측정하기 어렵다는 단점이 있다.

30초 컷 풀이 Tip

〈보기〉 해석의 경우 제시문과 〈보기〉에 제시된 문장의 의미를 제대로 파악할 필요가 있다는 점에서 난이도가 높은 유형이라고 볼 수 있다. 제시문과 〈보기〉, 그리고 문항의 의미를 모두 파악하는 데는 상당한 시간이 소요되므로, 가장 먼저 〈보기〉의 내용을 이해하도록 한다. 이후 각 문항에서 공통적으로 나타나는 핵심 주장이나 단어, 특정 사물이나 개인의 명칭 등 키워드를 기준으로 문항을 구분한 뒤, 이를 제시문과 대조하여 그 논지와 같은 문항을 찾아내도록 한다.

온라인 풀이 Tip

지문에 중요한 부분을 표시할 수 없으므로 〈보기〉부터 읽어 지문에서 확인해야 하는 정보가 무엇인지 파악한다. 문제풀이 용지에 〈보기〉의 내용을 간단하게 적어두고, 지문을 읽으면서 관련 내용을 추가로 요약한다.

유형점검

정답 및 해설 p.028

※ 제시된 명제가 모두 참일 때, 빈칸에 들어갈 명제로 가장 적절한 것을 고르시오. [1~3]

01

전제1. 스누피가 아니면 제리이다.
전제2. ＿＿＿＿＿＿＿＿＿＿
결론. 제리가 아니면 니모이다.

① 제리는 니모이다.
② 제리이면 스누피가 아니다.
③ 니모이면 스누피이다.
④ 니모가 아니면 스누피가 아니다.
⑤ 스누피는 니모가 아니다.

02

전제1. 회계팀의 팀원은 모두 회계 관련 자격증을 가지고 있다.
전제2. ＿＿＿＿＿＿＿＿＿＿＿＿＿＿＿＿＿＿＿＿
결론. 돈 계산이 빠르지 않은 사람은 회계팀이 아니다.

① 회계팀이 아닌 사람은 돈 계산이 빠르다.
② 돈 계산이 빠른 사람은 회계 관련 자격증을 가지고 있다.
③ 회계팀이 아닌 사람은 회계 관련 자격증을 가지고 있지 않다.
④ 돈 계산이 빠르지 않은 사람은 회계 관련 자격증을 가지고 있다.
⑤ 돈 계산이 빠르지 않은 사람은 회계 관련 자격증을 가지고 있지 않다.

03

> 전제1. 주간회의에 참여하는 모든 사람은 임원회의에 참여한다.
> 전제2. ____
> 결론. 임원회의에 참여하는 어떤 사람은 워크숍에 참여한다.

① 임원회의에 참여하지 않는 모든 사람은 워크숍에 참여하지 않는다.
② 주간회의에 참여하지 않는 어떤 사람은 워크숍에 참여한다.
③ 임원회의에 참여하는 어떤 사람은 주간회의에 참여한다.
④ 주간회의에 참여하는 어떤 사람은 워크숍에 참여한다.
⑤ 주간회의에 참여하는 모든 사람은 워크숍에 참여하지 않는다.

04 **S사의 갑, 을, 병, 정은 각각 다른 팀에 근무하는데, 각 팀은 2층, 3층, 4층, 5층에 위치하고 있다. 다음 〈조건〉을 참고할 때, 다음 중 항상 참인 것은?**

조건

- 갑, 을, 병, 정 중 2명은 부장, 1명은 과장, 1명은 대리이다.
- 대리의 사무실은 을보다 높은 층에 있다.
- 을은 과장이다.
- 갑은 대리가 아니다.
- 갑의 사무실이 가장 높다.

① 부장 중 한 명은 반드시 2층에 근무한다.
② 갑은 부장이다.
③ 대리는 4층에 근무한다.
④ 을은 2층에 근무한다.
⑤ 병은 대리이다.

05 A～D사원은 각각 홍보부, 총무부, 영업부, 기획부 소속으로 3～6층의 서로 다른 층에서 근무하고 있다. 이들 중 한 명이 거짓말을 하고 있을 때, 다음 중 바르게 추론한 것은?(단, 각 팀은 서로 다른 층에 위치하며, 거짓을 말하는 사람은 거짓만을 말한다)

> A사원 : 저는 홍보부와 총무부 소속이 아니며, 3층에서 근무하고 있지 않습니다.
> B사원 : 저는 영업부 소속이며, 4층에서 근무하고 있습니다.
> C사원 : 저는 홍보부 소속이며, 5층에서 근무하고 있습니다.
> D사원 : 저는 기획부 소속이며, 3층에서 근무하고 있습니다.

① A사원은 홍보부 소속이다.
② B사원은 영업부 소속이다.
③ 기획부는 3층에 위치한다.
④ 홍보부는 4층에 위치한다.
⑤ D사원은 5층에서 근무하고 있다.

06 비상대책위원회 위원장은 A～F의원 중 제1차 위원회에서 발언할 위원을 결정하려 한다. 다음 〈조건〉에 따라 발언자를 결정한다고 할 때, 다음 중 항상 참이 되는 것은?

> 조건
> - A위원이 발언하면 B위원이 발언하고, C위원이 발언하면 E위원이 발언한다.
> - A위원 또는 B위원은 발언하지 않는다.
> - D위원이 발언하면 F위원이 발언하고, B위원이 발언하면 C위원이 발언한다.
> - D위원이 발언하고 E위원도 발언한다.

① A위원이 발언한다.
② B위원이 발언한다.
③ C위원이 발언한다.
④ F위원이 발언한다.
⑤ 모든 위원이 발언한다.

07 S사 직원 A, B, C, D, E, F 6명은 연휴 전날 고객이 많을 것을 고려해, 점심을 12시, 1시 두 팀으로 나눠 먹기로 하였다. 다음 중 〈보기〉가 모두 참일 때, 반드시 참인 것은?

보기

- A는 B보다 늦게 가지는 않는다.
- A와 C는 같이 먹는다.
- C와 D는 따로 먹는다.
- E는 F보다 먼저 먹는다.

① A와 B는 다른 시간에 먹는다.
② B와 C는 같은 시간에 먹는다.
③ D와 F는 같은 시간에 먹는다.
④ 12시와 1시에 식사하는 인원수는 다르다.
⑤ A가 1시에 먹는다면 1시 인원이 더 많다.

08 S사는 주요시설 및 보안구역의 시설물 안전관리를 위해 적외선 카메라 2대, 열선감지기 2대, 화재경보기 2대를 수도권본부, 강원본부, 경북본부, 금강본부 4곳에 나누어 설치하려고 한다. 다음 〈조건〉을 참고할 때, 반드시 참인 것은?

조건

- 모든 본부에 반드시 하나 이상의 기기를 설치해야 한다.
- 한 본부에 최대 두 대의 기기까지 설치할 수 있다.
- 한 본부에 같은 종류의 기기 2대를 설치할 수는 없다.
- 수도권본부에는 적외선 카메라를 설치하였다.
- 강원본부에는 열선감지기를 설치하지 않았다.
- 경북본부에는 화재경보기를 설치하였다.
- 경북본부와 금강본부 중 한 곳에 적외선 카메라를 설치하였다.

① 수도권본부에는 적외선 카메라만 설치하였다.
② 강원본부에 화재경보기를 설치하였다.
③ 경북본부에 열선감지기를 설치하였다.
④ 금강본부에 화재경보기를 설치하였다.
⑤ 금강본부에 열선감지기를 설치하였다.

09 세미나에 참석한 A사원, B사원, C주임, D주임, E대리는 각자 숙소를 배정받았다. A사원, D주임은 여자이고, B사원, C주임, E대리는 남자이다. 다음과 같이 숙소가 배정되었을 때, 다음 중 옳지 않은 것은?

- 숙소는 5층이며 각 층마다 1명씩 배정한다.
- E대리의 숙소는 D주임의 숙소보다 위층이다.
- 1층에는 주임을 배정한다.
- 1층과 3층에는 남직원을 배정한다.
- 5층에는 사원을 배정한다.

① 5층에 A사원이 배정되면 4층에 B사원이 배정된다.
② D주임은 2층에 배정된다.
③ 5층에 B사원이 배정되면 4층에 A사원이 배정된다.
④ C주임은 1층에 배정된다.
⑤ 5층에 B사원이 배정되면 3층에 E대리가 배정된다.

10 체육교사 P는 학생들을 키 순서에 따라 한 줄로 세우려고 한다. A, B, C, D, E, F 여섯 명이 다음과 같은 조건에 따라 줄을 섰을 때, 다음 중 옳지 않은 것은?(단, 같은 키의 학생은 없으며, 키가 작은 학생이 큰 학생보다 앞에 선다)

조건

- C는 A보다 키가 크고, F보다는 키가 작다.
- D는 E보다 키가 크지만 E 바로 뒤에 서지는 않다.
- B는 D보다 키가 크다.
- A는 맨 앞에 서지 않는다.
- F는 D보다 키가 크지만 맨 끝에 서지 않는다.
- E와 C는 한 명을 사이에 두고 선다.

① E는 맨 앞에 선다.
② 키가 제일 큰 학생은 B이다.
③ F는 B 바로 앞에 선다.
④ C는 여섯 명 중 세 번째로 키가 크다.
⑤ A와 D는 한 명을 사이에 두고 선다.

11 S사에서는 김 대리, 이 대리, 박 대리, 최 대리, 한 대리, 임 대리 중 몇 명을 과장으로 승진시키려고 한다. 다음 〈조건〉을 바탕으로 최 대리가 승진했을 때, 승진하는 대리는 총 몇 명인가?

조건

- 김 대리가 승진하면 박 대리도 승진한다.
- 최 대리가 승진하면 박 대리와 이 대리는 승진하지 못한다.
- 임 대리가 승진하지 못하면 최 대리도 승진하지 못한다.
- 한 대리가 승진하지 못하면 김 대리는 승진한다.

① 1명
② 2명
③ 3명
④ 4명
⑤ 5명

PART 2 추리

12 S사의 직원 A, B, C, D, E, F는 3명씩 2조로 나누어 근무한다. 다음 중 〈보기〉가 모두 참일 때, 반드시 거짓인 것은?

보기

- A가 근무하는 날에는 E도 근무한다.
- B가 근무하는 날에는 D는 근무하지 않는다.
- B가 근무하지 않는 날에는 E는 근무하지 않는다.
- D가 근무하지 않는 날에는 C와 F도 근무하지 않는다.

① E가 근무하는 날에는 B도 근무한다.
② D와 E는 같은 날에 근무한다.
③ C와 B는 같은 날에 근무하지 않는다.
④ F가 근무하는 날에는 D도 근무한다.
⑤ A가 근무하는 날에는 B도 근무한다.

13 **S사의 배터리개발부, 생산기술부, 전략기획부, 품질보증부는 지원자의 전공에 따라 신입사원을 뽑았다. 다음 〈조건〉을 참고할 때, 항상 참인 것은?**

조건

- S사의 배터리개발부, 생산기술부, 전략기획부, 품질보증부에서 순서대로 각각 2명, 1명, 1명, 3명의 신입사원을 뽑는다.
- 배터리개발부는 재료공학을, 생산기술부는 화학공학, 전략기획부는 경영학, 품질보증부는 정보통신학과 졸업생을 뽑았다.
- A, B, C, D, E, F, G가 S사 신입사원으로 합격하였으며, A, B, E지원자만 복수전공을 하였고 가능한 부서에 모두 지원하였다.
- A지원자는 복수전공을 하여 배터리개발부와 생산기술부에 지원하였다.
- B지원자는 경영학과 정보통신학을 전공하였다.
- E지원자는 화학공학과 경영학을 전공하였다.
- C지원자는 품질보증부에 지원하였다.
- D지원자는 배터리개발부의 신입사원으로 뽑혔다.
- F와 G지원자는 같은 학과를 졸업하였다.

① A지원자는 배터리개발부의 신입사원으로 뽑히지 않았다.
② E지원자는 생산기술부의 신입사원으로 뽑혔다.
③ G지원자는 배터리개발부의 신입사원으로 뽑혔다.
④ B지원자는 품질보증부의 신입사원으로 뽑혔다.
⑤ F지원자는 품질보증부의 신입사원으로 뽑히지 않았다.

14 **A ~ D국의 각 기상청은 최근 태평양에서 발생한 태풍의 이동 경로를 다음과 같이 예측하였고, 이들 중 단 두 국가의 예측만이 실제 태풍의 이동 경로와 일치했다. 다음 중 실제 태풍의 이동 경로를 바르게 예측한 나라로 옳은 것은?(단, 예측이 틀린 국가는 모든 예측에 실패했다)**

A국 : 8호 태풍 바비는 일본에 상륙하고, 9호 태풍 마이삭은 한국에 상륙할 것입니다.
B국 : 9호 태풍 마이삭이 한국에 상륙한다면, 10호 태풍 하이선은 중국에 상륙할 것입니다.
C국 : 8호 태풍 바비의 이동 경로와 관계없이 10호 태풍 하이선은 중국에 상륙하지 않을 것입니다.
D국 : 10호 태풍 하이선은 중국에 상륙하지 않고, 8호 태풍 바비는 일본에 상륙하지 않을 것입니다.

① A국, B국
② A국, C국
③ B국, C국
④ B국, D국
⑤ C국, D국

15 A, B, C, D, E, F 여섯 명이 일렬로 된 6개의 좌석에 다음 〈조건〉과 같이 앉아 있다. 좌석은 왼쪽부터 1번으로 시작하는 번호가 매겨져 있고 C가 4번에 앉아 있다. 다음 중 항상 옳은 것은?

조건

- D와 E는 사이에 세 명을 두고 있다.
- A와 F는 인접할 수 없다.
- D는 F보다 왼쪽에 있다.
- F는 C보다 왼쪽에 있다.

① E는 C보다 오른쪽에 앉아 있다.
② A는 C보다 오른쪽에 앉아 있다.
③ E는 A보다 왼쪽에 앉아 있다.
④ D는 B보다 왼쪽에 앉아 있다.
⑤ E는 C보다 왼쪽에 앉아 있다.

16 다음 제시된 단어의 대응관계가 동일하도록 빈칸에 들어갈 가장 적절한 단어를 고르면?

근면 : 태만 = 좌천 : (　　)

① 강등
② 강직
③ 영전
④ 좌강
⑤ 천적

17 다음 단어의 대응관계가 나머지와 다른 하나를 고르면?

① 소멸 – 생성
② 반제 – 차용
③ 쇄국 – 개국
④ 수척 – 초췌
⑤ 달성 – 실패

※ 다음 제시된 도형의 규칙을 보고 ?에 들어갈 알맞은 것을 고르시오. **[18~20]**

18

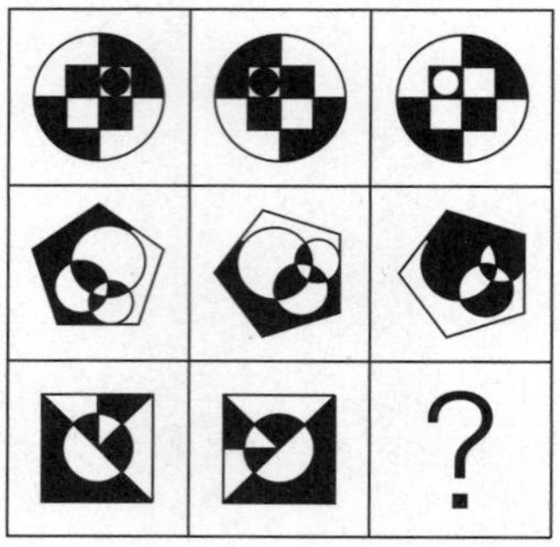

?

①

②

③

④

⑤

19

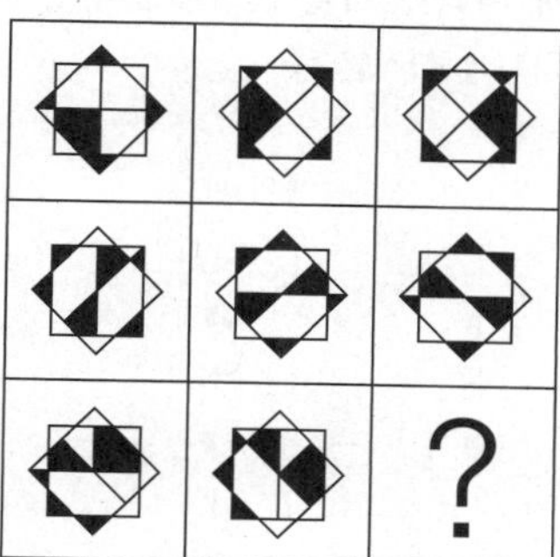

① 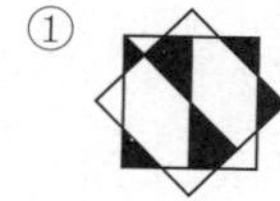

② 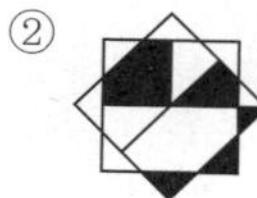

③ 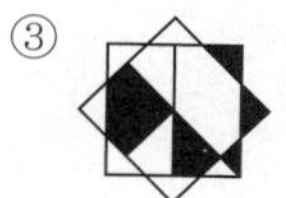

④ 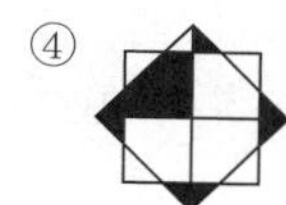

⑤ 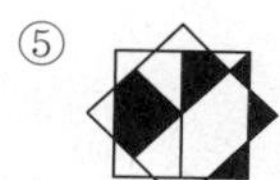

20

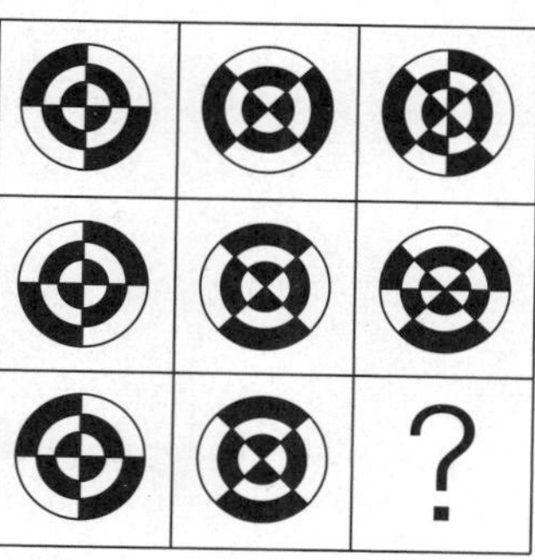

① 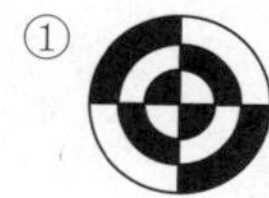

② 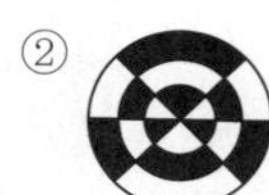

③ 

④ 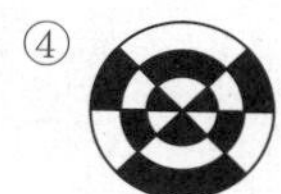

⑤ 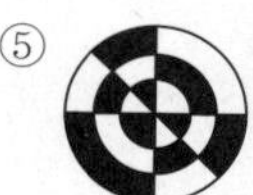

※ 다음 도식에서 기호들은 일정한 규칙에 따라 문자를 변화시킨다. ?에 들어갈 알맞은 문자를 고르시오(단, 규칙은 가로와 세로 중 한 방향으로만 적용된다). **[21~24]**

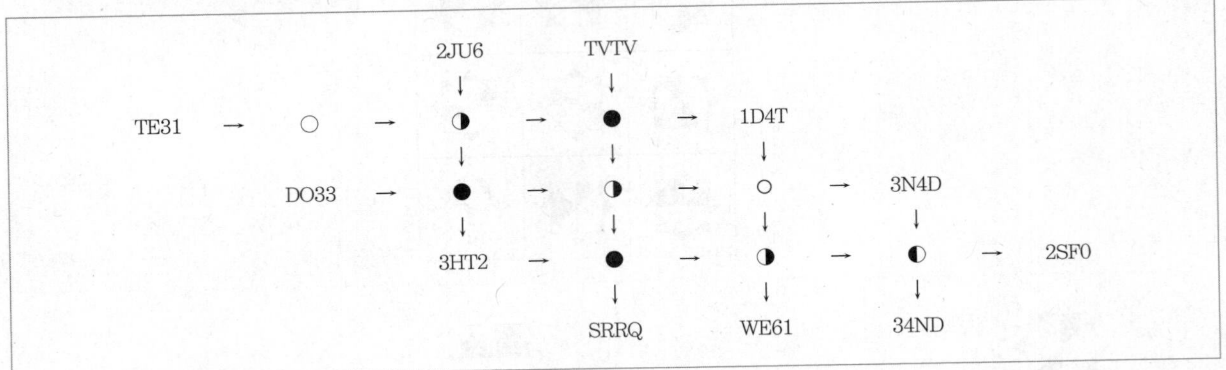

21

BE13 → ◑ → ● → ?

① 1BF3
② 3F1B
③ 0BF0
④ 0F0B
⑤ 0C0B

22

RABI → ◐ → ○ → ?

① RBAI
② RBIA
③ RLCC
④ RCCL
⑤ RCLC

23

? → ○ → ◐ → BVJH

① BTIE
② BITE
③ BJVH
④ BIVE
⑤ BIJE

24

? → ◐ → ● → IDHE

① DIFE
② LIFE
③ HIHE
④ LFIE
⑤ LEIF

※ 다음 글의 내용이 참일 때 항상 거짓인 것을 고르시오. [25~26]

25

스마트팜은 사물인터넷이나 빅데이터 등의 정보통신기술을 활용해 농업시설의 생육환경을 원격 또는 자동으로 제어할 수 있는 농장으로, 노동력과 생산비 절감효과가 커 네덜란드와 같은 농업 선진국에서도 적극적으로 활용되고 있다. 관련 핵심 직업으로는 농장의 설계·구축·운영 등을 조언하고 지도하는 '스마트팜 컨설턴트'와 농업인을 대상으로 스마트팜을 설치하고 소프트웨어를 개발하는 '스마트팜 구축가'가 있다.
바이오헬스는 바이오기술과 정보를 활용해 질병 예방·진단·치료·건강증진에 필요한 제품과 서비스를 생산하는 의약·의료산업이다. 국내 바이오헬스의 전체 기술력은 최고 기술국인 미국 대비 78% 수준으로 약 3.8년의 기술격차가 있다. 해외에서는 미국뿐만 아니라 영국·중국·일본 등이 글로벌 시장 선점을 위해 경쟁적으로 투자를 늘리고 있다. 관련 핵심 직업으로는 생물학·의약 등의 이론 연구로 다양한 생명현상을 탐구하는 '생명과학연구원', IT 건강관리 서비스를 기획하는 '스마트헬스케어 전문가' 등이 있다. 자연·의약학 계열의 전문 지식이 필요한 생명과학연구원은 향후 10년간 고용이 증가할 것으로 예측되며, 의료·IT·빅데이터의 지식이 필요한 스마트헬스케어 전문가도 연평균 20%씩 증가할 것으로 전망되는 시장규모에 따라 성장 가능성이 높을 것으로 보인다.
한편, 스마트시티는 건설과 정보통신 신기술을 활용해 다양한 서비스를 제공하는 도시로, 국내에서는 15개 지자체를 대상으로 U-City 사업이 추진되는 등 민간과 지자체의 아이디어를 도입하고 있다. 관련 직업으로는 토지 이용계획을 수립하고 설계하는 '도시계획가', 교통상황 및 영향요인을 분석하는 '교통전문가' 등이 있으며, 도시공학·교통공학 등의 지식이 필요하다.

① 정보통신기술을 활용한 스마트팜을 통해 노동력과 생산비를 절감할 수 있다.
② 미국은 우리나라보다 4년 이상 앞서 바이오헬스 산업에 투자하기 시작했다.
③ 바이오헬스 관련 직업인 생명과학연구원이 되려면 자연·의약학 계열의 전문 지식이 필요하다.
④ 현재 국내 15개 지자체에서 U-City 사업이 추진되고 있다.
⑤ 스마트시티와 관련된 직업을 갖기 위해서는 도시공학·교통공학 등의 지식이 필요하다.

PART 2 추리

26

> 사람의 눈이 원래 하나였다면 세계를 입체적으로 지각할 수 있었을까? 입체 지각은 대상까지의 거리를 인식하여 세계를 3차원으로 파악하는 과정을 말한다. 입체 지각은 눈으로 들어오는 시각 정보로부터 다양한 단서를 얻어 이루어지는데 이를 양안 단서와 단안 단서로 구분할 수 있다.
> 양안 단서는 양쪽 눈이 함께 작용하여 얻어지는 것으로, 양쪽 눈에서 보내오는 시차(視差)가 있는 유사한 상이 대표적이다. 단안 단서는 한쪽 눈으로 얻을 수 있는 것인데, 사람은 단안 단서만으로도 이전의 경험으로부터 추론에 의하여 세계를 3차원으로 인식할 수 있다. 망막에 맺히는 상은 2차원이지만 그 상들 사이의 깊이의 차이를 인식하게 해 주는 다양한 실마리들을 통해 입체 지각이 이루어진다.
> 동일한 물체가 크기가 다르게 시야에 들어오면 우리는 더 큰 시각(視角)을 가진 쪽이 더 가까이 있다고 인식한다. 이렇게 물체의 상대적 크기는 대표적인 단안 단서이다. 또 다른 단안 단서로는 '직선 원근'이 있다. 우리는 앞으로 뻗은 길이나 레일이 만들어 내는 평행선의 폭이 좁은 쪽이 넓은 쪽보다 멀리 있다고 인식한다. 또 하나의 단안 단서인 '결 기울기'는 같은 대상이 집단적으로 어떤 면에 분포할 때, 시야에 동시에 나타나는 대상들의 연속적인 크기 변화로 얻어진다. 예를 들면 들판에 만발한 꽃을 보면 앞쪽은 꽃이 크고 뒤로 가면서 서서히 꽃이 작아지는 것으로 보이는데 이러한 시각적 단서가 쉽게 원근감을 일으킨다.
> 어떤 경우에는 운동으로부터 단안 단서를 얻을 수 있다. '운동 시차'는 관찰자가 운동할 때 정지한 물체들이 얼마나 빠르게 움직이는 것처럼 보이는지가 물체들까지의 상대적 거리에 대한 실마리를 제공하는 것이다. 예를 들어 기차를 타고 가다 창밖을 보면 가까이에 있는 나무는 빨리 지나가고 멀리 있는 산은 거의 정지해 있는 것처럼 보인다.

① 세계를 입체적으로 지각하기 위해서는 단서가 되는 다양한 시각 정보가 필요하다.
② 단안 단서에는 물체의 상대적 크기, 직선 원근, 결 기울기, 운동 시차 등이 있다.
③ 사고로 한쪽 눈의 시력을 잃은 사람은 입체 지각이 불가능하다.
④ 대상까지의 거리를 인식할 수 있어야 세계를 입체적으로 지각할 수 있다.
⑤ 이동하는 차 안에서 창밖을 보면 가까이에 있는 건물이 멀리 있는 건물보다 더 빨리 지나간다.

※ 다음 글에 대한 반론으로 가장 적절한 것을 고르시오. [27~28]

27

고대 중국인들은 인간이 행하지 못하는 불가능한 일은 그들이 신성하다고 생각한 하늘에 의해서 해결 가능하다고 보았다. 그리하여 하늘은 인간에게 자신의 의지를 심어 두려움을 갖고 복종하게 하는 의미뿐만 아니라 인간의 모든 일을 책임지고 맡아서 처리하는 의미로까지 인식되었다. 그 당시에 하늘은 인간에게 행운과 불운을 가져다줄 수 있는 힘이고, 인간의 개별적 또는 공통적 운명을 지배하는 신비하고 절대적인 존재라는 믿음이 형성되었다. 이러한 하늘에 대한 인식은 결과적으로 하늘을 권선징악의 주재자로 보고, 모든 새로운 왕조의 탄생과 정치적 변천까지도 그것에 의해 결정된다는 믿음의 근거로 작용하였다.

① 하늘은 인류의 근원이며, 인류은 하늘의 덕성이 발현된 것이다.
② 사람이 받게 되는 재앙과 복의 원인은 모두 자신에게 있다.
③ 뱃사공들은 하늘에 제사를 지냄으로써 자신들의 항해가 무사하길 기원한다.
④ 인간의 길흉화복은 우주적 질서의 일부이다.
⑤ 천체의 움직임이 인간의 생활과 자연을 지배한다.

28

이솝 우화로 잘 알려진 '토끼와 거북이' 이야기는 우리에게 느려도 꾸준히 노력하면 승리한다는 교훈을 준다. 그런데 이 이야기에는 '정의로운 삶'과 관련하여 생각해 볼 문제점이 있다. 거북이는 토끼가 경주 중간에 잠을 잤기 때문에 승리할 수 있었다. 토끼의 실수를 거북이가 놓치지 않고 기회로 삼았던 것이다. 겉으로는 꾸준히 노력하면 성공한다고 말하지만, 속으로는 타인의 허점이나 실수를 기회로 삼아야 한다는 것을 말하고 있다고 볼 수 있다. 이런 내용은 우리도 모르는 사이에 '상대의 실수를 놓치지 말고 이용하라.'는 생각을 하게 만들 수 있다. 과연 거북이의 승리를 정의롭다고 말할 수 있을까?

① 사소한 실수가 뜻밖의 결과로 이어질 수 있으므로 매사에 조심해야 한다.
② 절차와 관계없이 결과가 공정하지 않은 경쟁은 정당하지 않다.
③ 주어진 조건이 동일한 환경에서 이루어진 경쟁에서 승리할 때 비로소 정의로운 승리라고 말할 수 있다.
④ 상대를 배려하지 않고 자신에게 유리한 방법으로만 경쟁하여 승리한다면, 그 승리는 정의롭다고 말할 수 없다.
⑤ 절차적 정의에 따라 절차를 제대로 따른다면 어떤 결과가 나오더라도 그 결과는 공정하다고 말할 수 있다.

29 다음 지문을 토대로 〈보기〉를 해석한 것으로 옳은 것은?

콘텐츠는 미디어를 필요로 한다. 미디어는 기술의 발현물이다. 텔레비전이라는 미디어는 기술의 산물이지만 여기에는 프로그램 영상물이라는 콘텐츠를 담고 있으며, 책이라는 기술 미디어에는 지식콘텐츠를 담고 있다. 결국 미디어와 콘텐츠는 분리될 수 없는 결합물이다.
시대가 시대이니만큼 콘텐츠의 중요함은 새삼 강조할 필요가 없어 보인다. 그러나 콘텐츠만 강조하는 것은 의미가 없다. 콘텐츠는 본질적으로 내용일 텐데, 그 내용은 결국 미디어라는 형식이나 도구를 빌어 표현될 수밖에 없기 때문이다. 그러므로 아무리 우수한 콘텐츠를 가지고 있더라도 미디어의 발전이 없다면 콘텐츠는 표현의 한계를 가질 수밖에 없다.
문화도 마찬가지이다. 문화의 내용이나 콘텐츠는 중요하다. 하지만 일반적으로 사람들은 문화를 향유할 때, 콘텐츠를 선택하기에 앞서 미디어를 먼저 결정한다. 전쟁물, 공포물을 감상할까 아니면 멜로나 판타지를 감상할까를 먼저 결정하는 것이 아니라 영화를 볼까 연극을 볼까 아니면 TV를 볼까 하는 선택이 먼저라는 것이다. 그런 다음, 영화를 볼 거면 어떤 영화를 볼까를 결정한다. 어떤 내용이냐도 중요하지만 어떤 형식이냐가 먼저이다.
미디어는 단순한 기술이나 도구가 아니다. 미디어는 콘텐츠를 표현하고 실현하는 최종적인 창구이다. 시대적으로 콘텐츠의 중요성이 강조되고 있지만 이에 못지않게 미디어의 중요성이 부각되어야 할 것이다. 콘텐츠가 아무리 좋아도 이를 문화 예술적으로 완성시켜 줄 미디어 기술이 없으면 콘텐츠는 대중적인 반향을 불러일으킬 수 없고 부가가치를 창출할 수도 없기 때문이다.

보기

'태극기 휘날리며'라는 대중적인 흥행물은 영화라는 미디어를 통해 메시지를 전달하고 있다. '태극기 휘날리며'는 책으로 읽을 수도 있고, 연극으로 감상할 수도 있다. 하지만 흥행에 성공한 것은 영화였다.

① 시대가 발전함에 따라 대중들은 보다 복잡하고 다양한 콘텐츠를 요구하고 있다.
② 문화적 콘텐츠가 훌륭하다면 이를 표현하는 형식은 중요하지 않다.
③ 동일한 콘텐츠더라도 어떤 미디어를 선택하느냐에 따라 대중의 선호가 달라질 수 있다.
④ 미래의 문화 산업에서는 미디어의 발전보다 콘텐츠의 개발이 더 중요하다.
⑤ 콘텐츠의 차이가 미디어를 수용하는 대중의 태도 차이로 나타난다.

30 다음 지문을 토대로 〈보기〉를 해석한 것으로 옳지 않은 것은?

20세기 예술가들은 재료의 가치와 풍요로움을 발견했다. 그들은 기존의 조형 예술의 틀을 포기하고, 아직 발견되지 않고 손상되지 않은 신선함을 지닌 재료들의 무한한 가능성을 탐색하기 시작했다. 그렇게 해서 작품의 밑바탕으로만 여겨졌던 재료는 그 자체가 예술의 목적이자 예술적 창조의 대상이 되었다.

'앵포르멜(Informel)'이라고 불리는 회화에서 우리는 얼룩, 균열, 덩어리, 박편, 물방울 같은 재료들의 승리를 볼 수 있다. 앵포르멜 화가들은 우발적이고 즉흥적인 감정의 동요를 직접적으로 드러내기 위해 재료 그 자체, 즉 캔버스 위에 흩뿌린 물감이나 찢어진 자루, 균열이 생긴 금속에 모든 일을 맡긴다. 그들은 그림이나 조각을 있는 그대로의 모습 또는 우연의 산물로 만들기 위해 일체의 형식적인 것들을 거부하고 있는 것처럼 보인다. 예술가는 그저 원재료를 상기시키는 제목을 자신의 작품에 붙일 따름이다. 몇몇 앵포르멜 화가들은 하나의 작품을 만들기 위해 자갈, 얼룩, 곰팡이, 녹 등의 재료를 선택하고 강조했으며, 의식적이고 인위적인 표현 행위를 최소화하면서 재료의 비정형성에 의미를 부여하고 자신의 스타일을 각인하려 했던 것이다.

이미 20세기 초에 뒤샹 같은 예술가들이 제안했던 레디메이드 미학도 같은 맥락에서 이해할 수 있다. 예술가는 스스로 존재하는 사물이, 사람들이 미처 발견하지 못한 미를 표현하는 예술 작품이라도 되는 양 테이블 위에 올려놓았다. 이런 식으로 예술가들은 자전거 바퀴, 열에 의해 변형된 컵, 마네킹, 그리고 심지어 변기까지 조각 작품으로 선택했다. 일상의 사물들이 별다른 변형 과정을 거치지 않았지만 예술가에 의해 선택되고 제목이 붙여져서 작품이 되는 순간, 이 사물들은 마치 작가의 손에 의해 창조된 것처럼 미적 가치를 지니게 된다.

이미 소비 주기가 끝나 쓰레기통에 버려져 있던 상품이나 산업 폐기물이 재료가 되는 경우도 있다. 이런 재료들을 통해 예술가는 자신을 둘러싸고 있는 산업화된 세계에 대한 냉소적이고 비판적인 태도를 드러낸다. 동시에 우리에게 산업화된 세계의 사물들 역시 미적 감동을 전해줄 수 있는 일정한 질서를 가지고 있음을 상기시키도 한다. 소비 주기가 끝나 쓸모없는 물건이 되어 버려진 이 재료들은 아이러니하게도 그 쓸모없음이라는 속성으로 인해 미적 가치가 있는 예술 작품이 되는 것이다. 낡은 자동차의 라디에이터를 압착하고 변형시켜 일그러진 금속의 형태를 제시한 세자르의 작품이 이에 해당한다.

보기

알베르토 부리의 '자루'는 앵포르멜 계열의 작품으로 알려져 있다. 알베르토 부리는 낡고 거친 삼베 조각, 좀이 슬었거나 찢어진 천, 다락방에 버려진 자루 조각 등의 재료를 되는 대로 오려 붙이고는 그것에 '자루'라는 제목을 붙였다.

① 알베르토 부리는 '자루'를 통해 우발적이고 즉흥적인 감정을 드러내고자 했군.
② 알베르토 부리는 '자루'에 사용된 원재료를 떠올릴 수 있도록 작품의 제목을 지었군.
③ 알베르토 부리는 천, 자루 조각 등의 재료를 강조하기 위해 인위적인 표현 방식을 사용하였군.
④ 알베르토 부리는 낡고 찢어지고, 버려진 재료들로부터 예술의 무한한 가능성을 발견하였군.
⑤ 알베르토 부리는 형식적인 틀에서 벗어나 재료의 비정형성에 의미를 부여하고자 하였군.

불(GSAT)싸트 점검

정답 및 해설 p.033

※ 제시된 명제가 모두 참일 때, 빈칸에 들어갈 명제로 가장 적절한 것을 고르시오. [1~3]

01

전제1. 디자인팀의 팀원은 모두 포토샵 자격증을 가지고 있다.
전제2. ______________________
결론. 컴퓨터 활용능력 자격증을 가지고 있지 않은 사람은 디자인팀이 아니다.

① 디자인팀이 아닌 사람은 컴퓨터 활용능력 자격증을 가지고 있다.
② 컴퓨터 활용능력 자격증을 가지고 있는 사람은 포토샵 자격증을 가지고 있다.
③ 디자인팀이 아닌 사람은 포토샵 자격증을 가지고 있지 않다.
④ 컴퓨터 활용능력 자격증을 가지고 있지 않은 사람은 포토샵 자격증을 가지고 있다.
⑤ 컴퓨터 활용능력 자격증을 가지고 있지 않은 사람은 포토샵 자격증을 가지고 있지 않다.

02

전제1. 스나크가 아니면 앨리스이다.
전제2. ______________
결론. 앨리스가 아니면 부점이다.

① 앨리스는 부점이다.
② 앨리스이면 스나크가 아니다.
③ 부점이면 스나크이다.
④ 부점이 아니면 스나크가 아니다.
⑤ 스나크는 부점이 아니다.

03

> 전제1. 모든 A업체는 B업체 제조물품을 사용하지 않는다.
> 전제2. 어떤 A업체는 B업체 제조물품 사용 반대 시위에 참여한다.
> 결론. ______________________________

① 모든 A업체는 B업체 제조물품 사용 반대 시위에 참여한다.
② B업체 제조물품 사용 반대 시위에 참여하는 단체는 A업체에 속해 있다.
③ B업체 제조물품을 사용하지 않는 어떤 단체는 B업체 제조물품 사용 반대 시위에 참여한다.
④ B업체 제조물품을 사용하지 않는 모든 단체는 B업체 제조물품 사용 반대 시위에 참여한다.
⑤ B업체 제조물품을 사용하는 모든 단체는 B업체 제조물품 사용 반대 시위에 참여하지 않는다.

04

S사 직원 A, B, C, D, E, F, G, H 8명이 농구, 축구, 족구를 하기 위해 운동장에 나왔다. 팀을 배치할 수 있는 경우의 수는 몇 가지인가?

- 각 종목은 적어도 두 사람 이상이 해야 하고, 축구는 짝수의 인원으로만 할 수 있다.
- A는 C와 같은 종목의 운동을 한다.
- G는 농구를 싫어한다.
- B, F가 참가한 종목은 사람 수가 가장 많다.
- D는 축구를 한다.
- E와 B는 같은 종목에 참가하지 않는다.
- D와 G는 같은 종목에 참가하지 않는다.

① 4가지　② 5가지
③ 6가지　④ 7가지
⑤ 8가지

05

다음은 형사가 혐의자 P, Q, R, S, T를 심문한 후 보고한 내용이다. 이 결과로부터 검사는 누가 유죄라고 판단할 수 있는가?

- 유죄는 반드시 두 명이다.
- Q와 R은 함께 유죄이거나 무죄일 것이다.
- P가 무죄라면 Q와 T도 무죄이다.
- S가 유죄라면 T도 유죄이다.
- S가 무죄라면 R도 무죄이다.

① P, T　② P, S
③ Q, R　④ R, S
⑤ R, T

06 **S사는 공개 채용을 통해 4명의 남자 사원과 2명의 여자 사원을 최종 선발하였고, 선발된 6명의 신입 사원을 기획부, 인사부, 구매부 세 부서에 배치하려고 한다. 다음 〈조건〉에 따라 신입 사원을 배치할 때, 옳지 않은 것은?**

조건

- 기획부, 인사부, 구매부 각 부서에 적어도 한 명의 신입 사원을 배치한다.
- 기획부, 인사부, 구매부에 배치되는 신입 사원의 수는 서로 다르다.
- 부서별로 배치되는 신입 사원의 수는 구매부가 가장 적고, 기획부가 가장 많다.
- 여자 신입 사원만 배치되는 부서는 없다.

① 인사부에는 2명의 신입 사원이 배치된다.
② 구매부에는 1명의 남자 신입 사원이 배치된다.
③ 기획부에는 반드시 여자 신입 사원이 배치된다.
④ 인사부에는 반드시 여자 신입 사원이 배치된다.
⑤ 인사부에는 1명 이상의 남자 신입 사원이 배치된다.

07 **A, B, C, D, E, F 6명이 달리기 시합을 하고 난 뒤 나눈 대화를 보고, 다음 중 항상 참이 아닌 것을 고르면?**

A : C와 F가 내 앞에서 결승선에 들어가는 걸 봤어.
B : D는 간발의 차로 바로 내 앞에서 결승선에 들어갔어.
C : 나는 D보다는 빨랐는데, 1등은 아니야.
D : C의 말이 맞아. 정확히 기억은 안 나는데 나는 3등 아니면 4등이었어.
E : 내가 결승선에 들어오고, 나중에 D가 들어왔어.
F : 나는 1등은 아니지만 꼴등도 아니었어.

① 제일 먼저 결승선에 들어온 사람은 E이다.
② 제일 나중에 결승선에 들어온 사람은 A이다.
③ C는 F보다 순위가 높다.
④ B는 C보다 순위가 낮다.
⑤ D가 3등이면 F는 5등이다.

08 S사는 A, B, C, D, E제품을 대상으로 내구성, 효율성, 실용성 세 개 영역에 대해 1 ~ 3등급을 기준에 따라 평가하였다. A ~ E제품에 대한 평가 결과가 다음과 같을 때, 반드시 참이 되지 않는 것은?

- 모든 영역에서 3등급을 받은 제품이 있다.
- 모든 제품이 3등급을 받은 영역이 있다.
- A제품은 내구성 영역에서만 3등급을 받았다.
- B제품만 실용성 영역에서 3등급을 받았다.
- C, D제품만 효율성 영역에서 2등급을 받았다.
- E제품은 1개의 영역에서만 2등급을 받았다.
- A와 C제품이 세 영역에서 받은 등급의 총합은 서로 같다.

① A제품은 효율성 영역에서 1등급을 받았다.
② B제품은 내구성 영역에서 3등급을 받았다.
③ C제품은 내구성 영역에서 3등급을 받았다.
④ D제품은 실용성 영역에서 2등급을 받았다.
⑤ E제품은 실용성 영역에서 2등급을 받았다.

09 S사의 부산 지점에서 근무 중인 A과장, B대리, C대리, D대리, E사원은 2명 또는 3명으로 팀을 이루어 세종특별시, 서울특별시, 광주광역시, 인천광역시 네 지역으로 출장을 가야 한다. 각 지역별로 출장을 가는 팀을 구성한 결과가 다음과 같을 때, 항상 참이 되는 것은?(단, 모든 직원은 1회 이상의 출장을 가며, 지역별 출장일은 서로 다르다)

- A과장은 네 지역으로 모두 출장을 간다.
- B대리는 모든 특별시로 출장을 간다.
- C대리와 D대리가 함께 출장을 가는 경우는 단 한 번뿐이다.
- 광주광역시에는 E사원을 포함한 두 명의 직원이 출장을 간다.
- 한 지역으로만 출장을 가는 사람은 E사원뿐이다.

① B대리는 D대리와 함께 출장을 가지 않는다.
② B대리는 C대리와 함께 출장을 가지 않는다.
③ C대리는 특별시로 출장을 가지 않는다.
④ D대리는 특별시로 출장을 가지 않는다.
⑤ D대리는 E사원과 함께 출장을 가지 않는다.

10 S사에 근무하는 직원 네 명은 함께 5인승 택시를 타고 대리점으로 가고 있다. 다음 〈조건〉을 참고할 때, 항상 참인 것은?

조건

〈택시 좌석〉

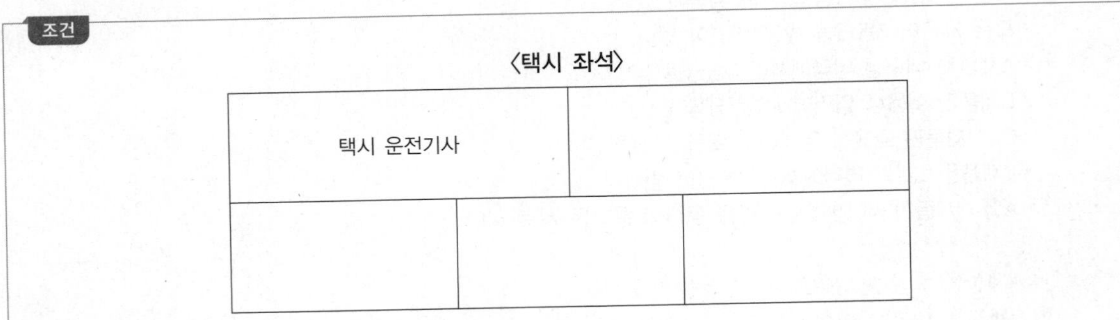

- 직원은 각각 부장, 과장, 대리, 사원의 직책을 갖고 있다.
- 직원은 각각 흰색, 검은색, 노란색, 연두색 신발을 신었다.
- 직원은 각각 기획팀, 연구팀, 디자인팀, 홍보팀 소속이다.
- 대리와 사원은 옆으로 붙어 앉지 않는다.
- 과장 옆에는 직원이 앉지 않는다.
- 부장은 홍보팀이고 검은색 신발을 신었다.
- 디자인팀 직원은 조수석에 앉았고 노란색 신발을 신었다.
- 사원은 기획팀 소속이다.

① 택시 운전기사 바로 뒤에는 사원이 앉는다.
② 부장은 조수석에 앉는다.
③ 과장은 노란색 신발을 신었다.
④ 부장 옆에는 과장이 앉는다.
⑤ 사원은 흰색 신발을 신었다.

11 **다음과 같은 관계에 있는 서로 다른 무게의 공 5개가 있다. 무거운 순서대로 나열한 것은?**

> • 파란공은 가장 무겁지도 않고, 세 번째로 무겁지도 않다.
> • 빨간공은 가장 무겁지도 않고, 두 번째로 무겁지도 않다.
> • 흰공은 세 번째로 무겁지도 않고, 네 번째로 무겁지도 않다.
> • 검은공은 파란공과 빨간공보다는 가볍다.
> • 노란공은 파란공보다 무겁고, 흰공보다는 가볍다.

① 흰공 – 빨간공 – 노란공 – 파란공 – 검은공
② 흰공 – 노란공 – 빨간공 – 검은공 – 파란공
③ 흰공 – 노란공 – 검은공 – 빨간공 – 파란공
④ 흰공 – 노란공 – 빨간공 – 파란공 – 검은공
⑤ 흰공 – 빨간공 – 노란공 – 검은공 – 파란공

12 **12명의 사람이 모자, 상의, 하의를 착용하는데 모자, 상의, 하의는 빨간색 또는 파란색 중 하나이다. 12명이 모두 모자, 상의, 하의를 착용했을 때, 다음과 같은 모습이었다. 이때, 하의만 빨간색인 사람은 몇 명인가?**

> • 어떤 사람을 보아도 모자와 하의는 서로 다른 색이다.
> • 같은 색의 상의와 하의를 입은 사람의 수는 6명이다.
> • 빨간색 모자를 쓴 사람의 수는 5명이다.
> • 모자, 상의, 하의 중 1가지만 빨간색인 사람은 7명이다.

① 1명
② 2명
③ 3명
④ 4명
⑤ 5명

13 6명의 학생이 아침, 점심, 저녁을 먹는데, 메뉴는 김치찌개와 된장찌개뿐이다. 주어진 조건이 모두 참일 때, 옳지 않은 것은?

- 아침과 저녁은 다른 메뉴를 먹는다.
- 점심과 저녁에 같은 메뉴를 먹은 사람은 4명이다.
- 아침에 된장찌개를 먹은 사람은 3명이다.
- 하루에 된장찌개를 한 번만 먹은 사람은 3명이다.

① 아침에 된장찌개를 먹은 사람은 모두 저녁에 김치찌개를 먹었다.
② 된장찌개는 총 9그릇이 필요하다.
③ 저녁에 된장찌개를 먹은 사람들은 모두 아침에 김치찌개를 먹었다.
④ 점심에 된장찌개를 먹은 사람은 아침이나 저녁 중 한 번은 된장찌개를 먹었다.
⑤ 김치찌개는 총 10그릇이 필요하다.

14 콩쥐, 팥쥐, 향단, 춘향 네 사람은 함께 마을 잔치에 참석하기로 했다. 족두리, 치마, 고무신을 빨간색, 파란색, 노란색, 검은색 색깔별로 총 12개의 물품을 공동으로 구입하여, 다음 〈조건〉에 따라 각자 다른 색의 족두리, 치마, 고무신을 하나씩 빠짐없이 착용하기로 했다. 예를 들어, 어떤 사람이 빨간색 족두리, 파란색 치마를 착용한다면, 고무신은 노란색 또는 검은색으로 착용해야 한다. 다음 중 항상 참인 것은?

조건

- 선호하는 것을 배정받고, 싫어하는 것은 배정받지 않는다.
- 콩쥐는 빨간색 치마를 선호하고, 파란색 고무신을 싫어한다.
- 팥쥐는 노란색을 싫어하고, 검은색 고무신을 선호한다.
- 향단이는 검은색 치마를 싫어한다.
- 춘향이는 빨간색을 싫어한다.

① 콩쥐는 검은색 족두리를 착용한다.
② 팥쥐는 노란색 족두리를 착용한다.
③ 향단이는 파란색 고무신을 착용한다.
④ 춘향이는 검은색 치마를 착용한다.
⑤ 빨간색 고무신을 착용하는 사람은 파란색 족두리를 착용한다.

15 함께 놀이공원에 간 A, B, C, D, E 5명 중 가장 겁이 많은 1명만 롤러코스터를 타지 않고 회전목마를 탔다. 이들은 집으로 돌아오는 길에 다음과 같은 대화를 나누었다. 5명 중 2명은 거짓만 말하고, 나머지 3명은 모두 진실을 말한다고 할 때, 롤러코스터를 타지 않은 사람은 누구인가?

> A : 오늘 탄 롤러코스터는 정말 재밌었어. 나는 같이 탄 E와 함께 소리를 질렀어.
> B : D는 회전목마를 탔다던데? E가 회전목마를 타는 D를 봤대. E의 말은 사실이야.
> C : D는 회전목마를 타지 않고 롤러코스터를 탔어.
> D : 나는 혼자서 회전목마를 타고 있는 B를 봤어.
> E : 나는 롤러코스터를 탔어. 손뼉을 칠 만큼 너무 완벽한 놀이기구야.

① A
② B
③ C
④ D
⑤ E

16 다음 제시된 단어의 대응관계가 동일하도록 빈칸에 들어갈 가장 적절한 단어를 고르면?

> 간섭 : 참견 = 갈구 : (　　)

① 관여
② 개입
③ 경외
④ 관조
⑤ 열망

17 다음 단어의 대응관계가 나머지와 다른 하나를 고르면?

① 계획 – 의도
② 고심 – 고충
③ 과격 – 극성
④ 임의 – 강제
⑤ 공헌 – 기여

※ 다음 제시된 도형의 규칙을 보고 ?에 들어갈 알맞은 것을 고르시오. **[18~20]**

18

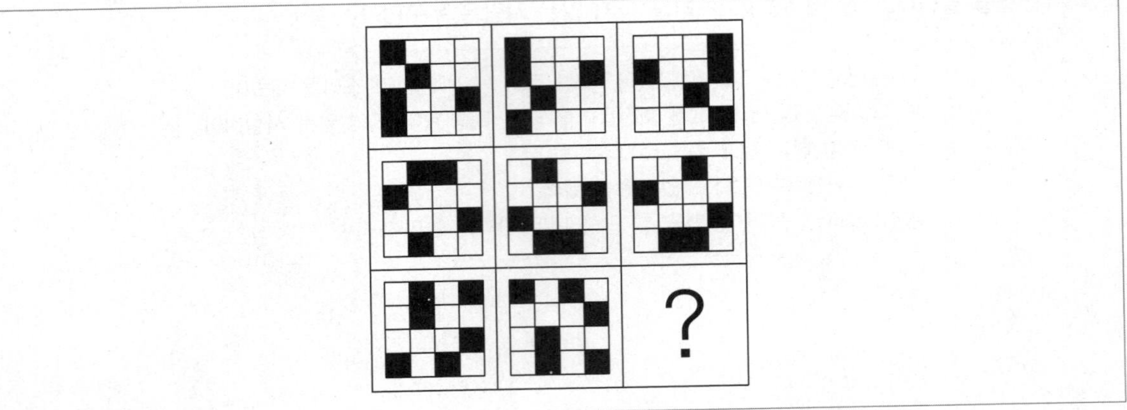

① 

② 

③ 

④ 

⑤ 

19

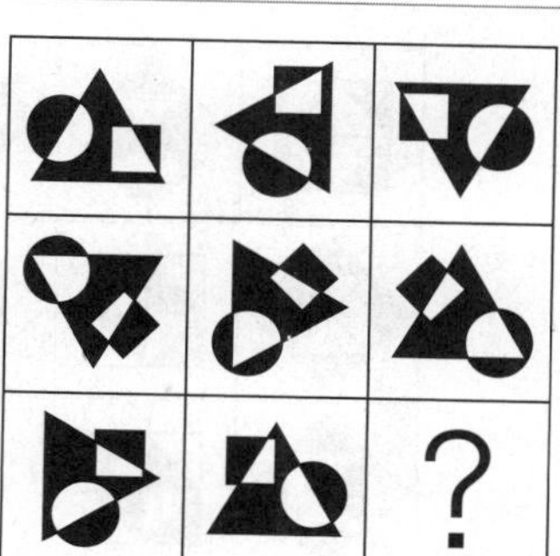

① 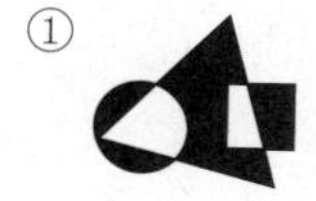

② 

③ 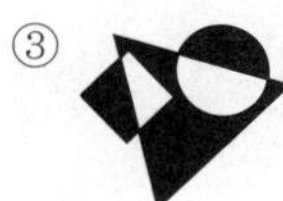

④ 

⑤ 

PART 2 추리

20

①

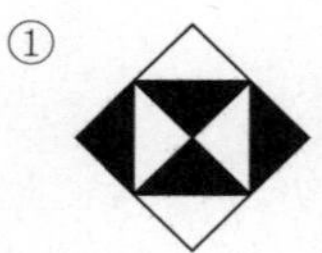

②

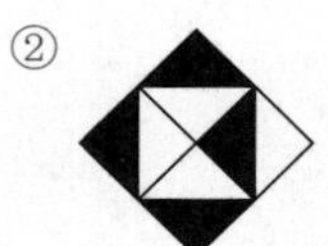

③

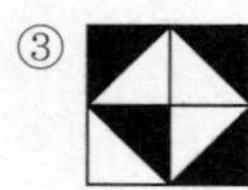

④

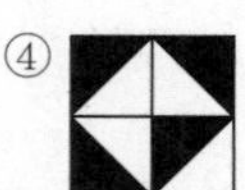

⑤

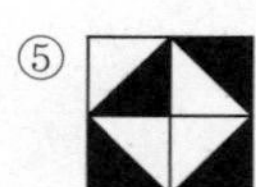

※ 다음 도식에서 기호들은 일정한 규칙에 따라 문자를 변화시킨다. ?에 들어갈 알맞은 문자를 고르시오(단, 규칙은 가로와 세로 중 한 방향으로만 적용된다). **[21~24]**

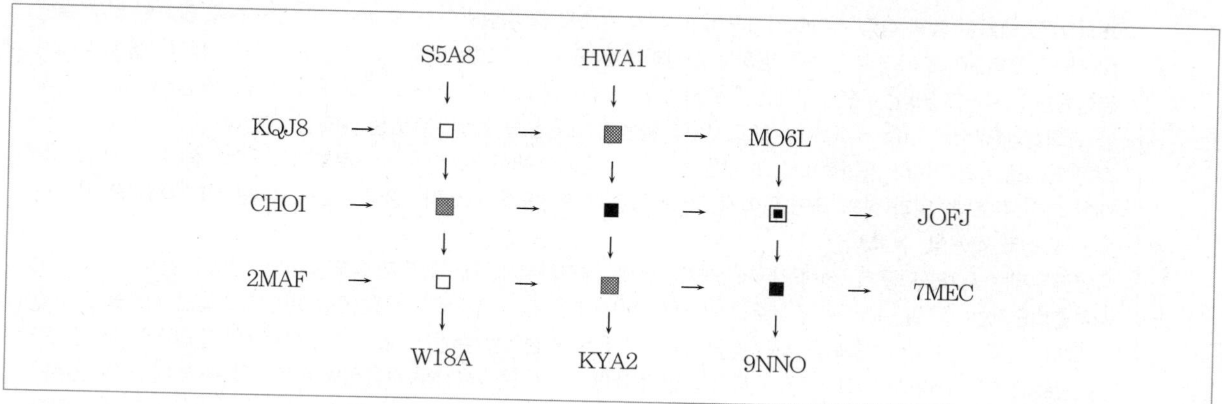

21

VEN8 → ▣ → ▩ → ?

① N8VE
② 8NEV
③ N8EV
④ 8ENV
⑤ 8NVE

22

OK15 → ■ → □ → ?

① 52RM
② RM52
③ 43TK
④ TK43
⑤ 42RK

23

? → □ → ▣ → 55DQ

① BS37
② BS55
③ DQ37
④ DQ55
⑤ QD55

24

? → □ → ■ → PZHK

① XGKM
② MXGK
③ KZEM
④ KEMZ
⑤ ZEMK

25 다음 글의 내용이 참일 때 항상 거짓인 것은?

스마트폰, 태블릿 등의 각종 스마트기기가 우리 생활 속으로 들어옴에 따라 회사에 굳이 출근하지 않아도 업무 수행이 가능해졌다. 이에 따라 기업들은 일하는 시간과 공간에 제약이 없는 유연근무제를 통해 업무 생산성을 향상시켜 경쟁력을 키워가고 있다. 유연근무제는 근로자와 사용자가 근로시간이나 근로 장소 등을 선택·조정하여 일과 생활을 조화롭게(Work-Life Balance) 하고, 인력 활용의 효율성을 높일 수 있는 제도를 말한다.

젊은 인재들은 승진이나 금전적 보상과 같은 전통적인 동기부여 요소보다 조직으로부터의 인정, 성장 기회, 업무에 대한 자기 주도성, 일과 삶의 균형 등에서 더 큰 몰입과 충성도를 느낀다. 결국 유연근무제는 그 자체만으로도 큰 유인 요소로 작용할 수 있다.

유연근무제는 시차출퇴근제, 선택근무제, 재량근무제, 원격근무제, 재택근무제 등의 다양한 형태로 운영될 수 있다. 시차출퇴근제는 주5일, 1일 8시간, 주당 40시간이라는 기존의 소정근로시간을 준수하면서 출퇴근 시간을 조정할 수 있다. 선택근무제 역시 출퇴근 시간을 근로자가 자유롭게 선택할 수 있으나, 시차출퇴근제와 달리 1일 8시간이라는 근로시간에 구애받지 않고 주당 40시간의 범위 내에서 1일 근무시간을 자율적으로 조정할 수 있다. 선택근무제는 기업 상황과 여건에 따라 연구직, 일반 사무관리직, 생산직 등 다양한 직무에 도입할 수 있으나, 근로시간이나 근로일에 따라 업무량의 편차가 발생할 수 있으므로 업무 조율이 가능한 소프트웨어 개발, 사무관리, 연구, 디자인, 설계 등의 직무에 적용이 용이하다.

재량근무제는 근로시간 및 업무수행 방식을 근로자 스스로 결정하여 근무하는 형태로, 고도의 전문 지식과 기술이 필요하여 업무수행 방법이나 시간 배분을 업무수행자의 재량에 맡길 필요가 있는 분야에 적합하다. 재량근무제 적용이 가능한 업무는 신기술의 연구개발이나 방송 프로그램·영화 등의 감독 업무 등 법으로 규정되어 있으므로 그 외의 업무는 근로자와 합의하여도 재량근무제를 실시할 수 없다.

원격근무제는 주1일 이상 원격근무용 사무실이나 사무실이 아닌 장소에서 모바일 기기를 이용하여 근무하는 형태로, 크게 위성 사무실형 원격근무와 이동형 원격근무 두 가지 유형으로 구분할 수 있다. 위성 사무실형 원격근무는 주거지, 출장지 등과 가까운 원격근무용 사무실에 출근하여 근무하는 형태로, 출퇴근 거리 감소와 업무 효율성 증진의 효과를 얻을 수 있다. 이동형 원격근무는 사무실이 아닌 장소에서 모바일 기기를 이용하여 장소적 제약 없이 근무하는 형태로, 현장 업무를 신속하게 처리하고 메일이나 결재 처리를 단축시킬 수 있다는 장점이 있다. 원격근무제는 재량근무제와 달리 적용 가능한 직무의 제한을 두지 않으나, 위성 사무실형 원격근무는 개별적·독립적으로 업무수행이 가능한 직무에, 이동형 원격근무는 물리적 작업공간이 필요하지 않는 직무에 용이하다.

마지막으로 재택근무제는 근로자가 정보통신기술을 활용하여 자택에 업무공간을 마련하고, 업무와 필요한 시설과 장비를 구축한 환경에서 근무하는 형태로, 대부분의 근무를 재택으로 하는 상시형 재택근무와 일주일 중 일부만 재택근무를 하는 수시형 재택근무로 구분할 수 있다.

① 시차출퇴근제는 반드시 하루 8시간의 근무 형태로 운영되어야 한다.
② 선택근무제는 반드시 주5일의 근무 형태로 운영되어야 한다.
③ 일반 사무 업무에서는 근로자와 사용자가 합의하여도 재량근무제를 운영할 수 없다.
④ 현장에서 직접 처리해야 하는 업무가 많은 직무라면 이동형 원격근무제를 운영할 수 있다.
⑤ 근로자를 일주일 중 며칠만 자택에서 근무하게 하더라도 재택근무를 운영하고 있다고 볼 수 있다.

26 다음 글의 내용이 참일 때 항상 참인 것은?

NASA 보고에 따르면 지구 주변 우주 쓰레기는 약 3만여 개에 달한다고 한다. 이러한 우주 쓰레기는 노후한 인공위성이나 우주인이 놓친 연장 가방에서 나온 파편, 역할을 다한 로켓 부스터 등인데, 때로는 이것들이 서로 충돌하면서 작은 조각으로 부서지기도 한다.
이러한 우주 쓰레기가 심각한 이유는 연간 3 ~ 4개의 우주 시설이 이와 같은 우주 쓰레기 탓에 파괴되고 있는 탓이다. 이대로라면 GPS를 포함한 우주 기술사용이 불가능해질 수도 있다는 전망이다. 또 아주 큰 우주쓰레기가 지상에 떨어지는 경우가 있어 각국에서는 잇따른 피해가 계속 보고되고 있다.
이에 우주쓰레기를 치우기 위한 논의가 각국에서 지속되고 있으며, 2007년 유엔에서는 '우주쓰레기 경감 가이드라인'을 만들기에 이르렀고, 유럽우주국은 2025년에 우주 쓰레기 수거 로봇을 발사할 계획임을 밝혔다.
이 우주 쓰레기 수거 로봇은 스위스에서 개발한 것으로 4개의 팔을 뻗어 지구 위 800km에 있는 소형 위성 폐기물을 감싸 쥐고 대기권으로 진입하는 방식으로 우주 쓰레기를 수거하는데, 이 때 진입하는 과정에서 마찰열에 의해 우주선과 쓰레기가 함께 소각되어지게 된다.
이 외에도 고열을 이용해 우주 쓰레기를 태우는 방법, 자석으로 쓰레기를 끌어들여 궤도로 떨어뜨리는 방법, 쓰레기에 레이저를 발사해 경로를 바꾼 뒤 지구로 떨어뜨리는 방법, 위성 제작 시 수명이 다 하면 분해에 가깝게 자체 파괴되도록 제작하는 방법 등이 있다.
실제로 2018년 영국에서 작살과 그물을 이용해 우주 쓰레기를 수거하는 실험에 성공한 적이 있다. 하지만, 한 번에 100kg 정도의 쓰레기밖에 처치하지 못해 여러 번 발사해야 한다는 점, 비용이 많이 든다는 점, 자칫 쓰레기 폭발을 유도해 파편 숫자만 늘어난다는 점 등이 단점이었다.
이러한 우주 쓰레기 처리는 전 국가의 과제이지만, 천문학적 세금이 투입되는 사업이라 누구도 선뜻 나서지 못하는 것이 현 상황이다. 하루 빨리 우주개발 국가 공동의 기금을 마련해 대책을 마련하지 않는다면, 인류의 꿈은 이러한 우주 쓰레기에 발목 잡힌다 해도 과언이 아닐 것이다.

① 우주쓰레기들이 서로 충돌하게 되면 우주쓰레기의 개수는 더 적어질 것이다.
② 우주쓰레기는 우주에서 떠돌아 지구 내에는 피해가 없다.
③ 우주 쓰레기 수거 로봇은 유럽에서 개발되었으며 성공적인 결과를 얻었다.
④ 우주쓰레기를 청소하는 방법은 여러 가지가 있지만 성공한 사례는 아직까지 없다.
⑤ 우주쓰레기 청소는 저소득국가에서는 하기 힘든 사업이다.

27 다음 글의 주장에 대한 비판으로 가장 적절한 것은?

> 전통적인 경제학에 따른 통화 정책에서는 정책 금리를 활용하여 물가를 안정시키고 경제 안정을 도모하는 것을 목표로 한다. 중앙은행은 경기가 과열되었을 때 정책 금리 인상을 통해 경기를 진정시키고자 한다. 정책 금리 인상으로 시장 금리도 높아지면 가계 및 기업에 대한 대출 감소로 신용 공급이 축소된다. 신용 공급의 축소는 경제 내 수요를 줄여 물가를 안정시키고 경기를 진정시킨다. 반면 경기가 침체되었을 때는 반대의 과정을 통해 경기를 부양시키고자 한다.
>
> 금융을 통화 정책의 전달 경로로만 보는 전통적인 경제학에서는 금융감독 정책이 개별 금융 회사의 건전성 확보를 통해 금융 안정을 달성하고자 하는 미시 건전성 정책에 집중해야 한다고 보았다. 이러한 관점은 금융이 직접적인 생산 수단이 아니므로 단기적일 때와는 달리 장기적으로는 경제 성장에 영향을 미치지 못한다는 인식과 자산 시장에서는 가격이 본질적 가치를 초과하여 폭등하는 버블이 존재하지 않는다는 효율적 시장 가설에 기인한다. 미시 건전성 정책은 개별 금융 회사의 건전성에 대한 예방적 규제 성격을 가진 정책 수단을 활용하는데, 그 예로는 향후 손실에 대비하여 금융 회사의 자기자본 하한을 설정하는 최저 자기자본 규제를 들 수 있다.

① 중앙은행의 정책이 자산 가격 버블에 따른 금융 불안을 야기하여 경제 안정이 훼손될 수 있다.
② 시장의 물가가 지나치게 상승할 경우 국가는 적극적으로 개입하여 물가를 안정시켜야 한다.
③ 경기가 침체된 상황에서는 처방적 규제보다 예방적 규제에 힘써야 한다.
④ 금융은 단기적일 때와 달리 장기적으로는 경제 성장에 별다른 영향을 미치지 못한다.
⑤ 금융 회사에 대한 최저 자기자본 규제를 통해 금융 회사의 건전성을 확보할 수 있다.

28 다음 글을 읽고 인조를 비판할 수 있는 내용으로 적절하지 않은 것은?

> 1636년(인조 14년) 4월 국세를 확장한 후금의 홍타이지(태종)는 스스로 황제라 칭하고, 국호를 청으로, 수도는 심양으로 정하였다. 심양으로의 천도는 명나라를 완전히 압박하여 중원 장악의 기틀을 마련하기 위함이었다. 후금은 명 정벌에 앞서 그 배후가 될 수 있는 조선을 확실히 장악하기 위해 조선에 군신 관계를 맺을 것도 요구해 왔다. 이러한 청 태종의 요구는 인조와 조선 조정을 격분시켰다.
>
> 결국, 강화 회담의 성립으로 전쟁은 종료되었지만, 정묘호란 이후에도 후금에 대한 강경책의 목소리가 높았다. 1627년 정묘호란을 겪으면서 맺은 형제 관계조차도 무효로 하고자 하는 상황에서, 청 태종을 황제로 섬길 것을 요구하는 무례에 분노했던 것이다. 이제껏 오랑캐라고 무시했던 후금을 명나라와 동등하게 대우하여야 한다는 조처는 인조와 서인 정권의 생리에 절대 맞지가 않았다. 특히 후금이 통상적인 조건의 10배가 넘는 무역을 요구해 오자 인조의 분노는 폭발하였다.
>
> 전쟁의 여운이 어느 정도 사라진 1634년 인조는 "이기고 짐은 병가의 상사이다. 금나라 사람이 강하긴 하지만 싸울 때마다 반드시 이기지는 못할 것이며, 아군이 약하지만 싸울 때마다 반드시 패하지도 않을 것이다. 옛말에 '의지가 있는 용사는 목이 떨어질 각오를 한다.'고 하였고, 또 '군사가 교만하면 패한다.'고 하였다. 오늘날 무사들이 만약 자신을 잊고 순국한다면 이 교만한 오랑캐를 무찌르기는 어려운 일이 아니다."는 하교를 내리면서 전쟁을 결코 피하지 않을 것임을 선언하였다. 조선은 또다시 전시 체제에 돌입했다.
>
> 신흥 강국 후금에 대한 현실적인 힘을 무시하고 의리와 명분을 고집한 집권층의 닫힌 의식은 스스로 병란을 자초한 꼴이 되었다. 정묘호란 때 그렇게 당했으면서도 내부의 국방력에 대한 철저한 점검 없이 맞불 작전으로 후금에 맞서는 최악의 길을 택한 것이다.

① 오랑캐의 나라인 후금을 명나라와 동등하게 대우한다는 것은 있을 수 없습니다.
② 감정 따로 현실 따로인 법, 힘과 국력이 문제입니다. 현실을 직시해야 합니다.
③ 그들의 요구를 물리친다면 승산 없는 전쟁으로 결과는 불 보듯 뻔합니다.
④ 명분만 내세워 준비 없이 수행하는 전쟁은 더 큰 피해를 입게 될 것입니다.
⑤ 후금은 전쟁을 피해야 할 북방의 최고 강자로 성장한 나라입니다.

※ 다음 지문을 토대로 〈보기〉를 바르게 해석한 것을 고르시오. [29~30]

29

음식이 상한 것과 가스가 새는 것을 쉽게 알아차릴 수 있는 것은 우리에게 냄새를 맡을 수 있는 후각이 있기 때문이다. 이처럼 후각은 우리 몸에 해로운 물질을 탐지하는 문지기 역할을 하는 중요한 감각이다. 어떤 냄새를 일으키는 물질을 '취기재(臭氣材)'라 부르는데, 우리가 어떤 냄새가 난다고 탐지할 수 있는 것은 취기재의 분자가 코의 내벽에 있는 후각 수용기를 자극하기 때문이다.

일반적으로 인간은 동물만큼 후각이 예민하지 않다. 물론 인간도 다른 동물과 마찬가지로 취기재의 분자 하나에도 민감하게 반응하는 후각 수용기를 갖고 있다. 하지만 개[犬]가 10억 개에 이르는 후각 수용기를 갖고 있는 것에 비해 인간의 후각 수용기는 1천만 개에 불과하여 인간의 후각이 개의 후각보다 둔한 것이다.

우리가 냄새를 맡으려면 공기 중에 취기재의 분자가 충분히 많아야 한다. 다시 말해, 취기재의 농도가 어느 정도에 이르러야 냄새를 탐지할 수 있다. 이처럼 냄새를 탐지할 수 있는 최저 농도를 '탐지 역치'라 한다. 탐지 역치는 취기재에 따라 차이가 있다. 우리가 메탄올보다 박하 냄새를 더 쉽게 알아챌 수 있는 까닭은 메탄올의 탐지 역치가 박하향에 비해 약 3,500배 가량 높기 때문이다.

취기재의 농도가 탐지 역치 정도의 수준에서는 냄새가 나는지 안 나는지 정도를 탐지할 수는 있지만 그 냄새가 무슨 냄새인지 인식하지 못한다. 즉 냄새의 존재 유무를 탐지할 수는 있어도 냄새를 풍기는 취기재의 정체를 인식하지는 못하는 상태가 된다. 취기재의 정체를 인식하려면 취기재의 농도가 탐지 역치보다 3배 가량은 높아야 한다. 즉 취기재의 농도가 탐지 역치 수준으로 낮은 상태에서는 그 냄새가 꽃향기인지 비린내인지 알 수 없는 것이다. 한편 같은 취기재들 사이에서는 농도가 평균 11% 정도 차이가 나야 냄새의 세기 차이를 구별할 수 있다고 알려져 있다.

연구에 따르면 인간이 구별할 수 있는 냄새의 가짓수는 10만 개가 넘는다. 하지만 그 취기재가 무엇인지 다 인식해 내지는 못한다. 그것은 우리가 모든 냄새에 대응되는 명명 체계를 갖고 있지 못할 뿐만 아니라 특정한 냄새와 그것에 해당하는 이름을 연결하는 능력이 부족하기 때문이다. 즉 인간의 후각은 기억과 밀접한 관련이 있는 것이다. 이에 따르면 어떤 냄새를 맡았을 때 그 냄새와 관련된 과거의 경험이나 감정이 떠오르는 일은 매우 자연스러운 현상이다.

보기

한 실험에서 실험 참여자에게 실험에 쓰일 모든 취기재의 이름을 미리 알려 준 다음, 임의로 선택한 취기재의 냄새를 맡게 하고 그 종류를 맞히게 했다. 이때 실험 참여자가 틀린 답을 하면 그때마다 정정해 주었다. 그 결과 취기재의 이름을 알아맞히는 능력이 거의 두 배로 향상되었다.

① 인간은 동물과 비슷한 수준의 후각 수용기를 가지고 있다.
② 참여자가 취기재를 구별할 수 있는 것은 후각 수용기의 수가 10억 개에 이르기 때문이다.
③ 취기재 구별 능력이 향상된 것은 취기채의 농도가 탐지 역치보다 낮아졌기 때문이다.
④ 참여자의 구별 능력이 점차 나아지는 것은 냄새에 대응되는 이름을 기억했기 때문이다.
⑤ 실험 참여자가 지금보다 냄새를 더 잘 맡기 위해선 취기재의 농도를 탐지 역치보다 3배로 높여야 한다.

30

기업들은 이익의 극대화를 위해 끝없이 경쟁한다. 이러한 경쟁의 전략으로 한 기업이 다른 기업을 인수하거나 다른 기업과 합치는 방법이 있는데 이를 기업인수합병이라고 한다. 이는 기업 간의 결합 형태에 따라 수평적, 수직적, 다각적 인수합병으로 나눌 수 있다.

먼저 수평적 인수합병은 같은 업종 간에 이루어지는 인수 합병이다. 예를 들면 두 전자 회사가 결합하여 하나의 전자 회사가 되는 경우이다. 일반적으로 수평적 인수합병이 이루어지면 경쟁 관계에 있던 회사가 결합하여 불필요한 경쟁이 줄고 이전보다 큰 규모에서 생산이 이루어지게 되므로 인수합병한 기업은 생산량을 늘릴 수 있게 된다. 이러한 과정에서 규모의 경제*가 실현되면 생산 단가가 낮아져 가격 경쟁력이 증가하고 이를 통해 제품의 시장점유율*이 높아질 수 있다. 그러나 수평적 인수합병 이후에 독과점으로 인한 폐해가 일어날 경우, 이는 규제의 대상이 되기도 한다.

수직적 인수합병은 동일한 분야에 있으나 생산 활동 단계가 다른 업종 간에 이루어지는 인수합병이다. 이러한 수직적 인수합병은 통합의 방향에 따라 전방 통합과 후방 통합으로 나눌 수 있다. 예를 들어 자동차의 원자재를 공급하는 기업과 자동차를 생산하는 기업이 인수합병하는 경우, 자동차를 생산하는 기업이 자동차의 원자재를 공급하는 기업을 통합하면 후방 통합이고, 자동차의 원자재를 공급하는 기업이 자동차를 생산하는 기업을 통합하면 전방 통합이 된다. 이렇게 수직적 인수합병이 이루어지면 생산 단계의 효율성이 증가하여 거래비용*이 감소하고, 원자재를 안정적으로 공급할 수 있다는 장점이 있지만, 인수합병한 기업 중 특정 기업에 문제가 발생할 경우, 기업 전체가 위험해질 수 있다는 단점도 있다.

마지막으로 다각적 인수합병은 서로 관련성이 적은 기업 간의 결합이다. 예를 들면 한 회사가 전자 회사, 건설 회사, 자동차 회사를 결합하여 하나의 회사를 만드는 경우이다. 이러한 경우 만약 건설 회사의 수익성이 낮더라도 상대적으로 높은 수익성이 기대되는 다른 회사를 통해 위험을 분산시킨다면 기업의 안정된 수익성을 유지할 수 있다는 장점이 있다. 그러나 기업이 외형적으로만 비대해질 경우, 시장에서 높은 수익을 내기에는 한계가 있을 수도 있다.

기업은 인수합병을 통해 사업의 규모를 확대할 수 있다. 그러나 경우에 따라서는 인수합병을 통한 외적인 성장에만 치우쳐 신기술 연구 등과 같은 내적 성장을 위한 투자에 소홀할 수 있다. 또한 인수합병 과정에서 많은 직원이 해직되거나 전직될 수도 있고 이로 인해 조직의 인간관계가 깨지는 등 여러 문제가 발생할 수 있기에 인수합병은 신중하게 이루어져야 한다.

* 규모의 경제 : 생산 요소 투입량의 증대(생산 규모의 확대)에 따른 생산비 절약 또는 수익 향상의 이익

* 시장점유율 : 경쟁 시장에서 한 상품의 총판매량에서 한 기업의 상품 판매량이 차지하는 비율

* 거래비용 : 각종 거래 행위에 수반되는 비용

보기

반도체 생산 회사인 A사는 전자기기 회사인 B사를 인수합병했다. A사는 이번 인수합병을 통해 브랜드 가치를 높일 것으로 파악된다. 또한 B사의 기술력을 통해 다른 기업들과 경쟁력을 높일 계획이다.

① A사는 인수합병을 통해 규모의 경제를 실현할 수 있게 된다.
② 인수합병으로 인한 독과점이 예상되므로 규제 대상이 된다.
③ B사가 경영난을 겪을 경우 A사 역시 경제적으로 타격을 입게 된다.
④ 인수합병으로 원자재를 안정적으로 공급할 수 있게 되지만, 거래 비용이 증가하는 단점이 있다.
⑤ 다른 회사에 위험을 분산시킴으로써 안정된 수익성을 유지한다.

제1회 최종점검 모의고사

제2회 최종점검 모의고사

제3회 최종점검 모의고사

GSAT 삼성직무적성검사 추리

문항 수	제한시간	비고
30문항	30분	객관식 5지선다형

최신기출문제로 기출 유형과 출제 경향을 파악하고, 이론과 함께 다양한 문제를 풀었다면 이제는 실전과 같은 연습이 필요하다. 실제 시험과 동일하게 구성한 최종점검 모의고사는 3회분으로 시험시간을 엄수하며 풀면서 실전 감각을 끌어올려 보자.

PART 3

최종점검 모의고사

온라인 실전연습 서비스 ZSZ-00000-48793

제 1 회 최종점검 모의고사

정답 및 해설 p.040

※ 제시된 명제가 모두 참일 때, 빈칸에 들어갈 명제로 가장 적절한 것을 고르시오. **[1~3]**

01

전제1. 서로를 사랑하면 세계에 평화가 찾아온다.
전제2. ____________________
결론. 타인을 사랑하면 세계에 평화가 찾아온다.

① 서로를 사랑하지 않는다는 것은 타인을 사랑하지 않는다는 것이다.
② 세계가 평화롭지 않으면 서로를 싫어한다는 것이다.
③ 서로를 사랑하면 타인을 사랑하지 않게 된다.
④ 세계에 평화가 찾아오면 서로를 사랑하게 된다.
⑤ 세계에 평화가 찾아오면 서로를 미워하게 된다.

02

전제1. 삶의 목표가 분명한 사람은 편안한 삶을 산다.
전제2. 적극적인 사람은 삶의 목표가 분명하다.
결론. ____________________

① 적극적인 사람은 편안한 삶을 산다.
② 편안한 삶을 사는 사람은 적극적인 사람이다.
③ 삶의 목표가 분명한 사람은 적극적인 사람이다.
④ 적극적이지 않은 사람은 삶의 목표가 분명하지 않다.
⑤ 편안한 삶을 사는 사람은 적극적이지 않은 사람이다.

03

전제1. 병원에 가지 않았다면 사고가 나지 않은 것이다.
전제2. ______________________________
결론. 무단횡단을 하면 병원에 간다.

① 사고가 나지 않으면 무단횡단을 하지 않은 것이다.
② 병원에 가지 않았다면 무단횡단을 하지 않은 것이다.
③ 병원에 가면 사고가 나지 않은 것이다.
④ 병원에 가면 무단횡단을 한 것이다.
⑤ 사고가 나면 무단횡단을 하지 않은 것이다.

04 **기획팀은 새해 사업계획과 관련해 회의를 하고자 한다. 회의 참석자들에 대한 〈정보〉가 다음과 같을 때, 다음 중 회의에 참석할 사람으로 옳은 것은?**

〈정보〉

• 기획팀에는 A사원, B사원, C주임, D주임, E대리, F팀장이 있다.
• 새해 사업계획 관련 회의는 화요일 오전 10시부터 11시 반 사이에 열린다.
• C주임은 같은 주 월요일부터 수요일까지 대구로 출장을 간다.
• 담당 업무 관련 연락 유지를 위해 B사원과 D주임 중 한 명만 회의에 참석 가능하다.
• F팀장은 반드시 회의에 참석한다.
• 새해 사업계획 관련 회의에는 주임 이상만 참여 가능하다.
• 회의에는 가능한 모든 인원이 참석한다.

① A사원, C주임, E대리
② A사원, E대리, F팀장
③ B사원, C주임, F팀장
④ C주임, E대리, F팀장
⑤ D주임, E대리, F팀장

05 **하경이는 생일을 맞이하여 같은 반 친구들인 민지, 슬기, 경서, 성준, 민준을 생일 파티에 초대하였다. 하경이와 친구들이 함께 축하 파티를 하기 위해 간격이 일정한 원형 테이블에 다음과 같이 앉았을 때, 항상 참이 되는 것은?**

> • 하경이의 바로 옆 자리에는 성준이나 민준이가 앉지 않았다.
> • 슬기는 성준이 또는 경서의 바로 옆 자리에 앉았다.
> • 민지의 바로 왼쪽 자리에는 경서가 앉았다.
> • 슬기와 민준이 사이에 한 명이 앉아 있다.

① 하경이는 민준이와 서로 마주보고 앉아 있다.
② 민지는 민준이 바로 옆 자리에 앉아 있다.
③ 경서는 하경이 바로 옆 자리에 앉아 있다.
④ 민지는 슬기와 서로 마주보고 앉아 있다.
⑤ 경서와 성준이는 서로 마주보고 앉아 있다.

06 **1번부터 5번까지의 학생들이 다음 규칙에 맞추어 아래와 같이 배열되어 있는 번호의 의자에 앉아 있다. 다음 중 옳은 것은?**

> (가) 세 명의 학생이 자기의 번호와 일치하지 않는 번호의 의자에 앉아 있다.
> (나) 2명의 학생은 자기의 번호보다 작은 번호의 의자에 앉아 있다.
> (다) 홀수 번호의 학생들은 모두 홀수 번호의 의자에 앉아 있다.
>
> | 1 | 2 | 3 | 4 | 5 |
> |---|---|---|---|---|

① 1번 학생은 5번 의자에 앉아 있다.
② 2번 학생은 4번 의자에 앉아 있다.
③ 3번 학생은 3번 의자에 앉아 있다.
④ 4번 학생은 2번 의자에 앉아 있다.
⑤ 5번 학생은 1번 의자에 앉아 있다.

07 경찰관 또는 소방관이 직업인 네 사람 A, B, C, D에 대한 정보가 다음과 같을 때, 다음 중 항상 참인 것은?

(가) A, B, C, D는 모두 같은 직장 동료가 있다.
(나) A가 소방관이면 B가 소방관이거나 C가 경찰관이다.
(다) C가 경찰관이면 D는 소방관이다.
(라) D는 A의 상관이다.

① A, B의 직업은 다르다.
② A, C의 직업은 다르다.
③ B, C의 직업은 같다.
④ C, D의 직업은 같다.
⑤ B, D의 직업은 다르다.

08 고용노동부와 산업인력공단이 주관한 서울관광채용박람회의 해외채용관에는 8개의 부스가 마련되어 있다. A호텔, B호텔, C항공사, D항공사, E여행사, F여행사, G면세점, H면세점이 〈조건〉에 따라 8개의 부스에 각각 위치하고 있을 때, 다음 중 항상 참이 되는 것은?

조건

- 같은 종류의 업체는 같은 라인에 위치할 수 없다.
- A호텔과 B호텔은 복도를 사이에 두고 마주 보고 있다.
- G면세점과 H면세점은 복도를 기준으로 양 끝에 위치하고 있다.
- E여행사 반대편에 위치한 H면세점은 F여행사와 나란히 위치하고 있다.
- C항공사는 제일 앞번호의 부스에 위치하고 있다.

[부스 위치]

1	2	3	4
복도			
5	6	7	8

① A호텔은 면세점 옆에 위치하고 있다.
② B호텔은 여행사 옆에 위치하고 있다.
③ C항공사는 여행사 옆에 위치하고 있다.
④ D항공사는 E여행사와 나란히 위치하고 있다.
⑤ G면세점은 B호텔과 나란히 위치하고 있다.

09 S사 직원들은 사무실 자리 배치를 바꾸기로 했다. 아래의 〈조건〉에 따라 자리를 바꿨을 때 항상 거짓인 것은?

조건

- 같은 직급은 옆자리로 배정하지 않는다.
- 사원 옆자리와 앞자리는 비어있을 수 없다.
- 지점장은 동쪽을 바라보며 앉고 지점장의 앞자리에는 상무 또는 부장이 앉는다.
- 지점장을 제외한 직원들은 마주보고 앉는다.
- S사 직원은 지점장, 사원 2명(김 사원, 이 사원), 대리 2명(성 대리, 한 대리), 상무 1명(이상무), 부장 1명(최 부장), 과장 2명(김 과장, 박 과장)이다.

〈사무실 자리 배치표〉

지점장	A	B	성 대리	C	D
	E	김 사원	F	이 사원	G

① 지점장 앞자리에 빈자리가 있다.
② A와 D는 빈자리다.
③ F와 G에 김 과장과 박 과장이 앉는다.
④ C에 최 부장이 앉으면 E에는 이상무가 앉는다.
⑤ B와 C에 이상무와 박 과장이 앉으면 F에는 한대리가 앉을 수 있다.

10 해외협력과 A사원, B주임, C대리, D대리, E과장 5명은 해외사업추진을 위해 독일로 출장을 가게 되었다. 이들이 다음 조건에 따라 항공기 좌석에 앉는다고 할 때, 다음 중 반드시 옳은 설명은?

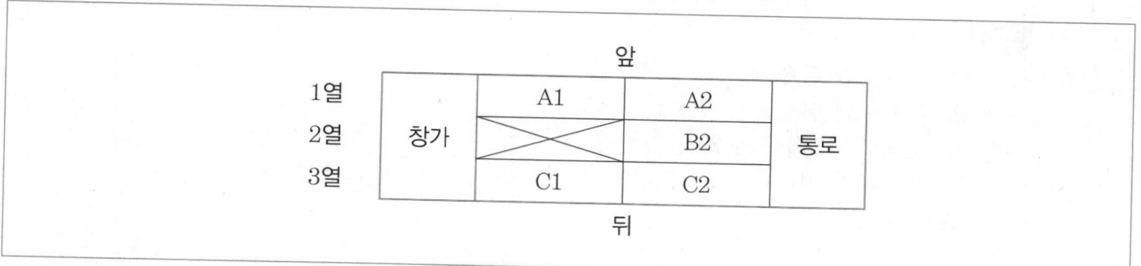

조건

- B1 좌석은 이미 예약되어 있어 해외협력과 직원들이 앉을 수 없다.
- E과장은 통로 쪽에 앉는다.
- A사원과 B주임은 이웃하여 앉을 수 없다.
- 2열에는 대리가 앉는다.
- 이웃하여 앉는다는 것은 앞뒤 혹은 좌우로 인접하여 앉는 것을 의미한다.

① A사원은 항상 창가 쪽에 앉는다.
② E과장이 A2에 앉으면 B주임은 C2에 앉는다.
③ C대리가 3열에 앉으면 D대리는 2열에 앉는다.
④ B주임이 C1에 앉으면 C대리는 B2에 앉는다.
⑤ 대리끼리는 이웃하여 앉을 수 없다.

11 6층 건물에 A～F의 회사가 있다. C가 4층에 있을 때, 다음 중 항상 옳은 것은?

- 한 층에 한 개 회사만이 입주할 수 있다.
- A와 D는 5층 차이가 난다.
- D와 E는 인접할 수 없다.
- B는 C보다 아래층에 있다.
- A는 B보다 아래층에 있다.

① B는 3층이다.
② F는 6층이다.
③ D는 5층이다.
④ F는 5층이다.
⑤ E는 2층이다.

12 점심식사를 하기 위해 구내식당 배식대 앞에 A, B, C, D, E, F가 한 줄로 줄을 서 있는데, 순서가 다음 〈조건〉과 같다. 다음 중 항상 옳은 것은?

조건

- A는 맨 앞 또는 맨 뒤에 서 있다.
- B는 맨 앞 또는 맨 뒤에 서지 않는다.
- D와 F는 앞뒤로 인접해서 서 있다.
- B와 C는 한 사람을 사이에 두고 서 있다.
- D는 B보다 앞쪽에 서 있다.

① A가 맨 뒤에 서 있다면 맨 앞에는 D가 서 있다.
② A가 맨 앞에 서 있다면 E는 다섯 번째에 서 있다.
③ F와 B는 앞뒤로 서 있지 않다.
④ C는 맨 뒤에 서지 않는다.
⑤ B는 C보다 앞에 서 있다.

13 대외협력처 A과장, B대리, C대리, D주임, E주임, F주임, G사원 7명은 항공편을 이용해 멕시코로 출장을 가게 되었다. 대외협력처 직원들이 다음 〈조건〉에 따라 항공기의 1열 A석부터 3열 C석까지의 좌석에 앉는다고 할 때, 다음 설명 중 반드시 참인 것은?

구분	A석	B석	C석
1열			
2열	╳		C대리
3열			╳

앞 ↕ 뒤

좌 ↔ 우

조건

- C대리는 2열 C석에 앉는다.
- 2열 A석과 3열 C석은 다른 승객이 이미 앉은 좌석이므로 대외협력처 직원이 앉을 수 없다.
- A과장은 3열에 앉는다.
- G사원은 C대리보다 앞쪽에 앉는다.
- E주임은 이동 중 보고할 사항이 있으므로 B대리의 옆 좌석에 앉아야 한다.
- 대리끼리는 이웃해 앉을 수 없다.
- 이웃해 앉는다는 것은 앞뒤 혹은 좌우로 붙어 앉는 것을 의미한다.

① B대리가 1열 B석에 앉는다면 E주임은 1열 C석에 앉는다.
② A과장이 3열 A석에 앉는다면 F주임은 3열 B석에 앉는다.
③ G사원과 F주임은 이웃해 앉는다.
④ D주임은 F주임과 이웃해 앉을 수 없다.
⑤ E주임이 1열 A석에 앉는다면 G사원은 1열 C석에 앉는다.

14 다음 A～E 다섯 사람 중 두 사람만 진실을 말하고 있다. 다음 중 진실을 말하는 두 사람은 누구인가?

> A : B는 거짓말을 하지 않아.
> B : C의 말은 거짓이야.
> C : D의 말은 진실이야.
> D : C는 진실을 말하고 있어.
> E : D는 거짓말을 하지 않아.

① A, B
② A, C
③ B, D
④ C, E
⑤ D, E

15 S사의 기획팀에서 근무하고 있는 직원 A～D는 서로의 프로젝트 참여 여부에 관하여 다음과 같이 진술하였고, 이들 중 단 1명만이 진실을 말하였다. 이들 가운데 반드시 프로젝트에 참여하는 사람은 누구인가?(단, 진실을 말하는 사람은 진실만을 말하며, 거짓을 말하는 사람은 거짓만을 말한다)

> A : 나는 프로젝트에 참여하고, B는 프로젝트에 참여하지 않는다.
> B : A와 C 중 적어도 한 명은 프로젝트에 참여한다.
> C : 나와 B 중 적어도 한 명은 프로젝트에 참여하지 않는다.
> D : B와 C 중 한 명이라도 프로젝트에 참여한다면, 나도 프로젝트에 참여한다.

① A
② B
③ C
④ D
⑤ 없음

16 다음 제시된 단어의 대응관계가 동일하도록 빈칸에 들어갈 가장 적절한 단어를 고르면?

> 마뜩하다 : 마땅하다 = 성마르다 : (　　)

① 시끄럽다
② 메마르다
③ 너그럽다
④ 조급하다
⑤ 완만하다

17 다음 단어의 대응관계가 나머지와 다른 하나를 고르면?

① 기량 – 재능
② 낙관 – 비관
③ 호조 – 순조
④ 지능 – 두뇌
⑤ 통보 – 연락

※ 다음 제시된 도형의 규칙을 보고 ?에 들어갈 알맞은 것을 고르시오. **[18~20]**

18

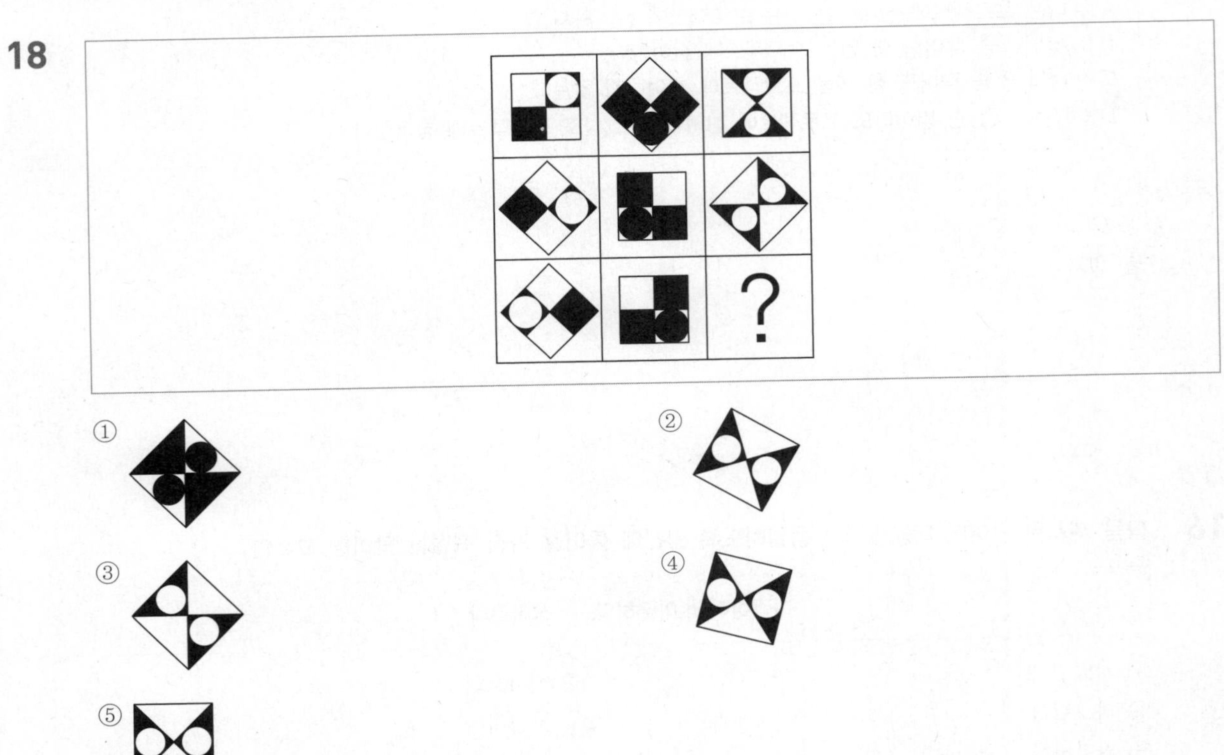

19

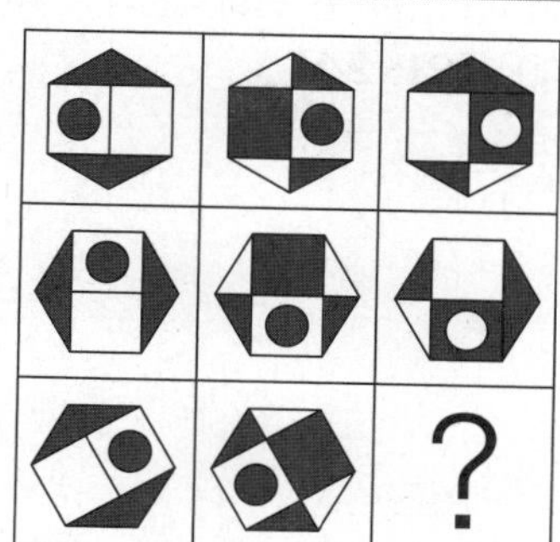

① 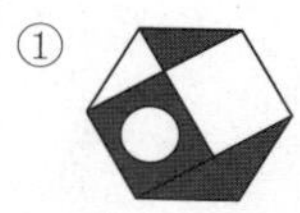

② 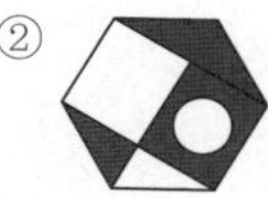

③ 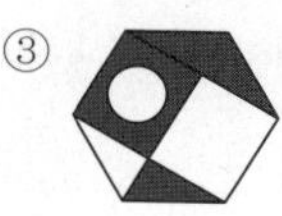

④ 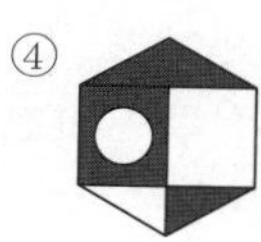

⑤ 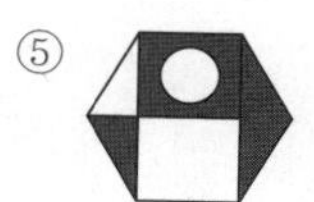

20

① 

② 

③ 

④ 

⑤ 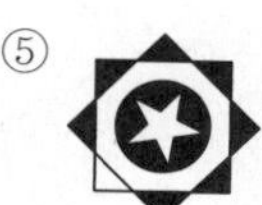

※ 다음 도식에서 기호들은 일정한 규칙에 따라 문자를 변화시킨다. ?에 들어갈 알맞은 문자를 고르시오(단, 규칙은 가로와 세로 중 한 방향으로만 적용된다). [21~24]

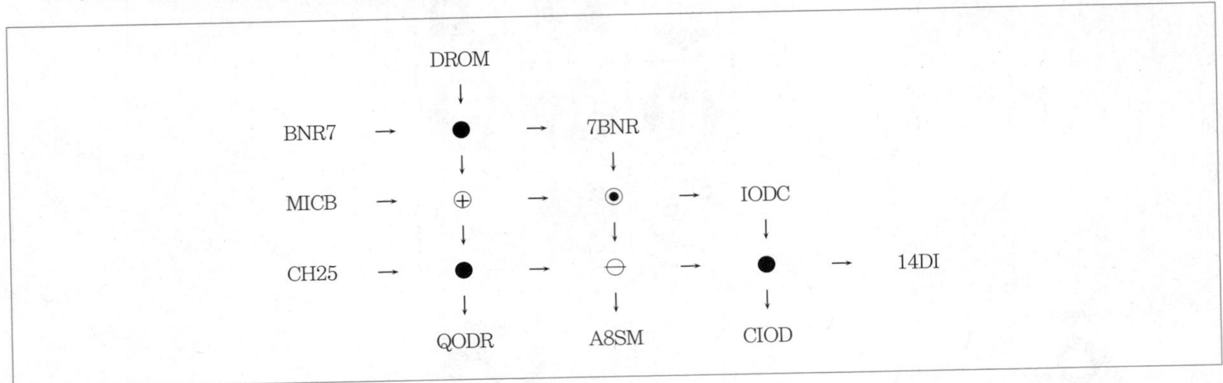

21

BUS8 → ◉ → ⊕ → ?

① WB8U
② BUW8
③ UB8S
④ BUS8
⑤ SUB8

22

IU93 → ◉ → ● → ⊖ → ?

① 8J2V
② 8VJ2
③ 9UI3
④ 39UI
⑤ UI39

23

? → ⊖ → ◉ → XMAS

① MSAX
② MXSA
③ NBRW
④ NWRB
⑤ WRBW

24

? → ⊕ → ⊖ → PINK

① OHJM
② OHMJ
③ QHML
④ QMHL
⑤ MHQL

※ 다음 글의 내용이 참일 때 항상 거짓인 것을 고르시오. [25~26]

25

스마트팩토리는 인공지능(AI), 사물인터넷(IoT) 등 다양한 기술이 융합된 자율화 공장으로, 제품 설계와 제조, 유통, 물류 등의 산업 현장에서 생산성 향상에 초점을 맞췄다. 이곳에서는 기계, 로봇, 부품 등의 상호 간 정보 교환을 통해 제조 활동을 하고, 모든 공정 이력이 기록되며, 빅데이터 분석으로 사고나 불량을 예측할 수 있다.
스마트팩토리에서는 컨베이어 생산 활동으로 대표되는 산업 현장의 모듈형 생산이 컨베이어를 대체하고 IoT가 신경망 역할을 한다. 센서와 기기 간 다양한 데이터를 수집하고, 이를 서버에 전송하면 서버는 데이터를 분석해 결과를 도출한다. 서버는 AI 기계학습 기술이 적용돼 빅데이터를 분석하고 생산성 향상을 위한 최적의 방법을 제시한다.
스마트팩토리의 대표 사례로는 고도화된 시뮬레이션 '디지털 트윈'을 들 수 있다. 이는 데이터를 기반으로 가상공간에서 미리 시뮬레이션하는 기술이다. 시뮬레이션을 위해 빅데이터를 수집하고 분석과 예측을 위한 통신・분석 기술에 가상현실(VR), 증강현실(AR)과 같은 기술을 얹는다. 이를 통해 산업 현장에서 작업 프로세스를 미리 시뮬레이션하고, VR・AR로 검증함으로써 실제 시행에 따른 손실을 줄이고, 작업 효율성을 높일 수 있다.
한편 '에지 컴퓨팅'도 스마트팩토리의 주요 기술 중 하나이다. 에지 컴퓨팅은 산업 현장에서 발생하는 방대한 데이터를 클라우드로 한 번에 전송하지 않고, 에지에서 사전 처리한 후 데이터를 선별해서 전송한다. 서버와 에지가 연동해 데이터 분석 및 실시간 제어를 수행하여 산업 현장에서 생산되는 데이터가 기하급수로 늘어도 서버에 부하를 주지 않는다. 현재 클라우드 컴퓨팅이 중앙 데이터 센터와 직접 소통하는 방식이라면 에지 컴퓨팅은 기기 가까이에 위치한 일명 '에지 데이터 센터'와 소통하며, 저장을 중앙 클라우드에 맡기는 형식이다. 이를 통해 데이터 처리 지연 시간을 줄이고 즉각적인 현장 대처를 가능하게 한다.

① 스마트팩토리에서는 제품 생산 과정에서 발생할 수 있는 사고를 미리 예측할 수 있다.
② 스마트팩토리에서는 AI 기계학습 기술을 통해 생산성을 향상시킬 수 있다.
③ 스마트팩토리에서는 작업을 시행하기 전에 앞서 가상의 작업을 시행해볼 수 있다.
④ 스마트팩토리에서는 발생 데이터를 중앙 데이터 센터로 직접 전송함으로써 데이터 처리 지연 시간을 줄일 수 있다.
⑤ 스마트팩토리에서는 IoT를 통해 연결된 기계, 로봇 등이 상호 간 정보를 교환할 수 있다.

26

녹차와 홍차는 모두 카멜리아 시넨시스(Camellia Sinensis)라는 식물에서 나오는 찻잎으로 만든다. 공정과정에 따라 녹차와 홍차로 나눠지며, 재배지 품종에 따라서도 종류가 달라진다. 이처럼 같은 잎에서 만든 차일지라도 녹차와 홍차가 가지고 있는 특성에는 차이가 있다.
녹차와 홍차는 발효방법에 따라 구분된다. 녹차는 발효과정을 거치지 않은 것이며, 반쯤 발효시킨 것은 우롱차, 완전히 발효시킨 것은 홍차가 된다. 녹차는 찻잎을 따서 바로 솥에 넣거나 증기로 쪄서 만드는 반면, 홍차는 찻잎을 먼저 햇볕이나 그늘에서 시들게 한 후 천천히 발효시켜 만든다. 녹차가 녹색을 유지하는 반면에 홍차가 붉은색을 띠는 것은 녹차와 달리 높은 발효과정을 거치기 때문이다.
이러한 녹차와 홍차에는 긴장감을 풀어주고 마음을 진정시키는 L-테아닌(L-theanine)이라는 아미노산이 들어 있는데, 이는 커피에 들어 있지 않은 성분으로 진정효과와 더불어 가슴 두근거림 등의 카페인(Caffeine) 각성 증상을 완화하는 역할을 한다. 또한 항산화 효과가 강력한 폴리페놀(Polyphenol)이 들어 있어 심장 질환 위험을 줄일 수 있다는 장점도 있다. 한 연구에 따르면, 녹차는 콜레스테롤 수치를 낮춰 심장병과 뇌졸중으로 사망할 위험을 줄이는 것으로 나타났다. 홍차 역시 연구 결과, 하루 두 잔 이상 마실 경우 심장발작 위험을 44% 정도 낮추는 효과를 보였다.
한편, 홍차와 녹차 모두에 폴리페놀 성분이 들어 있지만 그 종류는 다르다. 녹차는 카테킨(Catechins)이 많이 들어 있는 것으로 유명하지만 홍차는 발효과정에서 카테킨의 함량이 어느 정도 감소된다. 이 카테킨에는 EGCG(Epigallocatechin-3-gallate)가 많이 들어 있어 혈중 콜레스테롤 수치를 낮춰 동맥경화 예방을 돕고, 신진대사의 활성화와 지방 배출에 효과적이다.
홍차는 발효과정에서 생성된 테아플라빈(Theaflavins)을 가지고 있는데, 이 역시 혈관 기능을 개선하며, 혈당 수치를 감소시키는 것으로 알려져 있다. 연구에 따르면 홍차에 든 테아플라빈 성분이 인슐린과 유사작용을 보여 당뇨병을 예방하는 효과를 보이는 것으로 나타났다.
만약 카페인에 민감한 경우라면 홍차보다 녹차를 선택하는 것이 좋다. 카페인의 각성효과를 완화시켜주는 L-테아닌이 녹차에 더 많기 때문이다. 녹차에도 카페인이 들어 있지만, 커피와 달리 심신의 안정 효과와 스트레스 해소에 도움을 줄 수 있는 것은 이 때문이다. 또한 녹차의 떫은맛을 내는 카테킨 성분은 카페인을 해독하고 흡수량을 억제하기 때문에 실제 카페인의 섭취량보다 흡수되는 양이 적다.

① 카멜리아 시넨신스의 잎을 천천히 발효시키면 붉은 색을 띠겠구나.
② 녹차를 마셨을 때 가슴이 두근거리는 현상이 커피를 마셨을 때보다 적게 나타나는 이유는 L-테아닌때문이야.
③ 녹차와 홍차에 들어 있는 폴리페놀이 심장 질환 위험을 줄이는 데 도움을 줘.
④ 녹차에 들어 있는 테아플라빈이 혈중 콜레스테롤 수치를 낮추는 역할을 하는구나.
⑤ 녹차가 떫은맛이 나는 이유는 카테킨이 들어 있기 때문이야.

※ 다음 글에 대한 반론으로 가장 적절한 것을 고르시오. [27~28]

27

> 보통의 질병은 병균이나 바이러스를 통해 감염되며, 병에 걸리는 원인으로는 개인적 요인의 영향이 가장 크다. 어떤 사람이 바이러스에 노출되었다면 그 사람이 평소에 위생 관리를 철저히 하지 않았기 때문이다. 또한 꾸준히 건강을 관리하지 않은 사람은 더 쉽게 병균에 노출될 것이다.

① 규칙적인 식사와 운동을 통해 건강을 관리하는 사람들의 발병률은 그렇지 않은 사람들에 비해 상대적으로 낮다.
② 병균이나 바이러스의 감염 경로를 자세하게 추적함으로써 질병의 감염원을 명확하게 파악할 수 있다.
③ 바이러스에 노출되지 않기 위해서는 사람이 많은 곳을 피하고, 개인위생을 철저히 해야 한다.
④ 발병한 사람들 전체를 고려하면 성별, 계층, 직업 등의 요인에 따라 질병 종류나 심각성이 다르게 나타난다.
⑤ 불특정 다수에게 발병할 수 있는 감염병은 개인적 차원에서 벗어나 사회적 차원에서 국가가 관리하여야 한다.

28

> 대리모는 허용되어서는 안 된다. 최근의 자료에 의하면 대리모는 대부분 금전적인 대가가 지불되는 상업적인 대리모의 형태로 이루어지고 있다고 한다. 아이를 출산해 주는 대가로 대리모에게 금전을 지불하는 것은 아이를 상품화하는 것이다. 칸트가 말했듯이, 인간은 수단이 아니라 목적으로 대하여야 한다. 대리모는 결국 아이를 목적이 아닌 수단으로 취급하고 있다는 점에서 인간의 존엄과 가치를 침해한다.

① 최근 조사에 따르면 우리나라의 불임부부는 약 100만 쌍으로 불임 여성은 지속적으로 증가하고 있다.
② 경제적 취약 계층이 된 여성들은 대리모를 통해 빈곤을 해결할 수 있다.
③ 대리모의 건강에 문제가 생길 경우 대리모를 보호할 제도적 장치가 부족하다.
④ 대리모를 통해 출생하는 아이의 인권은 법적인 제도로써 보호되어야 한다.
⑤ 대리모는 아이가 아닌 임신·출산 서비스를 매매의 대상으로 삼고 있으므로 아이의 존엄과 가치를 떨어뜨리지 않는다.

29 다음 지문을 토대로 〈보기〉를 해석한 것으로 옳은 것은?

들뢰즈는 대상이 다른 대상들과 관계 맺으며 펼쳐지는 무수한 차이를 긍정하며 세계를 생성의 원리로 설명하고자 하였다. 들뢰즈가 말하는 '차이'란 두 대상을 정태적으로 비교해서 나오는 어떤 것이 아니라, 두 대상이 만나고 섞임으로써 '생성'되는 것이다. 들뢰즈는 대상과 대상이 연결되어 서로를 변화시키는 생성의 과정을 주름 개념으로 설명한다. 새로 산 옷을 입으면, 이 옷은 얼마 지나지 않아 많은 주름이 생긴다. 이 주름은 옷 자체 혹은 외부로부터 받은 힘에 의해 만들어진다. 결국 주름은 대상 자체의 내재적 원인에 의해 혹은 차이를 지닌 대상과의 관계 속에서 끊임없이 생성되는 '흔적'이라 할 수 있다.

들뢰즈가 제안한 '주름' 개념은 현대 건축가들에게 영향을 미쳤으며, 특히 현대 랜드스케이프 건축에 많은 영감을 주었다. 랜드스케이프 건축가들은 대지와 건물, 건물과 건물, 건물의 내부와 외부를 각각의 고정된 의미로 분리하여 바라보려는 전통적인 이분법적 관점을 거부하고 이들을 하나의 주름 잡힌 표면, 즉 서로 관계 맺으며 접고 펼쳐지는 반복적 과정 속에서 생성된 하나의 통합된 공간으로 보고자 하였다. 그동안 건축에서는 대지와 건물이 인간에 의해 그 역할이 일방적으로 규정되는 수동적 존재로 파악되었었는데, 현대 건축에서는 대지와 건물 자체가 새로운 의미를 생성하는 능동적인 존재로 작동한다.

랜드스케이프 건축에서 나타나는 연속된 표면은 대지와 건물의 벽, 천장을 하나의 흐름으로 생성하면서 대지와 건물이 구분되지 않고 하나로 연결되어 통합되기도 하고, 건물 자체가 대지를 완전히 덮어서 대지와 건물이 통합되기도 한다. 그리고 연속된 표면은 주름처럼 접히고 펼쳐지면서 공간을 만들어 내는데, 이러한 공간은 그 성격이 고정되지 않고 우연적인 상황 혹은 주변의 여러 가지 요인의 전개로 인해 재구성될 수 있는 잠재적인 특징을 지니게 된다. 그리고 이러한 공간의 흐름은 연속적으로 구성되어 있어 건물의 안과 밖이 자연스럽게 연결되기 때문에 건물의 내부와 외부의 구분이 모호해지게 된다. 이를 통해 건물 내부에서 외부를 바라보는 시선과 외부에서 내부를 바라보는 응시를 동시에 담아낼 수 있게 되는 것이다.

보기

동대문디자인플라자(DDP)는 랜드스케이프 건축의 특성이 잘 드러나 있는 건물로, 건물 표면은 주름진 곡선이 연속적으로 이어지고 있는데, 하늘에서 내려다 보면 건물 전체가 대지를 덮고 있는 형상을 띠고 있다. 주름진 곡선에 의해 만들어진 내부의 공간들은 디자인 전시관으로 활용되기도 하지만, 경우에 따라 패션 행사나 다양한 체험 마당 등 다양한 용도로 활용된다. 특히 DDP는 기존에 있던 지하철역이 건물의 지하 광장과 건물의 입구로 이어지도록 만들어졌으며, DDP 외부의 공원과 건물 간의 경계가 없어 공원을 걷다 보면 자연스럽게 건물의 내부로 이어진다.

① 건물 전체가 대지를 덮고 있는 DDP의 형상을 통해 건물 자체가 대지의 의미를 규정하고 있음을 표현하였군.
② 전시관이라는 고정된 성격을 띠고 있는 DDP의 내부 공간은 비슷한 유형의 용도 내에서 활용될 수 있겠군.
③ DDP 건물 표면의 주름진 곡선을 통해 건물의 내부와 외부가 서로 관계를 맺고 있음을 표현하고자 했군.
④ DDP는 지하철역과 연결되어 고객의 편의성을 향상시켰다는 점에서 랜드스케이프 건축의 특성이 잘 드러나는군.
⑤ DDP 외부의 공원에서는 건물 내부를 바라볼 수 있지만, 건물 내부에서는 공원을 바라볼 수 없겠군.

30 다음 지문을 토대로 〈보기〉를 해석한 것으로 옳지 않은 것은?

> 자기 조절은 목표 달성을 위해 자신의 사고, 감정, 욕구, 행동 등을 바꾸려는 시도인데, 목표를 달성한 경우는 자기 조절의 성공을, 반대의 경우는 자기 조절의 실패를 의미한다. 이에 대한 대표적인 이론으로는 앨버트 밴두라의 '사회 인지 이론'과 로이 바우마이스터의 '자기 통제 힘 이론'이 있다.
>
> 밴두라의 사회 인지 이론에서는 인간이 자기 조절 능력을 선천적으로 가지고 있다고 본다. 이런 특징을 가진 인간은 가치 있는 것을 획득하기 위해 행동하거나 두려워하는 것을 피하기 위해 행동한다. 밴두라에 따르면, 자기 조절은 세 가지의 하위 기능인 자기 검열, 자기 판단, 자기 반응의 과정을 통해 작동한다. 자기 검열은 자기 조절의 첫 단계로, 선입견이나 감정을 배제하고 자신이 지향하는 목표와 관련하여 자신이 놓여 있는 상황과 현재 자신의 행동을 감독, 관찰하는 것을 말한다. 자기 판단은 목표 성취와 관련된 개인의 내적 기준인 개인적 표준, 현재 자신이 처한 상황, 그리고 자신이 하게 될 행동 이후 느끼게 될 정서 등을 고려하여 자신이 하고자 하는 행동을 결정하는 것을 말한다. 그리고 자기 반응은 자신이 한 행동 이후에 자신에게 부여하는 정서적 현상을 의미하는데, 자신이 지향하는 목표와 관련된 개인적 표준에 부합하는 행동은 만족감이나 긍지라는 자기 반응을 만들어 내고 그렇지 않은 행동은 죄책감이나 수치심이라는 자기 반응을 만들어 낸다.
>
> 한편 바우마이스터의 자기 통제 힘 이론은, 사회 인지 이론의 기본적인 틀을 유지하면서 인간의 심리적 현상에 대해 자연과학적 근거를 찾으려는 경향이 대두되면서 등장하였다. 이 이론에서 말하는 자기 조절은 개인의 목표 성취와 관련된 개인적 표준, 자신의 행동을 관찰하는 모니터링, 개인적 표준에 도달할 수 있게 하는 동기, 자기 조절에 들이는 에너지로 구성된다. 바우마이스터는 그중 에너지의 양이 목표 성취의 여부에 결정적인 영향을 준다고 보기 때문에 자기 조절에서 특히 에너지의 양적인 측면을 중시한다. 바우마이스터에 따르면, 다양한 자기 조절 과업에서 개인은 자신이 가지고 있는 에너지를 사용하는데 그 양은 제한되어 있어서 지속적으로 자기 조절에 성공하기 위해서는 에너지를 효율적으로 사용해야 한다. 그런데 에너지를 많이 사용한다 하더라도 에너지가 완전히 고갈되는 상황은 벌어지지 않는다. 그 이유는 인간이 긴박한 욕구나 예외적인 상황을 대비하여 에너지의 일부를 남겨 두기 때문이다.

보기

> L씨는 건강관리를 자기 삶의 가장 중요한 목표로 삼았다. 우선 그녀는 퇴근하는 시간이 규칙적인 자신의 근무 환경을, 그리고 과식을 하고 운동을 하지 않는 자신을 관찰하였다. 그래서 퇴근 후의 시간을 활용하여 일주일에 3번 필라테스를 하고, 균형 잡힌 식단에 따라 식사를 하겠다고 다짐하였다. 한 달 후 L씨는 다짐한 대로 운동을 해서 만족감을 느꼈다. 그러나 균형 잡힌 식단에 따라 식사를 하지는 못했다.

① 밴두라에 따르면 L씨는 선천적인 자기 조절 능력을 통한 자기 검열, 자기 판단, 자기 반응의 자기 조절 과정을 거쳤다.

② 밴두라에 따르면 L씨는 식단 조절에 실패함으로써 죄책감이나 수치심을 느꼈을 것이다.

③ 밴두라에 따르면 L씨는 건강관리를 가치 있는 것으로 생각하고 이를 획득하기 위해 운동을 시작하였다.

④ 바우마이스터에 따르면 L씨는 건강관리라는 개인적 표준에 도달하기 위해 자신의 근무환경과 행동을 모니터링하였다.

⑤ 바우마이스터에 따르면 L씨는 운동하는 데 모든 에너지를 사용하여 에너지가 고갈됨으로써 식단 조절에 실패하였다.

온라인 실전연습 서비스 ZKI-00000-C5BDE

제2회 최종점검 모의고사

정답 및 해설 p.045

※ 제시된 명제가 모두 참일 때, 빈칸에 들어갈 명제로 가장 적절한 것을 고르시오. [1~3]

01

전제1. 노트북을 구매한 사람은 모두 흰색 마우스를 구매했다.
전제2. ____________________
결론. 노트북을 구매한 사람은 모두 키보드를 구매했다.

① 노트북을 구매한 사람은 흰색 마우스를 구매하지 않았다.
② 키보드를 구매하지 않은 사람은 흰색 마우스도 구매하지 않았다.
③ 키보드를 구매하지 않은 사람은 흰색 마우스는 구매했다.
④ 키보드를 구매한 사람은 흰색 마우스도 구매했다.
⑤ 노트북을 구매한 사람은 마우스도 구매했다.

02

전제1. 도로가 얼면 사고가 잘 난다.
전제2. ____________________
결론. 사고가 잘 나지 않으면 도로 정비가 되어 있는 것이다.

① 사고가 나면 도로 정비가 안 되어 있는 것이다.
② 도로가 얼면 도로 정비가 잘 되어 있는 것이다.
③ 사고가 잘 나지 않으면 도로가 얼지 않은 것이다.
④ 도로 정비를 하지 않으면 도로가 언다.
⑤ 도로가 얼지 않으면 사고가 잘 나지 않는다.

03

> 전제1. 경찰에 잡히지 않은 사람은 모두 도둑질을 하지 않은 것이다.
> 전제2. ______________________________
> 결론. 감옥에 가지 않은 사람은 모두 도둑질을 하지 않은 것이다.

① 도둑질을 한 사람은 모두 감옥에 가지 않는다.
② 감옥에 간 사람은 모두 도둑질을 한 것이다.
③ 도둑질을 한 사람은 모두 경찰에 잡힌다.
④ 경찰에 잡힌 사람은 모두 감옥에 간다.
⑤ 경찰은 도둑질을 하지 않는다.

PART 3 최종점검 모의고사

04 **S사 사원 A, B, C, D는 올해 중국, 일본, 프랑스, 독일 지역 중 각기 다른 지역 한 곳에 해외 파견을 떠나게 되었다. 이들은 영어, 중국어, 일본어, 프랑스어, 독일어 중 1개 이상의 외국어를 능통하게 할 줄 안다. 제시된 〈조건〉을 따를 때, 다음 중 항상 참인 것은?**

조건

- 일본, 독일, 프랑스 지역에 해외 파견을 떠나는 사원은 해당 국가의 언어를 능통하게 한다.
- 중국, 프랑스 지역에 해외 파견을 떠나는 사원은 영어도 능통하게 한다.
- 일본어, 프랑스어, 독일어를 능통하게 하는 사원은 각각 1명이다.
- 사원 4명 중 영어가 능통한 사원은 3명이며, 중국어가 능통한 사원은 2명이다.
- A는 영어와 독일어를 능통하게 한다.
- C가 능통하게 할 수 있는 외국어는 중국어와 일본어뿐이다.
- B가 능통하게 할 수 있는 외국어 중 한 개는 C와 겹친다.

① A는 세 개의 외국어를 능통하게 할 수 있다.
② B는 두 개의 외국어를 능통하게 할 수 있다.
③ C는 중국에 파견 근무를 떠난다.
④ D는 어느 국가로 파견 근무를 떠나는지 알 수 없다.
⑤ A와 C가 능통하게 할 수 있는 외국어 중 한 개는 동일하다.

05 K대학은 광수, 소민, 지은, 진구 중에서 국비 장학생을 선발할 예정이다. 이때, 적어도 광수는 장학생으로 선정될 것이다. 왜냐하면 진구가 선정되지 않으면 광수가 선정되기 때문이다. 다음 〈보기〉에서 이와 같은 가정이 성립하기 위해 추가되어야 하는 전제로 옳은 것을 모두 고른 것은?

보기

ㄱ. 소민이가 선정된다.
ㄴ. 지은이가 선정되면 진구는 선정되지 않는다.
ㄷ. 지은이가 선정된다.
ㄹ. 지은이가 선정되면 소민이가 선정된다.

① ㄱ, ㄴ
② ㄱ, ㄹ
③ ㄴ, ㄷ
④ ㄴ, ㄹ
⑤ ㄷ, ㄹ

06 S사는 조직을 개편함에 따라 기획 1 ~ 8팀의 사무실 위치를 변경하려 한다. 다음 〈조건〉에 따라 변경한다고 할 때, 변경된 사무실 위치에 대한 설명으로 옳은 것은?

창고	입구	계단
1호실	복도	5호실
2호실		6호실
3호실		7호실
4호실		8호실

조건

- 외근이 잦은 1팀과 7팀은 입구와 가장 가깝게 위치한다(단, 입구에서 가장 가까운 쪽은 1호실과 5호실 두 곳이다).
- 2팀과 5팀은 업무 특성상 복도를 끼지 않고 같은 라인에 인접해 나란히 위치한다.
- 3팀은 팀명과 동일한 호실에 위치한다.
- 8팀은 입구에서 가장 먼 쪽에 위치하며, 복도 맞은편에는 2팀이 위치한다(단, 입구에서 가장 먼 쪽은 4호실과 8호실 두 곳이다).
- 4팀은 1팀과 5팀 사이에 위치한다.

① 기획 1팀의 사무실은 창고 뒤에 위치한다.
② 기획 2팀은 입구와 멀리 떨어진 4호실에 위치한다.
③ 기획 3팀은 기획 5팀과 앞뒤로 나란히 위치한다.
④ 기획 4팀과 기획 6팀은 복도를 사이에 두고 마주한다.
⑤ 기획 7팀과 기획 8팀은 계단 쪽의 라인에 위치한다.

07 **S사에 근무 중인 직원 A, B, C, D, E가 〈조건〉에 따라 이번 주 평일에 당직을 선다고 할 때, 다음 중 반드시 참이 되는 것은?**

조건

- A ~ E는 평일 주 1회 이상 3회 미만의 당직을 서야 한다.
- B와 D의 당직일은 겹치지 않는다.
- B와 D의 경우 하루는 혼자 당직을 서고, 다른 하루는 A와 함께 당직을 선다.
- B와 D는 이틀 연속으로 당직을 선다.
- A는 월요일과 금요일에 당직을 선다.
- C는 혼자 당직을 선다.
- E는 이번 주에 한 번 당직을 섰고, 그 날은 최대 인원수가 근무했다.

① B는 월요일에 당직을 섰다.
② B는 금요일에 당직을 섰다.
③ C는 수요일에 당직을 섰다.
④ D는 금요일에 당직을 섰다.
⑤ E는 금요일에 당직을 섰다.

08 **A씨는 최근 '빅데이터'에 관심이 생겨 관련 도서를 빌리기 위해 도서관에 갔다. 다음 〈조건〉을 참조했을 때 빌리고자 하는 도서가 있는 곳은?**

조건

- 도서관에는 어린이 문헌 정보실, 가족 문헌 정보실, 제1문헌 정보실, 제2문헌 정보실, 보존서고실, 일반 열람실이 있다.
- 1층은 어린이 문헌 정보실과 가족 문헌 정보실이다.
- 제1문헌 정보실은 하나의 층을 모두 사용한다.
- 제2문헌 정보실은 엘리베이터로 이동할 수 없다.
- 5층은 보존서고실로 직원들만 이용이 가능하다.
- 제1문헌 정보실에는 인문, 철학, 역사 등의 도서가 비치되어 있다.
- 제2문헌 정보실에는 정보통신, 웹, 네트워크 등의 도서가 비치되어 있다.
- 3층은 2층과 연결된 계단을 통해서만 이동할 수 있으며, 나머지 층은 엘리베이터로 이동할 수 있다.
- 일반 열람실은 보존서고실 바로 아래층에 있다.

① 1층
② 2층
③ 3층
④ 4층
⑤ 5층

09 S사에 근무 중인 A ~ D는 이번 인사발령을 통해 용인, 인천, 안양, 과천의 4개 지점에서 각각 근무하게 되었다. 다음 〈조건〉을 참고할 때, 반드시 참인 것은?

조건

- 이미 근무했던 지점에서는 다시 근무할 수 없다.
- A와 B는 용인 지점에서 근무한 적이 있다.
- C와 D는 인천 지점에서 근무한 적이 있다.
- A는 이번 인사발령을 통해 과천 지점에서 근무하게 되었다.

① A는 안양 지점에서 근무한 적이 있다.
② B는 과천 지점에서 근무한 적이 있다.
③ B는 인천 지점에서 근무하게 되었다.
④ C는 용인 지점에서 근무하게 되었다.
⑤ D는 안양 지점에서 근무하게 되었다.

10 S사의 신입사원인 K는 a, b, c, d, e, f, g, h의 여덟 가지 교육 과제를 차례대로 수행하려 한다. 다음 〈조건〉을 참고하여 K가 e과제를 네 번째로 수행한다고 할 때, 다섯 번째로 수행할 교육 과제는 무엇인가?

조건

- 8가지 교육 과제 중 a과제와 d과제는 수행하지 않는다.
- b과제를 c과제보다 먼저 수행한다.
- c과제를 f과제보다 먼저 수행한다.
- g과제와 h과제는 b과제보다 나중에 수행한다.
- h과제는 f과제와 g과제보다 나중에 수행한다.
- f과제는 e과제보다 먼저 수행한다.

① b과제
② c과제
③ f과제
④ g과제
⑤ h과제

11 S사는 5층짜리 선반에 사무용품을 정리해 두고 있다. 선반의 각 층에는 서로 다른 두 종류의 사무용품이 놓여 있다고 할 때, 다음에 근거하여 바르게 추론한 것은?

- 선반의 가장 아래층에는 인덱스 바인더와 지우개만 놓여 있다.
- 서류정리함은 보드마카와 스테이플러보다 아래에 놓여 있다.
- 보드마카와 접착 메모지는 같은 층에 놓여 있다.
- 2공 펀치는 스테이플러보다는 아래에 놓여있지만, 서류정리함보다는 위에 놓여 있다.
- 접착 메모지는 스테이플러와 볼펜보다 위에 놓여 있다.
- 볼펜은 2공 펀치보다 위에 놓여있지만, 스테이플러보다 위에 놓여 있는 것은 아니다.
- 북엔드는 선반의 두 번째 층에 놓여 있다.
- 형광펜은 선반의 가운데 층에 놓여 있다.

① 스테이플러는 보드마카보다 위에 놓여 있다.
② 서류정리함은 북엔드보다 위에 놓여 있다.
③ 볼펜은 3층 선반에 놓여 있다.
④ 보드마카와 접착 메모지가 가장 높은 층에 놓여 있다.
⑤ 2공 펀치는 북엔드와 같은 층에 놓여 있다.

12 S사의 가 ~ 바 지사장은 각각 여섯 개의 지사로 발령받았다. 다음 〈조건〉을 보고, A ~ F지사로 발령된 지사장의 순서를 바르게 나열한 것은?

조건

- 본사 – A – B – C – D – E – F 순서로 일직선에 위치하고 있다.
- 다 지사장은 마 지사장 바로 옆 지사에 근무하지 않으며, 나 지사장과 나란히 근무한다.
- 라 지사장은 가 지사장보다 본사에 가깝게 근무한다.
- 마 지사장은 D지사에 근무한다.
- 바 지사장이 근무하는 지사보다 본사에 가까운 지사는 1개이다.

① 바 – 가 – 나 – 마 – 다 – 라
② 라 – 바 – 가 – 마 – 나 – 다
③ 가 – 바 – 나 – 마 – 라 – 다
④ 나 – 다 – 라 – 마 – 가 – 바
⑤ 다 – 나 – 바 – 마 – 가 – 라

13 S사에 근무하는 A, B, C 세 명은 협력업체를 방문하기 위해 택시를 타고 가고 있다. 다음 〈조건〉을 참고할 때, 다음 중 항상 옳은 것은?

조건

- 세 명의 직급은 각각 과장, 대리, 사원이다.
- 세 명은 각각 검은색, 회색, 갈색 코트를 입었다.
- 세 명은 각각 기획팀, 연구팀, 디자인팀이다.
- 택시 조수석에는 회색 코트를 입은 과장이 앉아 있다.
- 갈색 코트를 입은 연구팀 직원은 택시 뒷좌석에 앉아 있다.
- 셋 중 가장 낮은 직급의 C는 기획팀이다.

① A – 대리, 갈색 코트, 연구팀
② A – 과장, 회색 코트, 디자인팀
③ B – 대리, 갈색 코트, 연구팀
④ B – 과장, 회색 코트, 디자인팀
⑤ C – 사원, 검은색 코트, 기획팀

14 S사에 근무하고 있는 A, B, C, D, E 5명의 직원 중 한 명이 오늘 지각하였고, 이들은 다음과 같이 진술하였다. 이들 중 1명의 진술이 거짓일 때, 지각한 사람은 누구인가?

A : 지각한 사람은 E이다.
B : 나는 지각하지 않았다.
C : B는 지각하지 않았다.
D : 내가 지각했다.
E : A의 말은 거짓말이다.

① A
② B
③ C
④ D
⑤ E

15 S사의 사내 기숙사 3층에는 다음과 같이 크기가 모두 같은 10개의 방이 일렬로 나열되어 있다. A, B, C, D, E 5명의 신입 사원을 10개의 방 중 5개의 방에 각각 배정하였을 때, 〈정보〉를 바탕으로 항상 참인 것은?(단, 신입 사원이 배정되지 않은 방은 모두 빈방이다)

1	2	3	4	5	6	7	8	9	10

〈정보〉

- A와 B의 방 사이에 빈방이 아닌 방은 하나뿐이다.
- B와 C의 방 사이의 거리는 D와 E의 방 사이의 거리와 같다.
- C와 D의 방은 나란히 붙어 있다.
- B와 D의 방 사이에는 3개의 방이 있다.
- D는 7호실에 배정되었다.

① 1호실은 빈방이다.
② 4호실은 빈방이다.
③ 9호실은 빈방이다.
④ C는 6호실에 배정되었다.
⑤ E는 10호실에 배정되었다.

16 다음 제시된 단어의 대응관계가 동일하도록 빈칸에 들어갈 가장 적절한 단어를 고르면?

마수걸이 : 개시 = 뚜렷하다 : ( )

① 흐릿하다
② 복잡하다
③ 깔끔하다
④ 분명하다
⑤ 산뜻하다

17 다음 단어의 대응관계가 나머지와 다른 하나를 고르면?

① 하락 – 등귀
② 전진 – 진보
③ 초대 – 초청
④ 지탄 – 비판
⑤ 개탄 – 분개

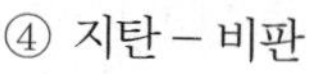

※ 다음 제시된 도형의 규칙을 보고 ?에 들어갈 알맞은 것을 고르시오. **[18~20]**

18

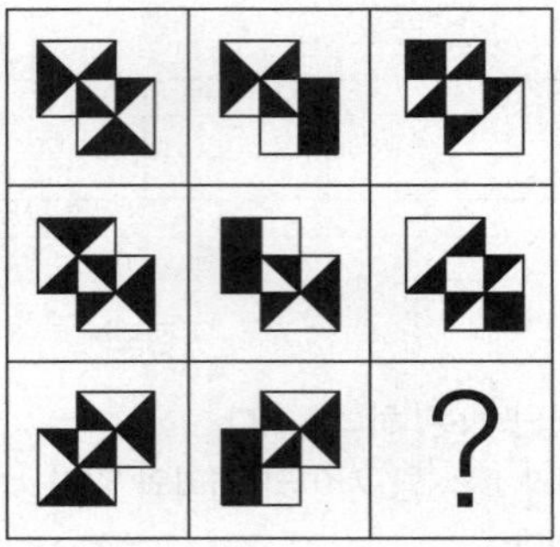

?

①

②

③

④

⑤

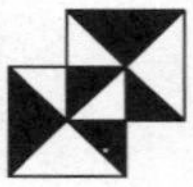

19

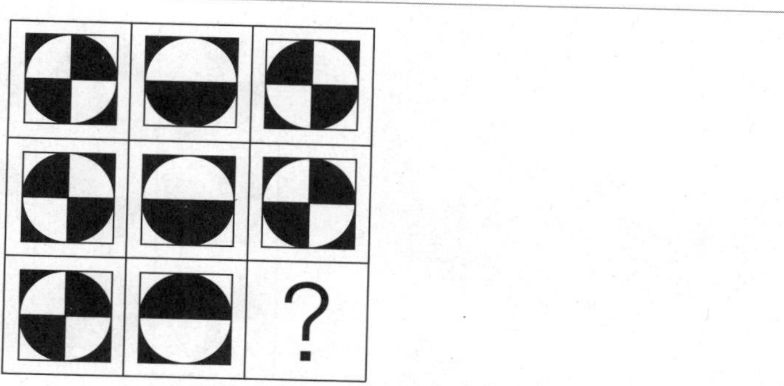

① 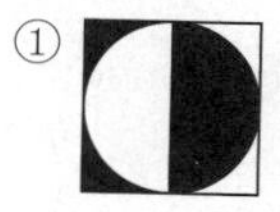

② 

③ 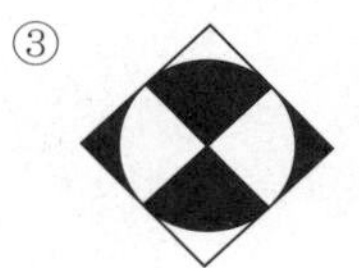

④ 

⑤ 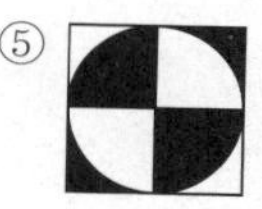

20

①
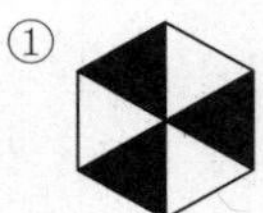

②
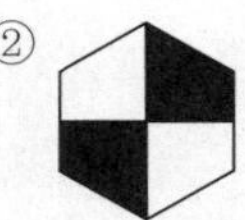

③
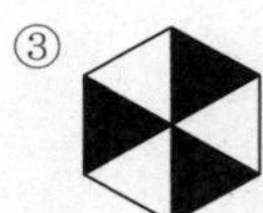

④
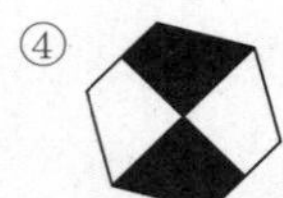

⑤
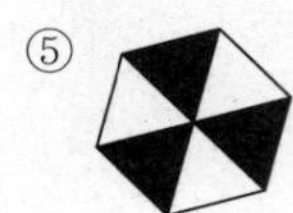

※ 다음 도식에서 기호들은 일정한 규칙에 따라 문자를 변화시킨다. ?에 들어갈 알맞은 문자를 고르시오(단, 규칙은 가로와 세로 중 한 방향으로만 적용된다). **[21~24]**

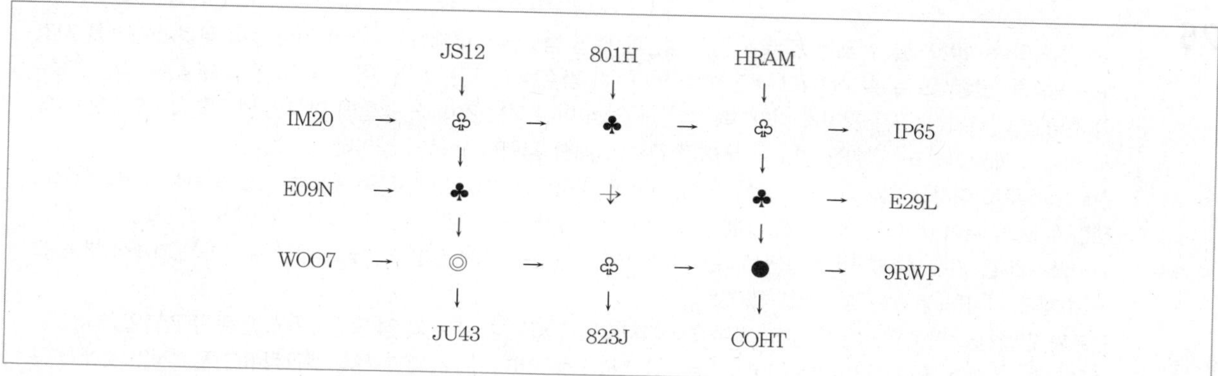

21

S7BS → ◎ → ● → ?

① BSS7
② SBS7
③ SSB7
④ 7SBS
⑤ 7BSS

22

WW4W → ● → ♧ → ?

① WWW4
② 4WWW
③ XYZ4
④ XY4Z
⑤ 4XYZ

23

? → ♧ → ● → TREE

① EETR
② EERT
③ EDRO
④ RRDO
⑤ ORED

24

? → ◎ → ● → ♣ → 53CG

① CH25
② CH32
③ HC35
④ HG25
⑤ HG35

※ 다음 글의 내용이 참일 때 항상 거짓인 것을 고르시오. [25~26]

25

낭만주의의 초석이라 할 수 있는 칸트는 인간 정신에 여러 범주들이 내재하기 때문에 이것들이 우리가 세계를 지각하는 방식을 선험적으로 결정한다고 주장한 바 있다. 이 범주들은 공간, 시간, 원인, 결과 등의 개념들이다. 우리는 이 개념들을 '배워서' 아는 것이 아니다. 즉, 경험에 앞서 이미 아는 것이다. 경험에 앞서는 범주를 제시했다는 점에서 혁명적 개념이었고, 경험을 강조한 베이컨 주의에 대한 강력한 반동인 셈이다.
칸트 스스로도 이것을 철학에 있어 '코페르니쿠스적 전환'이라고 보았다. "따라서 우리는 자신의 인식에 부분적으로 책임이 있고, 자기 존재의 부분적 창조자다." 인간이라는 존재는 백지에 쓴 경험의 총합체가 아니며, 그만큼 우리는 권리와 의무를 가진 주체적인 결정권자라는 선언이었다. 세상은 결정론적이지 않고 인간은 사회의 기계적 부품 같은 존재가 아님을 강력히 암시하고 있다.
칸트가 건설한 철학적 관념론은 우리 외부에서 지각되는 대상은 사실 우리 정신의 내용과 연관된 관념일 뿐이라는 것을 명백히 했다. 현실적인 것은 근본적으로 심리적이라는 것이라는 신념으로서, 객관적이고 물질적인 것에서 근본을 찾는 유물론과는 분명한 대척점에 있는 관점이다.
그 밖에도 "공간과 시간은 경험적으로 실재적이지만 초월적으로는 관념적이다.", "만일 우리가 주관을 제거해버리면 공간과 시간도 사라질 것이다. 현상으로서 공간과 시간은 그 자체로서 존재할 수 없고 단지 우리 안에서만 존재할 수 있다."처럼 시간과 공간의 실재성에도 의문을 품었던 칸트의 생각들은 독일 철학의 흐름 속에 이어지다가 후일 아인슈타인에게도 결정적 힌트가 되었다. 그리고 결국 아인슈타인은 상대성이론으로 뉴턴의 세계를 무너뜨린다.

① 칸트에 의하면 공간, 시간 등의 개념들은 태어나면서부터 아는 것이다.
② 낭만주의와 베이컨 주의는 상반된 견해를 가지고 있다.
③ 칸트에 의하면 현실의 공간과 시간은 인간에 의해 존재한다.
④ 칸트의 철학적 관념론은 주관적인 것에 가깝다.
⑤ 칸트와 아이슈타인의 견해는 같다고 볼 수 있다.

26

키덜트란 키드와 어덜트의 합성어로 20 ~ 40대의 어른이 되었음에도 불구하고 여전히 어린이의 분위기와 감성을 간직하고 추구하는 성인들을 일컫는 말이다. 한때 이들은 책임감 없고 보호받기만을 바라는 '피터팬증후군'이라는 말로 표현되기도 하였으나, 이와 달리 키덜트는 각박한 현대인의 생활 속에서 마음 한구석에 어린이의 심상을 유지하는 사람들로 긍정적인 이미지를 가지고 있다.
이들의 특징은 무엇보다 진지하고 무거운 것 대신 유치하고 재미있는 것을 추구한다는 점이다. 예를 들면 대학생이나 직장인들이 엽기토끼 같은 앙증맞은 인형을 가방이나 핸드폰에 매달고 다니는 것, 회사 책상 위에 인형을 올려놓는 것 등이다. 키덜트들은 이를 통해 얻은 영감이나 에너지가 일에 도움이 된다고 한다.
이렇게 생활하면 정서 안정과 스트레스 해소에 도움이 된다는 긍정적인 의견이 나오면서 키덜트 특유의 감성이 반영된 트렌드가 유행하고 있다. 기업들은 키덜트족을 타깃으로 하는 상품과 서비스를 만들어내고 있으며, 엔터테인먼트 쇼핑몰과 온라인 쇼핑몰도 쇼핑과 놀이를 동시에 즐기려는 키덜트족의 욕구를 적극 반영하고 있는 추세이다.

① 키덜트의 나이도 범위가 존재한다.
② 피터팬증후군과 키덜트는 혼용하여 사용한다.
③ 키덜트는 현대사회와 밀접한 관련이 있다.
④ 키덜트의 행위가 긍정적인 영향을 끼치기도 한다.
⑤ 키덜트도 시장의 수요자의 한 범주에 속한다.

※ 다음 글에 대한 반론으로 가장 적절한 것을 고르시오. [27~28]

27

고전주의 범죄학은 법적 규정 없이 시행됐던 지배 세력의 불합리한 형벌 제도를 비판하며 18세기 중반에 등장했다. 고전주의 범죄학에서는 범죄를 포함한 인간의 모든 행위는 자유 의지에 입각한 합리적 판단에 따라 이루어지므로 범죄에 비례해 형벌을 부과할 경우 개인의 합리적 선택에 의해 범죄가 억제될 수 있다고 보았다. 고전주의 범죄학의 대표자인 베카리아는 형벌은 법으로 규정해야 하고, 그 법은 누구나 이해할 수 있도록 문서로 만들어야 한다고 강조했다. 또한 형벌의 목적은 사회 구성원에 대한 범죄 행위의 예방이며, 따라서 범죄를 저지를 경우 누구나 법에 의해 확실히 처벌받을 것이라는 두려움이 범죄를 억제할 것이라고 확신했다. 이러한 고전주의 범죄학의 주장은 각 국가의 범죄 및 범죄자에 대한 입법과 정책에 많은 영향을 끼쳤다.

① 사회 구성원들의 합의가 이루어진 형벌 제도라면 인간의 합리적 판단에 따라 범죄 행위를 예방할 수 있다.
② 범죄에 대한 인간의 행위를 규제할 수 있는, 보다 강력한 법적인 구속력이 필요하다.
③ 범죄를 효과적으로 제지하기 위해서는 엄격하고 확실한 처벌이 신속하게 이루어져야 한다.
④ 인간은 욕구 충족이나 문제 해결을 위한 방법으로 범죄 행위를 선택할 수 있으므로 모든 법적 책임은 범죄인에게 있다.
⑤ 사회가 혼란한 시기에 범죄율과 재범률이 급격하게 증가하는 것을 보면 범죄는 개인의 자유 의지로 통제할 수 없다.

28

최근 불안감을 느끼는 현대인들이 점점 많아져 사회 문제가 되고 있다. 경쟁이 심화된 성과 중심의 사회에서 사람들은 직장 내 다른 사람과 자신을 비교하면서 혹시 자신이 뒤처지고 있는 것은 아닌지 불안해한다. 심지어 사람들은 일어나지도 않을 일에 대해 불안감을 느끼기도 한다. 청소년도 예외는 아니다. 성장기에 있는 청소년들은 다양한 고민을 하게 되는데, 이것이 심해져 불안감을 느끼는 원인이 되곤 한다. 특히 학업에 대한 지나친 고민으로 생긴 과도한 불안은 학업에 집중하는 것을 방해하여 학업 수행에 부정적으로 작용한다.

① 상대적 평가 방식은 청소년이 불안감을 느끼는 원인이 된다.
② 친구나 부모와의 상담을 통해 고민을 해결해야 한다.
③ 청소년기의 지나친 고민은 건강을 해칠 수 있다.
④ 시험 기간에 느끼는 약간의 불안감은 성적이 향상되는 결과를 내는 경우도 있다.
⑤ 현대인의 불안을 제때 해소하지 못한다면 더 큰 사회 문제를 초래할 수 있다.

29 다음 지문을 토대로 〈보기〉를 해석한 것으로 옳은 것은?

뇌가 받아들인 기억 정보는 그 유형에 따라 각각 다른 장소에 저장된다. 우리가 기억하는 것들은 크게 서술 정보와 비서술 정보로 나뉜다. 서술 정보란 학교 공부, 영화의 줄거리, 장소나 위치, 사람의 얼굴처럼 말로 표현할 수 있는 정보이다. 이 중에서 서술 정보를 처리하는 중요한 기능을 담당하는 것은 뇌의 내측두엽에 있는 해마로 알려져 있다. 교통사고를 당해 해마 부위가 손상된 이후 서술 기억 능력이 손상된 사람의 예가 그 사실을 뒷받침한다. 그렇지만 그는 교통사고 이전의 오래된 기억을 모두 회상해냈다. 해마가 장기 기억을 저장하는 장소는 아닌 것이다.

서술 정보가 오랫동안 저장되는 곳으로 많은 학자들은 대뇌피질을 들고 있다. 내측두엽으로 들어온 서술 정보는 해마와 그 주변 조직들에서 일시적으로 머무는 동안 쪼개져 신경정보 신호로 바뀌고 어떻게 나뉘어 저장될 것인지가 결정된다. 내측두엽은 대뇌피질의 광범위한 영역과 신경망을 통해 연결되어 이런 기억 정보를 대뇌피질의 여러 부위로 전달한다. 다음 단계에서는 기억과 관련된 유전자가 발현되어 단백질이 만들어지면서 기억 내용이 공고해져 오랫동안 저장된 상태를 유지한다.

그러면 비서술 정보는 어디에 저장될까? 운동 기술은 대뇌의 선조체나 소뇌에 저장되며, 계속적인 자극에 둔감해지는 '습관화'나 한 번 자극을 받은 뒤 그와 비슷한 자극에 계속 반응하는 '민감화' 기억은 감각이나 운동 체계를 관장하는 신경망에 저장된다고 알려져 있다. 감정이나 공포와 관련된 기억은 편도체에 저장된다.

보기

얼마 전 교통사고로 뇌가 손상된 김 씨는 뇌의 내측두엽 절제 수술을 받았다. 수술을 받고 난 뒤 김 씨는 새로 바뀐 휴대폰 번호를 기억하지 못하고 수술 전의 기존 휴대폰 번호만을 기억하는 등 금방 확인한 내용은 몇 분 동안밖에 기억하지 못했다. 그러나 수술 후 배운 김 씨의 탁구 실력은 제법 괜찮았다. 비록 언제 어떻게 누가 가르쳐 주었는지 전혀 기억하지는 못했지만……

① 김 씨는 어릴 적 놀이기구를 타면서 느꼈던 공포감이나 감정 등을 기억하지 못할 것이다.
② 김 씨가 수술 후에도 기억하는 수술 전의 기존 휴대폰 번호는 서술 정보에 해당하지 않을 것이다.
③ 김 씨는 교통사고로 내측두엽의 해마와 함께 대뇌의 선조체가 모두 손상되었을 것이다.
④ 탁구 기술은 비서술 정보이므로 김 씨의 대뇌피질에 저장되었을 것이다.
⑤ 김 씨에게 탁구를 가르쳐 준 사람에 대한 정보는 서술 정보이므로 내측두엽의 해마에 저장될 것이다.

30 다음 지문을 토대로 〈보기〉를 해석한 것으로 옳지 않은 것은?

친구 따라 강남 간다는 속담이 있듯이 다른 사람들의 행동을 따라 하는 것을 심리학에서는 '동조(同調)'라고 한다. OX 퀴즈에서 답을 잘 모를 때 더 많은 사람들이 선택하는 쪽을 따르는 것도 일종의 동조이다.

심리학에서는 동조가 일어나는 이유를 크게 두 가지로 설명한다. 첫째는, 사람들은 자기가 확실히 알지 못하는 일에 대해 남이 하는 대로 따라 하면 적어도 손해를 보지는 않는다고 생각한다는 것이다. 낯선 지역을 여행하던 중에 식사를 할 때 여행객들은 대개 손님들로 북적거리는 식당을 찾게 마련이다. 식당이 북적거린다는 것은 그만큼 그 식당의 음식이 맛있다는 것을 뜻한다고 여기기 때문이다. 둘째는, 어떤 집단이 그 구성원들을 이끌어 나가는 질서나 규범 같은 힘을 가지고 있을 때, 그러한 집단의 압력 때문에 동조 현상이 일어난다는 것이다. 만약 어떤 개인이 그 힘을 인정하지 않는다면 그는 집단에서 배척당하기 쉽다. 이런 사정 때문에 사람들은 집단으로부터 소외되지 않기 위해서 동조를 하게 된다. 여기서 주목할 것은 자신이 믿지 않거나 옳지 않다고 생각하는 문제에 대해서도 동조의 입장을 취하게 된다는 것이다.

상황에 따라서는 위의 두 가지 이유가 함께 작용하는 경우도 있다. 예컨대 선거에서 지지할 후보를 결정하고자 할 때 사람들은 대개 활발하게 거리 유세를 하며 좀 더 많은 지지자들의 호응을 이끌어 내는 후보를 선택하게 된다. 곧 지지자들의 열렬한 태도가 다른 사람들도 그 후보를 지지하도록 이끄는 정보로 작용한 것이다. 이때 지지자 집단의 규모가 클수록 지지를 이끌어내는 데에 효과적으로 작용한다.

동조는 개인의 심리 작용에 영향을 미치는 요인이 무엇이냐에 따라 그 강도가 다르게 나타난다. 가지고 있는 정보가 부족하여 어떤 판단을 내리기 어려운 상황일수록, 자신의 판단에 대한 확신이 들지 않을수록 동조 현상은 강하게 나타난다. 또한 집단의 구성원 수가 많고 그 결속력이 강할 때, 특정 정보를 제공하는 사람의 권위와 그에 대한 신뢰도가 높을 때도 동조 현상은 강하게 나타난다. 그리고 어떤 문제에 대한 집단 구성원들의 만장일치 여부도 동조에 큰 영향을 미치게 되는데, 만약 이때 단 한 명이라도 이탈자가 생기면 동조의 정도는 급격히 약화된다.

보기

18세 소년이 아버지를 살해했다는 혐의를 받고 있는 사건에 대해 최종 판단을 내리기 위해 12명의 배심원이 회의실에 모였다. 배심원들은 만장일치로 빠른 결정을 내리기 위해 손을 들어 투표하기로 했다. 7 ~ 8명이 얼른 손을 들자 머뭇거리던 1 ~ 2명의 사람도 슬그머니 손을 들었고, 1명을 제외한 11명이 유죄라고 판결을 내렸다. 그러자 반대를 한 유일한 배심원을 향해 비난과 질문이 쏟아졌다. 그러나 이 배심원은 "나까지 손을 들면 이 애는 그냥 죽게 될 거 아닙니까?"라고 말하며, 의심스러운 증거를 반박하고 증인의 잘못을 꼬집었다. 마침내 처음에는 유죄라고 생각했던 배심원들도 의견을 바꾸어 나가기 시작했다.

① 뒤늦게 손을 든 배심원들은 소년이 살인범이라는 확신이 없었을 것이다.
② 뒤늦게 손을 든 배심원들은 배심원 집단으로부터 소외되지 않기 위해 손을 들었을 것이다.
③ 대다수의 배심원이 손을 들었기 때문에 나머지 배심원들도 뒤늦게 손을 들 수 있었을 것이다.
④ 배심원들의 의견에 동조하지 않은 단 한 명의 배심원으로 인해 동조가 급격히 약화되었을 것이다.
⑤ 결국 배심원들이 의견을 바꾸어 나간 것은 끝까지 손을 들지 않았던 배심원의 권위가 높았기 때문이다.

온라인 실전연습 서비스 KZE-00000-59FA2

제3회 최종점검 모의고사

정답 및 해설 p.050

※ 제시된 명제가 모두 참일 때, 빈칸에 들어갈 명제로 가장 적절한 것을 고르시오. **[1~3]**

01

전제1. 케이크를 좋아하는 사람은 마카롱을 좋아하지 않는다.
전제2. ____________________
결론. 케이크를 좋아하는 사람은 머핀을 좋아한다.

① 마카롱을 좋아하지 않으면, 머핀을 좋아하지 않는다.
② 마카롱을 좋아하지 않으면, 머핀을 좋아한다.
③ 머핀을 좋아하지 않으면, 케이크를 좋아한다.
④ 머핀을 좋아하면, 케이크를 좋아하지 않는다.
⑤ 케이크를 좋아하지 않으면, 마카롱을 종하하지 않는다.

02

전제1. 모든 사람은 권리능력을 가지고 있다.
전제2. ____________________
결론. 모든 사람은 소유권을 행사할 수 있다.

① 권리 능력을 가지고 있으면, 소유권을 행사할 수 없다.
② 권리 능력을 가지고 있으면, 사람이 아니다.
③ 소유권을 행사할 수 없으면, 권리 능력을 가질 수 없다.
④ 소유권을 행사할 수 있으면, 사람이 아니다.
⑤ 권리를 가지고 있으면, 소유권을 행사할 수 있다.

03

> 전제1. 탁구를 잘 하는 어떤 사람은 테니스를 잘한다.
> 전제2. ____________________
> 결론. 집중력이 좋은 어떤 사람은 테니스를 잘한다.

① 탁구를 잘 하는 어떤 사람은 집중력이 좋다.
② 테니스를 잘하는 어떤 사람은 키가 작다.
③ 집중력이 좋은 사람은 모두 탁구를 잘 한다.
④ 탁구를 잘 하는 사람은 모두 집중력이 좋다.
⑤ 탁구를 잘 하는 어떤 사람은 테니스를 잘하지 못한다.

04

S사의 가, 나, 다, 라 직원 4명은 동그란 탁자에 둘러앉아 인턴사원 교육 관련 회의를 진행하고 있다. 직원들은 각자 인턴 A, B, C, D를 한 명씩 맡아 교육하고 있다. 아래에 제시된 〈조건〉에 따라, 직원과 인턴이 알맞게 짝지어진 한 쌍은?

> **조건**
> • B인턴을 맡은 직원은 다 직원의 왼편에 앉아 있다.
> • A인턴을 맡은 직원의 맞은편에는 B인턴을 맡은 직원이 앉아 있다.
> • 라 직원은 다 직원 옆에 앉아 있지 않으나, A인턴을 맡은 직원 옆에 앉아 있다.
> • 나 직원은 가 직원 맞은편에 앉아있으며, 나 직원의 오른편에는 라 직원이 앉아 있다.
> • 시계 6시 방향에는 다 직원이 앉아있으며, 맞은편에는 D인턴을 맡은 사원이 있다.

① 가 직원 – A인턴
② 나 직원 – D인턴
③ 다 직원 – C인턴
④ 라 직원 – A인턴
⑤ 라 직원 – B인턴

05 약국에 희경, 은정, 소미, 정선 4명의 손님이 방문하였다. 약사는 이들로부터 처방전을 받아 A, B, C, D 네 봉지의 약을 조제하였다. 다음 〈조건〉이 참일 때 옳은 것은?

> 조건
> - 방문한 손님들의 병명은 몸살, 배탈, 치통, 피부병이다.
> - 은정이의 약은 B에 해당하고, 은정이는 몸살이나 배탈 환자가 아니다.
> - A는 배탈 환자에 사용되는 약이 아니다.
> - D는 연고를 포함하고 있는데, 이 연고는 피부병에만 사용된다.
> - 희경이는 임산부이고, A와 D에는 임산부가 먹어서는 안 되는 약품이 사용되었다.
> - 소미는 몸살 환자가 아니다.

① 은정이는 피부병에 걸렸다.
② 정선이는 몸살이 났고, 이에 해당하는 약은 C이다.
③ 소미는 치통 환자이다.
④ 희경이는 배탈이 났다.
⑤ 소미의 약은 A이다.

06 S전자는 신제품으로 총 4대의 가정용 AI 로봇을 선보였다. 각각의 로봇은 전시장에 일렬로 전시되어 있는데, 한국어, 중국어, 일본어, 영어 중 한 가지만을 사용할 수 있다. 다음 〈조건〉을 만족할 때 옳은 것은?

> 조건
> - 1번 로봇은 2번 로봇의 바로 옆에 위치해 있다.
> - 4번 로봇은 3번 로봇보다 오른쪽에 있지만, 바로 옆은 아니다.
> - 영어를 사용하는 로봇은 중국어를 사용하는 로봇의 바로 오른쪽에 있다.
> - 한국어를 사용하는 로봇은 중국어를 사용하는 로봇의 옆이 아니다.
> - 일본어를 사용하는 로봇은 가장자리에 있다.
> - 3번 로봇은 일본어를 사용하지 않으며, 2번 로봇은 한국어를 사용하지 않는다.

① 1번 로봇은 영어를 사용한다.
② 3번 로봇이 가장 왼쪽에 위치해 있다.
③ 4번 로봇은 한국어를 사용한다.
④ 중국어를 사용하는 로봇은 일본어를 사용하는 로봇의 바로 옆에 위치해 있다.
⑤ 영어를 사용하는 로봇은 한국어를 사용하는 로봇의 오른쪽에 위치해 있다.

07 S사에서는 매주 수요일 오전에 주간 회의가 열린다. 주거복지기획부, 공유재산관리부, 공유재산개발부, 인재관리부, 노사협력부, 산업경제사업부 중 이번 주 주간 회의에 참여할 부서들의 〈조건〉이 다음과 같을 때, 이번 주 주간 회의에 참석할 부서의 최대 수는?

> **조건**
> - 주거복지기획부는 반드시 참석해야 한다.
> - 공유재산관리부가 참석하면 공유재산개발부도 참석한다.
> - 인재관리부가 참석하면 노사협력부는 참석하지 않는다.
> - 산업경제사업부가 참석하면 주거복지기획부는 참석하지 않는다.
> - 노사협력부와 공유재산관리부 중 한 부서만 참석한다.

① 2개　　② 3개
③ 4개　　④ 5개
⑤ 6개

08 S필라테스 센터에서 평일에는 바렐, 체어, 리포머의 세 가지 수업이 동시에 진행되며, 토요일에는 리포머 수업만 진행된다. 센터 회원은 전용 어플을 통해 자신이 원하는 수업을 선택하여 1주일간의 운동 스케줄을 등록할 수 있다. 센터 회원인 L씨가 월요일부터 토요일까지 다음과 같이 운동 스케줄을 등록할 때, 다음 중 옳지 않은 것은?

> - 바렐 수업은 일주일에 1회 참여한다.
> - 체어 수업은 일주일에 2회 참여하되, 금요일에 1회 참여한다.
> - 리포머 수업은 일주일에 3회 참여한다.
> - 동일한 수업은 연달아 참여하지 않는다.
> - 월요일부터 토요일까지 하루에 1개의 수업을 듣는다.
> - 하루에 1개의 수업만 들을 수 있다.

① 월요일에 리포머 수업을 선택한다면, 화요일에는 체어 수업을 선택할 수 있다.
② 월요일에 체어 수업을 선택한다면, 수요일에는 바렐 수업을 선택할 수 있다.
③ 화요일에 체어 수업을 선택한다면, 수요일에는 바렐 수업을 선택할 수 있다.
④ 화요일에 바렐 수업을 선택한다면, 수요일에는 리포머 수업을 선택할 수 있다.
⑤ 수요일에 리포머 수업을 선택한다면, 목요일에는 바렐 수업을 선택할 수 있다.

09 20대 남녀, 30대 남녀, 40대 남녀 6명이 뮤지컬 관람을 위해 공연장을 찾았다. 다음 〈조건〉을 참고할 때, 항상 옳은 것은?

조건

- 양 끝자리에는 다른 성별이 앉는다.
- 40대 남성은 왼쪽에서 두 번째 자리에 앉는다.
- 30대 남녀는 서로 인접하여 앉지 않는다.
- 30대와 40대는 인접하여 앉지 않는다.
- 30대 남성은 맨 오른쪽 끝자리에 앉는다.

[뮤지컬 관람석]

① 20대 남녀는 왼쪽에서 첫 번째 자리에 앉을 수 없다.
② 20대 남녀는 서로 인접하여 앉는다.
③ 40대 남녀는 서로 인접하여 앉지 않는다.
④ 20대 남성은 40대 여성과 인접하여 앉는다.
⑤ 30대 남성은 20대 여성과 인접하여 앉지 않는다.

10 다음 〈조건〉에 따라 감염병관리위원회를 구성할 때, 항상 참인 것은?

코로나19 감염 확산에 따라 감염병의 예방 및 관리에 관한 법률 시행령을 일부 개정하여 감염병관리위원회를 신설하고자 한다. 감염병관리위원회는 관련 위원장 총 4명으로 구성할 예정이며, 위원회 후보는 감염대책위원장 1명, 백신수급위원장 1명, 생활방역위원장 4명, 위생관리위원장 2명이다.

조건

- 감염대책위원장이 뽑히면 백신수급위원장은 뽑히지 않는다.
- 감염대책위원장이 뽑히면 위생관리위원장은 2명이 모두 뽑힌다.
- 백신수급위원장과 생활방역위원장은 합쳐서 4명 이상이 뽑히지 않는다.

① 백신수급위원장이 뽑히면 위생관리위원장은 1명이 뽑힌다.
② 백신수급위원장이 뽑히면 생활방역위원장은 1명이 뽑힌다.
③ 감염대책위원장이 뽑히면 백신수급위원장도 뽑힌다.
④ 감염대책위원장이 뽑히면 생활방역위원장은 2명이 뽑힌다.
⑤ 생활방역위원장이 뽑히면 위생관리위원장도 뽑힌다.

11 S사 기획팀은 신입사원 입사로 인해 자리 배치를 바꾸려고 한다. 다음 자리 배치표와 〈조건〉을 참고하여 자리를 배치하였을 때, 배치된 자리와 직원의 연결로 옳은 것은?

〈자리 배치표〉

출입문				
1 – 신입사원	2	3	4	5
6	7	8 – A사원	9	10

• 기획팀 팀원 : A사원, B부장, C대리, D과장, E차장, F대리, G과장

조건

• B부장은 출입문과 가장 먼 자리에 앉는다.
• C대리와 D과장은 마주보고 앉는다.
• E차장은 B부장과 마주보거나 B부장의 옆자리에 앉는다.
• C대리는 A사원 옆자리에 앉는다.
• E차장 옆자리에는 아무도 앉지 않는다.
• F대리와 마주보는 자리에는 아무도 앉지 않는다.
• D과장과 G과장은 옆자리 또는 마주보고 앉지 않는다.
• 빈자리는 2자리이며 옆자리 또는 마주보는 자리이다.

① 2 – G과장
② 3 – B부장
③ 5 – E차장
④ 6 – F대리
⑤ 9 – C대리

12 6층짜리 건물에 A ~ F의 회사가 입주했다. 한 층에 한 개 회사만이 입주할 수 있고, B가 3층에 있을 때 항상 옳은 것은?

• A, B, C는 같은 층 간격을 두고 떨어져 있다.
• D와 E는 인접할 수 없다.
• A는 5층이다.
• F는 B보다 위층에 있다.

① C는 1층, A는 5층에 입주했다.
② C는 4층에 입주했다.
③ F는 6층에 입주했다.
④ D는 4층에 입주했다.
⑤ E는 1층에 입주했다.

PART 3 최종점검 모의고사

13 김 과장은 건강상의 이유로 간헐적 단식을 시작하기로 했다. 김 과장이 선택한 간헐적 단식 방법은 월요일부터 일요일까지 일주일 중에 2일을 선택하여 아침 혹은 저녁 한 끼 식사만 하는 것이다. 김 과장이 단식을 시작한 첫 주 월요일부터 일요일까지 한 끼만 먹은 요일과 이때 식사를 한 때는?

- 단식을 하는 날 전후로 각각 최소 2일간은 세 끼 식사를 한다.
- 단식을 하는 날 이외에는 항상 세 끼 식사를 한다.
- 2주차 월요일에는 단식을 했다.
- 1주차에 먹은 아침식사 횟수와 저녁식사 횟수가 같다.
- 1주차 월요일, 수요일, 금요일은 조찬회의에 참석하여 아침식사를 했다.
- 1주차 목요일은 업무약속이 있어서 점심식사를 했다.

① 월요일(아침), 목요일(저녁)
② 화요일(아침), 금요일(아침)
③ 화요일(저녁), 금요일(아침)
④ 화요일(저녁), 토요일(아침)
⑤ 수요일(아침), 일요일(아침)

14 K는 게임 동호회 회장으로 주말에 진행되는 게임 행사에 동호회 회원인 A ~ E의 참여 가능 여부를 조사하려고 한다. 다음 내용을 참고하여 E가 행사에 참여하지 않는다고 할 때, 다음 중 행사에 참여 가능한 사람은 몇 명인가?

- A가 행사에 참여하지 않으면, B가 행사에 참여한다.
- A가 행사에 참여하면, C는 행사에 참여하지 않는다.
- B가 행사에 참여하면, D는 행사에 참여하지 않는다.
- D가 행사에 참여하지 않으면, E가 행사에 참여한다.

① 1명
② 2명
③ 3명
④ 4명
⑤ 5명

15 A～E 5명 중 단 1명만 거짓을 말하고 있을 때, 다음 중 범인은 누구인가?

A : C가 범인입니다.
B : A는 거짓말을 하고 있습니다.
C : B가 거짓말을 하고 있습니다.
D : 저는 범인이 아닙니다.
E : A가 범인입니다.

① A, D
② A, B
③ A, C
④ C, D
⑤ D, E

16 다음 제시된 단어의 대응관계가 동일하도록 빈칸에 들어갈 가장 적절한 단어를 고르면?

분별 : 변별 = (　　) : 존망

① 절명
② 사멸
③ 종신
④ 사활
⑤ 인식

17 다음 단어의 대응관계가 나머지와 다른 하나를 고르면?

① 영고 – 성쇠
② 구획 – 경계
③ 귀향 – 귀성
④ 결점 – 단점
⑤ 일반 – 특수

※ 다음 제시된 도형의 규칙을 보고 ?에 들어갈 알맞은 것을 고르시오. **[18~20]**

18

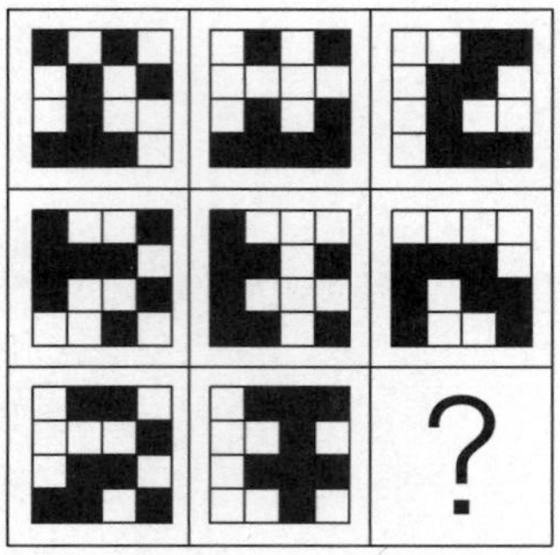

?

①

②

③

④

⑤

19

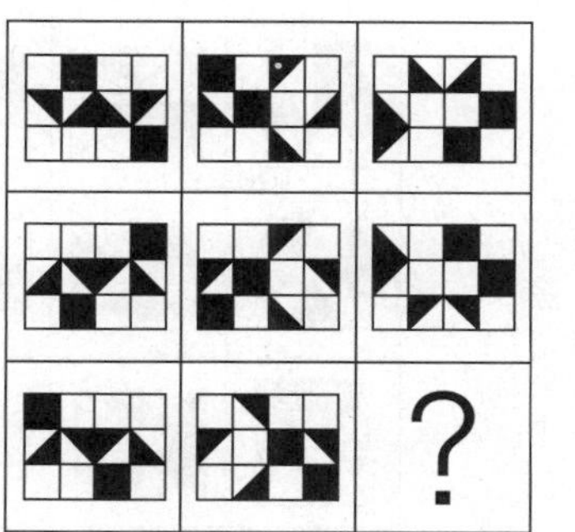

① 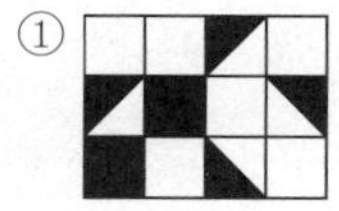

② 

③ 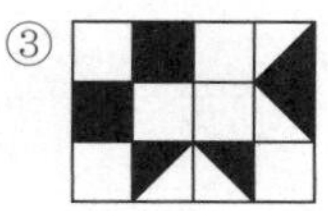

④ 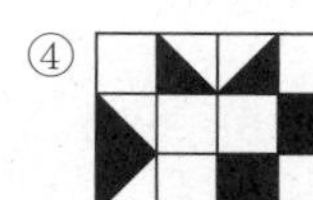

⑤ 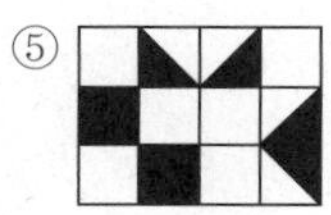

20

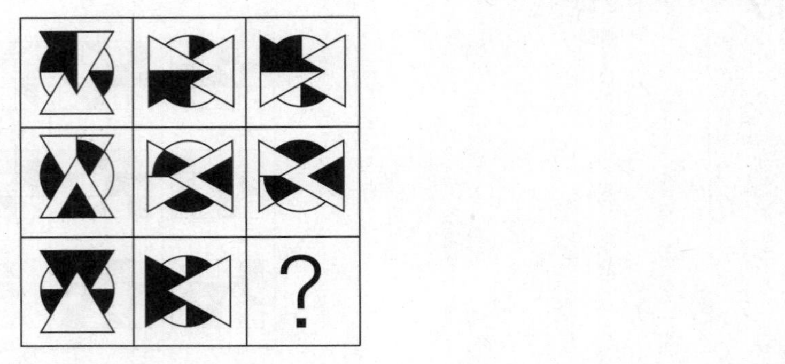

① 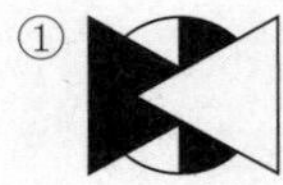

② 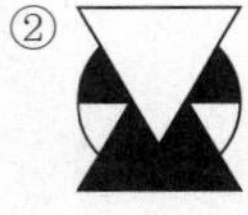

③ 

④ 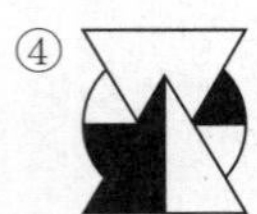

⑤ 

※ 다음 도식에서 기호들은 일정한 규칙에 따라 문자를 변화시킨다. ?에 들어갈 알맞은 문자를 고르시오. [21~24]

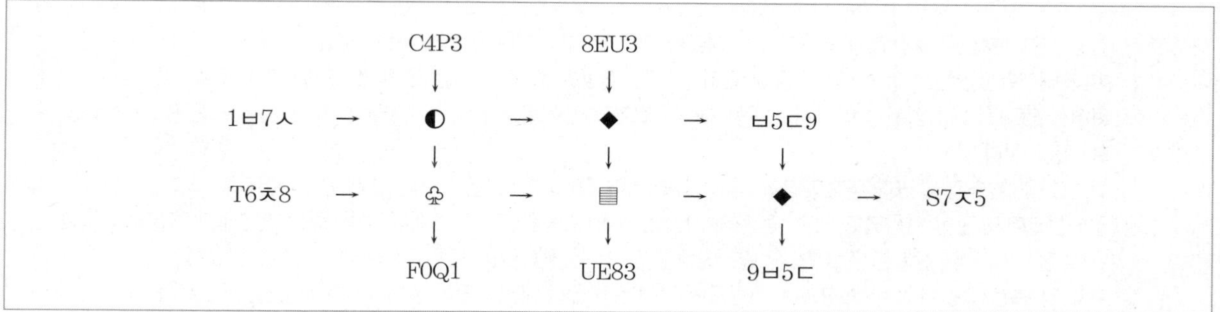

21

E73ㅎ → ◆ → ♧ → ?

① Cㅌ63
② ㅍD62
③ Cㅌ26
④ Dㅍ46
⑤ D73ㅍ

22

5ㅅㄱ9 → ▤ → ◆ → ?

① 59ㄱㅅ
② ㅅ95ㄱ
③ ㄴ84ㅂ
④ 48ㅂㄴ
⑤ ㄴ47ㅂ

23

? → ♧ → ◐ → ▤ → K8ㄹ5

① M85ㄷ
② Mㄹ85
③ 75Kㄷ
④ 2ㅇ7M
⑤ 7K5ㄷ

24

? → ◆ → ◐ → ♧ → 80KP

① KP80
② Q0J7
③ QJ07
④ 07QJ
⑤ 4JR5

25 다음 글의 내용이 참일 때 항상 거짓인 것은?

길을 걷고, 한강을 달리고, 손을 흔들고, 책장을 넘기는 이와 같은 인체의 작은 움직임(주파수 2 ~ 5Hz)도 스마트폰이나 웨어러블(안경, 시계, 의복 등과 같이 신체에 작용하는 제품) 기기들의 전기 에너지원으로 사용될 수 있다. 이러한 인체의 움직임처럼 버려지는 운동 에너지로부터 전기를 생산하는 기술을 '에너지 하베스팅(Harvesting, 수확)'이라 한다.

최근 과학 기술의 발전과 더불어 피트니스·헬스케어 모니터링 같은 다기능 휴대용·웨어러블 스마트 전자기기가 일상생활에서 많이 사용되고 있다. 동시에 사물인터넷(IoT)의 발달로 센서의 사용 또한 크게 늘고 있다. 이러한 스마트 전자기기 및 센서들은 소형, 경량, 이동성 및 내구성을 갖춘 전원 공급원이 반드시 필요하다.

교체 및 충전식 전기 화학 배터리는 전원을 공급에는 탁월하지만 수명이 짧다. 또한 재충전 및 교체가 어렵다. 나아가 배터리 폐기로 인한 환경오염을 유발한다는 단점도 있다. 그러나 인체 움직임과 같은 작은 진동에너지 기반의 친환경 에너지 하베스팅 기술은 스마트폰 및 웨어러블 스마트기기를 위한 지속 가능한 반영구적 전원으로서 활용될 수 있다.

진동은 우리의 일상생활에 존재하며 버려지는 가장 풍부한 기계적 움직임 중 하나다. 진동은 여러 유형과 넓은 범위의 주파수 및 진폭을 가지고 있다. 기계적 진동원은 움직이는 인체, 자동차, 진동 구조물, 물이나 공기의 흐름에 의한 진동 등 모두를 포함한다. 따라서 진동에너지를 효율적으로 수확하고 이를 전기에너지로 변환하기 위해서는 에너지 하베스팅 소자를 진동의 특성에 맞도록 설계해 제작해야 한다. 기계적 진동에너지 수집은 몇 가지 변환 메커니즘에 의해 이루어진다. 가장 활발하게 연구가 이루어지고 있는 진동 기반 에너지 하베스팅 기술에는 압전기력, 전자기력, 마찰전기 에너지 등이 활용된다. 압전기력 기반은 압전 효과를 이용하여 기계적 진동에너지를 전기 에너지로 변환하는 기술이다. 압전 소재와 기타 적절한 기판을 사용하여 제작되며, 높은 출력 전압을 발생시키지만 발생된 전류는 상대적으로 낮다. 전자기력 기반은 코일과 자석 사이의 상대적 움직임으로부터 얻어지는 기전력(패러데이의 유도법칙)을 이용하여 전기를 생산하는 기술이다. 낮은 주파수의 기계적 에너지를 전기에너지로 변환하는 매우 효율적인 방법이다. 마찰전기 기반은 맥스웰의 변위 전류를 이용하여 전기를 생산하는 기술이다. 저주파 진동 범위에서 높은 출력 전압을 수확하는 데 매우 효율적이다.

① 3Hz의 소량의 주파수도 전자기기의 에너지원으로 사용될 수 있다.
② 디지털 기술이 발달함에 따라 센서의 사용은 감소하는 추세이다.
③ 전기를 충전해야 하는 배터리 기술은 사용 기간이 짧다는 단점을 가지고 있다.
④ 물이나 공기의 흐름 역시 진동원의 하나가 될 수 있다.
⑤ 패러데이의 유도법칙을 이용하면 낮은 주파수의 에너지를 효율적으로 사용할 수 있다.

26 다음 글의 내용이 참일 때 항상 참인 것은?

방사성 오염 물질은 크기가 초미세먼지(2.5마이크로미터)의 1만 분의 1 정도로 작은 원자들이다. 제논-125처럼 독립된 원자 상태로 존재하는 경우도 있지만, 대부분은 다른 원소들과 화학적으로 결합한 분자 상태로 존재한다. 전기적으로 중성인 경우도 있고, 양전하나 음전하를 가진 이온의 상태로 존재하기도 한다. 기체 상태로 공기 중에 날아다니기도 하고, 물에 녹아있기도 하고, 단단한 고체에 섞여있는 경우도 있다.
후쿠시마 원전 사고 부지에서 흘러나오는 '오염수'도 마찬가지다. 후쿠시마 원전 오염수는 2011년 3월 동일본 대지진으로 발생한 쓰나미(지진해일)로 파괴되어 땅속에 묻혀있는 원자로 3기의 노심(연료봉)에서 녹아나온 200여 종의 방사성 핵종이 들어있는 지하수다. 당초 섭씨 1,000도 이상으로 뜨거웠던 노심은 시간이 지나면서 천천히 차갑게 식어있는 상태가 되었다. 사고 직후에는 하루 470t씩 흘러나오던 오염수도 이제는 하루 140t으로 줄어들었다. 단단한 합금 상태의 노심에서 녹아나오는 방사성 핵종의 양도 시간이 지나면서 점점 줄어들고 있다. 현재 후쿠시마 사고 현장의 탱크에는 125만t의 오염수가 수거되어 있다.
일본은 처리수를 충분히 희석시켜서 삼중수소의 농도가 방류 허용기준보다 훨씬 낮은 리터당 1,500베크렐로 저감시킬 계획이다. 125만t의 오염수를 400배로 희석시켜서 5억t으로 묽힌 후에 30년에 걸쳐서 느린 속도로 방류하겠다는 것이다. 파괴된 노심을 완전히 제거하는 2051년까지 흘러나오는 오염수도 같은 방법으로 정화·희석 시켜서 방류한다는 것이 일본의 계획이다.
희석을 시키더라도 시간이 지나면 방사성 오염물질이 다시 모여들 수 있다는 주장은 엔트로피 증가의 법칙을 무시한 억지다. 물에 떨어뜨린 잉크는 시간이 지나면 균일하게 묽어진다. 묽어진 잉크는 아무리 시간이 지나도 다시 모여들어서 진해지지 않는다. 태평양으로 방류한 삼중수소도 마찬가지다. 시간이 지나면 태평양 전체로 퍼져버리게 된다. 태평양 전체에 퍼져버린 삼중수소가 방출하는 모든 방사선에 노출되는 일은 현실적으로 불가능하다.

① 방사성 오염 물질은 초미세먼지와 비슷한 크기이다.
② 방사성 오염 물질은 보통 독립된 원자 상태로 존재한다.
③ 방사성 물질이 이온 상태로 존재하는 경우는 거의 없다.
④ 대지진 당시 노심은 섭씨 1,000도까지 올랐다가 바로 차갑게 식었다.
⑤ 오염수를 희석시켜 방류하면 일정 시간 후 다시 오염물질이 모여들 걱정을 하지 않아도 된다.

27 다음 주장에 대한 반박으로 가장 적절한 것은?

> 우리 마을 사람들의 대부분은 산에 있는 밭이나 과수원에서 일한다. 그런데 마을 사람들이 밭이나 과수원에 갈 때 주로 이용하는 도로의 통행을 가로막은 울타리가 설치되었다. 그 도로는 산의 밭이나 과수원까지 차량이 통행할 수 있는 유일한 길이었다. 이러한 도로가 사유지 보호라는 명목으로 막혀서 땅 주인과 마을 사람들 간의 갈등이 심해지고 있다.
>
> 마을 사람들의 항의에 대해서 땅 주인은 자신의 사유 재산이 더 이상 훼손되는 것을 간과할 수 없어 통행을 막았다고 주장한다. 그 도로가 사유 재산이므로 독점적이고 배타적인 사용 권리가 있어서 도로 통행을 막은 것이 정당하다는 것이다.
>
> 마을 사람들은 그 도로가 10년 가까이 공공으로 사용되어 왔는데 사유 재산이라는 이유로 갑자기 통행을 금지하는 것은 부당하다고 주장하고 있다. 도로가 막히면 밭이나 과수원에서 농사를 짓는 데 불편함이 크고 수확물을 차에 싣고 내려올 수도 없는 등의 피해를 입게 되는데, 개인의 권리 행사 때문에 이러한 피해를 입는 것은 부당하다는 것이다.
>
> 사유 재산에 대한 개인의 권리가 보장받는 것도 중요하지만, 그로 인해 다수가 피해를 입게 된다면 사익보다 공익을 우선시하여 개인의 권리가 제한되어야 한다고 생각한다. 만일 개인의 권리가 공익을 위해 제한되지 않으면 이번 일처럼 개인과 다수 간의 갈등이 발생할 수밖에 없다.
>
> 땅 주인은 사유 재산의 독점적이고 배타적인 사용을 주장하기에 앞서 마을 사람들이 생업의 곤란으로 겪는 어려움을 염두에 두어야 한다. 공익을 우선시하는 태도로 조속히 문제 해결을 위해 노력해야 할 것이다.

① 땅 주인은 개인의 권리 추구에 앞서 마을 사람들과 함께 더불어 살아가는 법을 배워야 한다.
② 마을 사람들과 땅 주인의 갈등은 민주주의의 다수결의 원칙에 따라 해결해야 한다.
③ 공익으로 인해 침해된 땅 주인의 사익은 적절한 보상을 통해 해결될 수 있다.
④ 땅 주인의 권리 행사로 발생하는 피해가 법적으로 증명되어야만 땅 주인의 권리를 제한할 수 있다.
⑤ 해당 도로는 10년 가까이 공공으로 사용되었기 때문에 사유 재산으로 인정받을 수 없다.

28 다음 주장에 대한 반박으로 적절하지 않은 것은?

> 문화재 관리에서 중요한 개념이 복원과 보존이다. 복원은 훼손된 문화재를 원래대로 다시 만드는 것을, 보존은 더 이상 훼손되지 않도록 잘 간수하는 것을 의미한다. 이와 관련하여 훼손된 탑의 관리에 대한 논의가 한창이다.
> 나는 복원보다는 보존이 다음과 같은 근거에서 더 적절하다고 생각한다. 우선, 탑을 보존하면 탑에 담긴 역사적 의미를 온전하게 전달할 수 있어 진정한 역사 교육이 가능하다. 탑은 백성들의 평화로운 삶을 기원하기 위해 만들어졌고, 이후 역사의 흐름 속에서 전란을 겪으며 훼손된 흔적들이 더해져 지금 모습으로 남아 있다. 그런데 탑을 복원하면 이런 역사적 의미들이 사라져 그 의미를 온전하게 전달할 수 없다.
> 다음으로, 정확한 자료가 없이 탑을 복원하면 이는 결국 탑을 훼손하는 것이 될 수밖에 없다. 따라서 원래의 재료를 활용하지 못하고 과거의 건축 과정에 충실하게 탑을 복원하지 못하면 탑의 옛 모습을 온전하게 되살리는 것은 불가능하므로 탑을 보존하는 것이 더 바람직하다.
> 마지막으로, 탑을 보존하면 탑과 주변 공간의 조화가 유지된다. 전문가에 따르면 탑은 주변 산수는 물론 절 내부 건축물들과의 조화를 고려하여 세워졌다고 한다. 이런 점을 무시하고 탑을 복원한다면 탑과 기존 공간의 조화가 사라지기 때문에 보존하는 것이 적절하다.
> 따라서 탑은 보존하는 것이 복원하는 것보다 더 적절하다고 생각한다. 건축 문화재의 경우 복원보다는 보존을 중시하는 국제적인 흐름을 고려했을 때도, 탑이 더 훼손되지 않도록 지금의 모습을 유지하고 관리하는 것이 문화재로서의 가치를 지키고 계승할 수 있는 바람직한 방법이라고 생각한다.

① 탑을 복원하더라도 탑에 담긴 역사적 의미는 사라지지 않는다.
② 탑을 복원하면 형태가 훼손된 탑에서는 느낄 수 없었던 탑의 형태적 아름다움을 느낄 수 있다.
③ 탑 복원에 필요한 자료를 충분히 수집하여 탑을 복원하면 탑의 옛 모습을 되살릴 수 있다.
④ 주변 공간과의 조화를 유지하는 방법으로 탑을 복원할 수 있다.
⑤ 탑을 복원하는 비용보다 보존하는 비용이 더 많이 든다.

※ 다음 지문을 토대로 〈보기〉를 바르게 해석한 것을 고르시오. **[29~30]**

29

알고리즘은 컴퓨터에서 문제 해결 방법을 논리적인 순서로 설명하거나 표현하는 절차이다. 그런데 문제 해결 방법에는 여러 가지가 있을 수 있어 어떤 방법으로 문제를 해결하느냐에 따라 효율성이 달라진다. 알고리즘의 효율성을 분석할 때 흔히 시간 복잡도를 사용하는데, 시간 복잡도는 반복적으로 수행되는 연산의 횟수를 이용하여 나타낸다. 이때 연산에는 산술 연산뿐만 아니라 원소 간의 비교를 나타내는 비교 연산도 포함된다. 알고리즘 분야 중 정렬은 원소들을 오름차순이나 내림차순과 같이 특정한 순서에 따라 배열하는 것으로, 정렬을 통해 특정 원소를 탐색하는 데 소요되는 시간을 줄일 수 있다.

삽입 정렬은 정렬된 부분에 정렬할 원소의 위치를 찾아 삽입하는 방식이다. 집합 {564, 527, 89, 72, 34, 6, 3, 0}의 원소를 오름차순으로 정렬하는 경우, 먼저 564를 정렬된 부분으로 가정하고 그다음 원소인 527을 564와 비교하여 527을 564의 앞으로 삽입한다. 그리고 그다음 원소인 89를 정렬된 부분인 {527, 564} 중 564와 비교하여 564의 앞으로 삽입하고, 다시 527과 비교하여 527의 앞으로 삽입한다. 정렬된 부분과 정렬할 원소를 비교하여, 삽입할 필요가 없다면 순서를 그대로 유지한다. 삽입 정렬은 원소들을 비교하여 삽입하는 과정이 반복되므로 비교 연산의 횟수를 구하여 28번(1+2+3+4+5+6+7)의 시간 복잡도를 나타낼 수 있다.

한편 기수 정렬은 원소들의 각 자릿수의 숫자를 확인하여 각 자릿수에 해당하는 큐에 넣는 방식이다. 큐는 먼저 넣은 자료를 먼저 내보내는 자료 구조이다. 원소들의 각 자릿수의 숫자를 확인하기 위해서는 나머지를 구하는 모듈로(Modulo) 연산을 수행한다. 집합 {564, 527, 89, 72, 34, 6, 3, 0}의 원소를 오름차순으로 정렬할 때 기수 정렬을 사용하는 경우, 먼저 모듈로 연산으로 일의 자릿수의 숫자를 확인하여 564를 큐4에, 527을 큐7에, 89를 큐9에, 72를 큐2에, 34를 큐4에, 6을 큐6에, 3을 큐3에, 0을 큐0에 넣는다. 이렇게 1차 정렬된 원소들을 다시 모듈로 연산으로 십의 자릿수의 숫자를 확인하여 차례대로 해당하는 큐에 넣어 2차 정렬한다. 이때 해당하는 자릿수가 없다면 자릿수의 숫자를 0으로 간주하여 정렬한다.

기수 정렬은 원소들 중 자릿수가 가장 큰 원소의 자릿수만큼 원소들의 자릿수의 숫자를 확인하는 과정이 반복되므로 모듈로 연산의 횟수를 구하여 24번(8+8+8)의 시간 복잡도를 나타낼 수 있다.

보기

A씨는 삽입 정렬 또는 기수 정렬을 사용하여 집합 {564, 527, 89, 72, 0}의 원소를 오름차순으로 정렬하고자 한다.

① A씨가 삽입 정렬을 사용하여 정렬하면 시간 복잡도는 8번이 된다.

② A씨가 기수 정렬을 사용하여 정렬하면 시간 복잡도는 12번이 된다.

③ A씨는 삽입 정렬보다 기수 정렬을 사용하는 것이 더 효율적이다.

④ A씨가 두 가지 정렬 중 하나를 선택하여 정렬하더라도 시간 복잡도는 모두 10번 이상이 된다.

⑤ A씨가 두 가지 정렬 중 하나를 선택하여 정렬하더라도 시간 복잡도는 서로 동일하다.

30

음악적 아름다움의 본질은 무엇인가? 19세기 미학자 한슬리크는 "음악의 아름다움은 외부의 어떤 것에도 의존하지 않고, 오로지 음과 음의 결합에 의해 이루어진다."라고 주장했다. 예를 들면, 모차르트의 '교향곡 제40번 사단조'는 '사' 음을 으뜸음으로 하는 단음계로 작곡된 조성 음악으로, 여기에는 제목이나 가사 등 음악 외적인 어떤 것도 개입하지 않는다. 다만 7개의 음을 사용하여 음계를 구성하고, 으뜸, 딸림, 버금딸림 등 각각의 기능에 따라 규칙적인 화성 진행을 한다. 조성 음악의 체계는 17세기 이후 지속된 서양 음악의 구조적 기본 틀이었다.
그러나 20세기 초 서양 음악은 전통적인 아름다움의 개념을 거부하고 새로운 미적 가치를 추구하였다. 불협화음이 반드시 협화음으로 해결되어야 한다는 기존의 조성 음악으로부터의 탈피를 보여주는 대표적인 음악들 중의 하나가 표현주의 음악이다. 표현주의는 20세기 초반에 나타난 예술 사조로서 미술에서 시작하여 음악과 문학 등 예술의 제분야에 영향력을 미쳤다. 표현주의 예술은 소외된 인간 내면의 주관적인 감성을 충실하게 표현하려는 사조이다. 표현주의 음악의 주된 특성은 조성 음악의 체계가 상실된 것이며, 이는 곧 '무조음악'의 탄생으로 이어졌다. 무조음악은 12개의 음을 자유롭게 사용하며, 다양한 불협화음을 다룬다.

보기

쇤베르크가 1912년에 발표한 작품 '달에 홀린 피에로'는 상징주의 시인인 지로가 발표한 연시집에 수록된 50편의 시 중에서 21편을 가사로 삼아 작곡한 성악곡이다. 이 곡의 성악 성부는 새로운 성악 기법으로 주목을 받았다. 즉, 악보에 음표를 표기하기는 하였으나, 모든 음표에 X표를 하여 연주할 때에는 음높이를 정확하게 드러내지 않고 '말하는 선율'로 연주하도록 하였다. 피에로로 분장한 낭송자가 날카로운 사회 비판과 풍자를 담은 가사를 읊는다. 또한 기악 성부는 다양한 악기 배합과 주법을 통해 새로운 음향을 창출한다. 이 곡은 무조적 짜임새를 기본으로 하여 표현주의 음악의 특징을 드러내는 작품이라고 볼 수 있다.

① 한슬리크는 인간의 주관적 감성을 표현하고 있는 '달에 홀린 피에로'에서 음악적 아름다움을 찾을 수 있겠군.
② 한슬리크는 '달에 홀린 피에로'의 사회 비판과 풍자의 가사를 통해 음악적 가치를 높게 평가하겠군.
③ 쇤베르크의 '달에 홀린 피에로'는 새로운 성악 기법을 도입하였지만, 서양 음악의 구조적 기본 틀에서 완전히 벗어나지 못했군.
④ 쇤베르크는 기존의 조성 음악과 달리 12개의 음을 자유롭게 사용하여 '달에 홀린 피에로'를 작곡하였군.
⑤ 한슬리크와 쇤베르크 모두 음악 내적인 요소에서 음악의 아름다움을 찾으려 했군.

PART 4 인성검사 · 면접

GSAT 다음 관문은 인성검사와 면접이다. 본 파트에서는 인성검사와 면접 기출 질문을 수록하여 삼성그룹 입사 준비를 한 권으로 끝낼 수 있도록 하였다. 인성검사의 핵심은 일관적인 답변으로 신속하면서도 일관성 있게 답을 체크해나가는 연습이 필요하다. 이에 2단계에 걸친 인성검사와 답안지, 분석표를 수록하였고 이에 따라 결과를 분석할 수 있게 하였다. 면접의 경우 삼성그룹은 직무면접, 창의성 면접, 임원면접을 통해 최종적으로 신입사원을 선발한다. 면접 유형별 진행 방식과 유의사항, 최신 면접 기출 질문을 수록하였다.

PART 4

인성검사 · 면접

01 인성검사

1 인성검사의 개요

1. 인성검사의 의의

인성검사는 1943년 미국 미네소타 대학교의 임상심리학자 Hathaway 박사와 정신과 의사 Mckinley 박사가 제작한 MMPI(Minnesota Multiphasic Personality Inventory)를 원형으로 한 다면적 인성검사를 말한다.

다면적이라 불리는 것은 여러 가지 정신적인 증상들을 동시에 측정할 수 있도록 고안되어 있기 때문이다. 풀이하자면, 개인이 가지고 있는 다면적인 성격을 많은 문항수의 질문을 통해 수치로 나타내는 것이다. 그렇다면 성격이란 무엇인가?

성격은 일반적으로 개인 내부에 있는 특징적인 행동과 생각을 결정해 주는 정신적·신체적 체제의 역동적 조직이라고 말할 수 있으며, 환경에 적응하게 하는 개인적인 여러 가지 특징과 행동양식의 잣대라고 정의할 수 있다. 다시 말하면, 성격이란 한 개인이 환경적 변화에 적응하는 특징적인 행동 및 사고유형이라고 할 수 있으며, 인성검사란 그 개인의 행동 및 사고유형을 서면을 통해 수치적·언어적으로 기술하거나 예언해 주는 도구라 할 수 있다.

신규채용 또는 평가에 활용하는 인성검사로 MMPI 원형을 그대로 사용하는 기업도 있지만, 대부분의 기업에서는 MMPI 원형을 기준으로 연구, 조사, 정보수집, 개정 등의 과정을 통해서 자체 개발한 유형을 사용하고 있다.

인성검사의 구성은 여러 가지 하위 척도로 구성되어 있는데, MMPI 다면적 인성검사의 척도를 살펴보면 기본 척도가 8개 문항으로 구성되어 있고, 2개의 임상 척도와 4개의 타당성 척도를 포함, 총 14개 척도로 구성되어 있다.

캘리포니아 심리검사(CPI; California Psychological Inventory)의 경우는 48개 문항, 18개의 척도로 구성되어 있다.

2. 인성검사의 해석단계

해석단계는 첫 번째, 각 타당성 및 임상 척도에 대한 피검사자의 점수를 검토하는 방법으로 각 척도마다 피검사자의 점수가 정해진 범위에 속하는지 여부를 검토하게 된다.

두 번째, 척도별 연관성에 대한 분석으로 각 척도에서의 점수범위가 의미하는 것과 그것들이 나타낼 가설들을 종합하고, 어느 특정 척도의 점수를 근거로 하여 다른 척도들에 대한 예측을 시도하게 된다.

세 번째, 척도 간의 응집 또는 분산을 찾아보고 그에 따른 해석적 가설을 형성하는 과정으로 두 개 척도 간의 관계만을 가지고 해석하게 된다.

네 번째, 매우 낮은 임상 척도에 대한 검토로서, 일부 척도에서 낮은 점수가 특별히 의미 있는 경우가 있기 때문에 신중히 다뤄지게 된다.

다섯 번째, 타당성 및 임상 척도에 대한 형태적 분석으로서, 타당성 척도들과 임상 척도들 전체의 형태적 분석이다. 주로 척도들의 상승도와 기울기 및 굴곡을 해석해서 피검사자에 대한 종합적이고 총체적인 추론적 해석을 하게 된다.

2 척도구성

1. MMPI 척도구성

(1) 타당성 척도

타당성 척도는 피검사자가 검사에 올바른 태도를 보였는지, 또 피검사자가 응답한 검사문항들의 결론이 신뢰할 수 있는 결론인가를 알아보는 라이스케일(허위척도)이라 할 수 있다. 타당성 4개 척도는 잘못된 검사태도를 탐지하게 할 뿐만 아니라, 임상 척도와 더불어 검사 이외의 행동에 대하여 유추할 수 있는 자료를 제공해 줌으로써, 의미있는 인성요인을 밝혀주기도 한다.

〈타당성 4개 척도구성〉

척도	내용
무응답 척도 (?)	무응답 척도는 피검사자가 응답하지 않은 문항과 '그렇다'와 '아니다'에 모두 답한 문항들의 총합이다. 척도점수의 크기는 다른 척도점수에 영향을 미치게 되므로, 빠뜨린 문항의 수를 최소로 줄이는 것이 중요하다.
허구 척도 (L)	L 척도는 피검사자가 자신을 좋은 인상으로 나타내 보이기 위해 하는 고의적이고 부정직하며 세련되지 못한 시도를 측정하는 허구 척도이다. L 척도의 문항들은 정직하지 못하거나 결점들을 고의적으로 감춰 자신을 좋게 보이려는 사람들의 장점마저도 부인하게 된다.
신뢰성 척도 (F)	F 척도는 검사문항에 빗나간 방식의 답변을 응답하는 경향을 평가하기 위한 척도로 정상적인 집단의 10% 이하가 응답한 내용을 기준으로 일반 대중의 생각이나 경험과 다른 정도를 측정한다.
교정 척도 (K)	K 척도는 분명한 정신적인 장애를 지니면서도 정상적인 프로파일을 보이는 사람들을 식별하기 위한 것이다. K 척도는 L 척도와 유사하게 거짓답안을 확인하지만 L 척도보다 더 미세하고 효과적으로 측정한다.

(2) 임상 척도

임상 척도는 검사의 주된 내용으로써 비정상 행동의 종류를 측정하는 10가지 척도로 되어 있다. 임상 척도의 수치는 높은 것이 좋다고 해석하는 경우도 있지만, 개별 척도별로 해석을 참고하는 경우가 대부분이다.

척도	내용
건강염려증(Hs) Hypochondriasis	개인이 말하는 신체적 증상과 이러한 증상들이 다른 사람을 조정하는 데 사용되고 있지는 않은지 여부를 측정하는 척도로서, 측정내용은 신체의 기능에 대한 과도한 집착 및 이와 관련된 질환이나 비정상적인 상태에 대한 불안감 등이다.
우울증(D) Depression	개인의 비관 및 슬픔의 정도를 나타내는 기분상태의 척도로서, 자신에 대한 태도와 타인과의 관계에 대한 태도, 절망감, 희망의 상실, 무력감 등을 원인으로 나타나는 활동에 대한 흥미의 결여, 불면증과 같은 신체적 증상 및 과도한 민감성 등을 표현한다.
히스테리(Hy) Hysteria	현실에 직면한 어려움이나 갈등을 회피하는 방법인 부인기제를 사용하는 경향 정도를 진단하려는 것으로서 특정한 신체적 증상을 나타내는 문항들과 아무런 심리적·정서적 장애도 가지고 있지 않다고 주장하는 것을 나타내는 문항들의 두 가지 다른 유형으로 구성되어 있다.
반사회성(Pd) Psychopathic Deviate	가정이나 일반사회에 대한 불만, 자신 및 사회와의 격리, 권태 등을 주로 측정하는 것으로서 반사회적 성격, 비도덕적인 성격 경향 정도를 알아보기 위한 척도이다.
남성-여성특성(Mf) Masculinity-Femininity	직업에 관한 관심, 취미, 종교적 취향, 능동·수동성, 대인감수성 등의 내용을 담고 있으며, 흥미형태의 남성특성과 여성특성을 측정하고 진단하는 검사이다.
편집증(Pa) Paranoia	편집증을 평가하기 위한 것으로서 정신병적인 행동과 과대의심, 관계망상, 피해망상, 과대망상, 과민함, 비사교적 행동, 타인에 대한 불만감 같은 내용의 문항들로 구성되어 있다.
강박증(Pt) Psychasthenia	병적인 공포, 불안감, 과대근심, 강박관념, 자기 비판적 행동, 집중력 곤란, 죄책감 등을 검사하는 내용으로 구성되어 있으며, 주로 오랫동안 지속된 만성적인 불안을 측정한다.
정신분열증(Sc) Schizophrenia	정신적 혼란을 측정하는 척도로서 가장 많은 문항에 내포하고 있다. 이 척도는 별난 사고방식이나 행동양식을 지닌 사람을 판별하는 것으로서 사회적 고립, 가족관계의 문제, 성적 관심, 충동억제불능, 두려움, 불만족 등의 내용으로 구성되어 있다.
경조증(Ma) Hypomania	정신적 에너지를 측정하는 것으로서, 사고의 다양성과 과장성, 행동영역의 불안정성, 흥분성, 민감성 등을 나타낸다. 이 척도가 높으면 무엇인가를 하지 않고는 못 견디는 정력적인 사람이다.
내향성(Si) Social Introversion	피검사자의 내향성과 외향성을 측정하기 위한 척도로서, 개인의 사회적 접촉 회피, 대인관계의 기피, 비사회성 등의 인성요인을 측정한다. 이 척도의 내향성과 외향성은 어느 하나가 좋고 나쁨을 나타내는 것이 아니라, 피검사자가 어떤 성향의 사람인가를 알아내는 것이다.

2. CPI 척도구성

〈18 척도〉

지배성 척도 (Do)	강력하고 지배적이며, 리더십이 강하고 대인관계에서 주도권을 잡는 지배적인 사람을 변별하고자 하는 척도이다.
지위능력 척도 (Cs)	현재의 개인 자신의 지위를 측정하는 것이 아니라, 개인의 내부에 잠재되어 있어 어떤 지위에 도달하게끔 하는 자기 확신, 야심, 자신감 등을 평가하기 위한 척도이다.
사교성 척도 (Sy)	사교적이고 활달하며 참여기질이 좋은 사람과, 사회적으로 자신을 나타내기 싫어하고 참여기질이 좋지 않은 사람을 변별하고자 하는 척도이다.
사회적 태도 척도 (Sp)	사회생활에서의 안정감, 활력, 자발성, 자신감 등을 평가하기 위한 척도로서, 사교성과 밀접한 관계가 있다. 고득점자는 타인 앞에 나서기를 좋아하고, 타인의 방어기제를 공격하여 즐거움을 얻고자 하는 성격을 가지고 있다.
자기수용 척도 (Sa)	자신에 대한 믿음, 자신의 생각을 수용하는 자기확신감을 가지고 있는 사람을 변별하기 위한 척도이다.
행복감 척도 (Wb)	근본 목적은 행복감을 느끼는 사람과 그렇지 않은 사람을 변별해 내는 척도 검사이지만, 긍정적인 성격으로 가장하기 위해서 반응한 사람을 변별해 내는 타당성 척도로서의 목적도 가지고 있다.
책임감 척도 (Re)	법과 질서에 대해서 철저하고 양심적이며 책임감이 강해 신뢰할 수 있는 사람과 인생은 이성에 의해서 지배되어야 한다고 믿는 사람을 변별하기 위한 척도이다.
사회성 척도 (So)	사회생활에서 이탈된 행동이나 범죄의 가능성이 있는 사람을 변별하기 위한 척도로서 범죄자 유형의 사람은 정상인보다 매우 낮은 점수를 나타낸다.
자기통제 척도 (Sc)	자기통제의 유무, 충동, 자기중심에서 벗어날 수 있는 통제의 적절성, 규율과 규칙에 동의하는 정도를 측정하는 척도로서, 점수가 높은 사람은 지나치게 자신을 통제하려 하며, 낮은 사람은 자기 통제가 잘 안되므로 충동적이 된다.
관용성 척도 (To)	침묵을 지키고 어떤 사실에 대하여 성급하게 판단하기를 삼가고 다양한 관점을 수용하려는 사회적 신념과 태도를 재려는 척도이다.
좋은 인상 척도 (Gi)	타인이 자신에 대해 어떻게 반응하는가, 타인에게 좋은 인상을 주었는가에 흥미를 느끼는 사람을 변별하고, 자신을 긍정적으로 보이기 위해 솔직하지 못한 반응을 하는 사람을 찾아내기 위한 타당성 척도이다.
추종성 척도 (Cm)	사회에 대한 보수적인 태도와 생각을 측정하는 척도검사이다. 아무렇게나 적당히 반응한 피검사자를 찾아내는 타당성 척도로서의 목적도 있다.
순응을 위한 성취 척도 (Ac)	강한 성취욕구를 측정하기 위한 척도로서 학업성취에 관련된 동기요인과 성격요인을 측정하기 위해서 만들어졌다.
독립성을 통한 성취 척도 (Ai)	독립적인 사고, 창조력, 자기실현을 위한 성취능력의 정도를 측정하는 척도이다.
지적 능률 척도 (Ie)	지적 능률성을 측정하기 위한 척도이며, 지능과 의미 있는 상관관계를 가지고 있는 성격특성을 나타내는 항목을 제공한다.
심리적 예민성 척도 (Py)	동기, 내적 욕구, 타인의 경험에 공명하고 흥미를 느끼는 정도를 재는 척도이다.
유연성 척도 (Fx)	개인의 사고와 사회적 행동에 대한 유연성, 순응성 정도를 나타내는 척도이다.
여향성 척도 (Fe)	흥미의 남향성과 여향성을 측정하기 위한 척도이다.

3 인성검사 시 유의사항

(1) 충분한 휴식으로 불안을 없애고 정서적인 안정을 취한다. 심신이 안정되어야 자신의 마음을 표현할 수 있다.

(2) 생각나는 대로 솔직하게 응답한다. 자신을 너무 과대포장하지도, 너무 비하하지 않도록 한다. 답변을 꾸며서 하면 앞뒤가 맞지 않게끔 구성돼 있어 불리한 평가를 받게 되므로 솔직하게 답하도록 한다.

(3) 검사문항에 대해 지나치게 골똘히 생각해서는 안 된다. 지나치게 몰두하면 엉뚱한 답변이 나올 수 있으므로 불필요한 생각은 삼간다.

(4) 인성검사는 대개 문항수가 많기에 자칫 건너뛰는 경우가 있는데, 가능한 모든 문항에 답해야 한다. 응답하지 않은 문항이 많을 경우 평가자가 정확한 평가를 내리지 못해 불리한 평가를 받을 수 있기 때문이다.

4 인성검사 모의연습

1. 1단계 검사

※ 다음 질문내용을 읽고 본인에 해당하는 응답의 '예', '아니요'에 ○표 하시오. [1~140]

번호	질문	응답	
1	조심스러운 성격이라고 생각한다.	예	아니요
2	사물을 신중하게 생각하는 편이라고 생각한다.	예	아니요
3	동작이 기민한 편이다.	예	아니요
4	포기하지 않고 노력하는 것이 중요하다.	예	아니요
5	일주일의 예정을 만드는 것을 좋아한다.	예	아니요
6	노력의 여하보다 결과가 중요하다.	예	아니요
7	자기주장이 강하다.	예	아니요
8	장래의 일을 생각하면 불안해질 때가 있다.	예	아니요
9	소외감을 느낄 때가 있다.	예	아니요
10	훌쩍 여행을 떠나고 싶을 때가 자주 있다.	예	아니요
11	대인관계가 귀찮다고 느낄 때가 있다.	예	아니요
12	자신의 권리를 주장하는 편이다.	예	아니요
13	낙천가라고 생각한다.	예	아니요
14	싸움을 한 적이 없다.	예	아니요
15	자신의 의견을 상대에게 잘 주장하지 못한다.	예	아니요
16	좀처럼 결단하지 못하는 경우가 있다.	예	아니요
17	하나의 취미를 오래 지속하는 편이다.	예	아니요
18	한 번 시작한 일은 끝을 맺는다.	예	아니요
19	행동으로 옮기기까지 시간이 걸린다.	예	아니요
20	다른 사람들이 하지 못하는 일을 하고 싶다.	예	아니요
21	해야 할 일은 신속하게 처리한다.	예	아니요

번호	질문	응답	
22	병이 아닌지 걱정이 들 때가 있다.	예	아니요
23	다른 사람의 충고를 기분 좋게 듣는 편이다.	예	아니요
24	다른 사람에게 의존적이 될 때가 많다.	예	아니요
25	타인에게 간섭받는 것은 싫다.	예	아니요
26	의식 과잉이라는 생각이 들 때가 있다.	예	아니요
27	수다를 좋아한다.	예	아니요
28	잘못된 일을 한 적이 한 번도 없다.	예	아니요
29	모르는 사람과 이야기하는 것은 용기가 필요하다.	예	아니요
30	끙끙거리며 생각할 때가 있다.	예	아니요
31	다른 사람에게 항상 움직이고 있다는 말을 듣는다.	예	아니요
32	매사에 얽매인다.	예	아니요
33	잘하지 못하는 게임은 하지 않으려고 한다.	예	아니요
34	어떠한 일이 있어도 출세하고 싶다.	예	아니요
35	막무가내라는 말을 들을 때가 많다.	예	아니요
36	신경이 예민한 편이라고 생각한다.	예	아니요
37	쉽게 침울해한다.	예	아니요
38	쉽게 싫증을 내는 편이다.	예	아니요
39	옆에 사람이 있으면 싫다.	예	아니요
40	토론에서 이길 자신이 있다.	예	아니요
41	친구들과 남의 이야기를 하는 것을 좋아한다.	예	아니요
42	푸념을 한 적이 없다.	예	아니요
43	남과 친해지려면 용기가 필요하다.	예	아니요
44	통찰력이 있다고 생각한다.	예	아니요
45	집에서 가만히 있으면 기분이 우울해진다.	예	아니요
46	매사에 느긋하고 차분하게 매달린다.	예	아니요
47	좋은 생각이 떠올라도 실행하기 전에 여러모로 검토한다.	예	아니요
48	누구나 권력자를 동경하고 있다고 생각한다.	예	아니요
49	몸으로 부딪혀 도전하는 편이다.	예	아니요
50	당황하면 갑자기 땀이 나서 신경 쓰일 때가 있다.	예	아니요
51	친구들이 진지한 사람으로 생각하고 있다.	예	아니요
52	감정적으로 될 때가 많다.	예	아니요
53	다른 사람의 일에 관심이 없다.	예	아니요
54	다른 사람으로부터 지적받는 것은 싫다.	예	아니요
55	지루하면 마구 떠들고 싶어진다.	예	아니요
56	부모에게 불평을 한 적이 한 번도 없다.	예	아니요
57	내성적이라고 생각한다.	예	아니요
58	돌다리도 두들기고 건너는 타입이라고 생각한다.	예	아니요
59	굳이 말하자면 시원시원하다.	예	아니요
60	나는 끈기가 강하다.	예	아니요
61	전망을 세우고 행동할 때가 많다.	예	아니요

번호	질문	응답	
62	일에는 결과가 중요하다고 생각한다.	예	아니요
63	활력이 있다.	예	아니요
64	항상 천재지변을 당하지는 않을까 걱정하고 있다.	예	아니요
65	때로는 후회할 때도 있다.	예	아니요
66	다른 사람에게 위해를 가할 것 같은 기분이 든 때가 있다.	예	아니요
67	진정으로 마음을 허락할 수 있는 사람은 없다.	예	아니요
68	기다리는 것에 짜증내는 편이다.	예	아니요
69	친구들로부터 줏대 없는 사람이라는 말을 듣는다.	예	아니요
70	사물을 과장해서 말한 적은 없다.	예	아니요
71	인간관계가 폐쇄적이라는 말을 듣는다.	예	아니요
72	매사에 신중한 편이라고 생각한다.	예	아니요
73	눈을 뜨면 바로 일어난다.	예	아니요
74	난관에 봉착해도 포기하지 않고 열심히 해본다.	예	아니요
75	실행하기 전에 재확인할 때가 많다.	예	아니요
76	리더로서 인정을 받고 싶다.	예	아니요
77	어떤 일이 있어도 의욕을 가지고 열심히 하는 편이다.	예	아니요
78	다른 사람의 감정에 민감하다.	예	아니요
79	다른 사람들이 남을 배려하는 마음씨가 있다는 말을 한다.	예	아니요
80	사소한 일로 우는 일이 많다.	예	아니요
81	반대에 부딪혀도 자신의 의견을 바꾸는 일은 없다.	예	아니요
82	누구와도 편하게 이야기할 수 있다.	예	아니요
83	가만히 있지 못할 정도로 침착하지 못할 때가 있다.	예	아니요
84	다른 사람을 싫어한 적은 한 번도 없다.	예	아니요
85	그룹 내에서는 누군가의 주도하에 따라가는 경우가 많다.	예	아니요
86	차분하다는 말을 듣는다.	예	아니요
87	스포츠 선수가 되고 싶다고 생각한 적이 있다.	예	아니요
88	모두가 싫증을 내는 일에도 혼자서 열심히 한다.	예	아니요
89	휴일은 세부적인 예정을 세우고 보낸다.	예	아니요
90	완성된 것보다 미완성인 것에 흥미가 있다.	예	아니요
91	잘하지 못하는 것이라도 자진해서 한다.	예	아니요
92	가만히 있지 못할 정도로 불안해질 때가 많다.	예	아니요
93	자주 깊은 생각에 잠긴다.	예	아니요
94	이유도 없이 다른 사람과 부딪힐 때가 있다.	예	아니요
95	타인의 일에는 별로 관여하고 싶지 않다고 생각한다.	예	아니요
96	무슨 일이든 자신을 가지고 행동한다.	예	아니요
97	유명인과 서로 아는 사람이 되고 싶다.	예	아니요
98	지금까지 후회를 한 적이 없다.	예	아니요
99	의견이 다른 사람과는 어울리지 않는다.	예	아니요
100	무슨 일이든 생각해 보지 않으면 만족하지 못한다.	예	아니요
101	다소 무리를 하더라도 피로해지지 않는다.	예	아니요

번호	질문	응답	
102	굳이 말하자면 장거리 주자에 어울린다고 생각한다.	예	아니요
103	여행을 가기 전에는 세세한 계획을 세운다.	예	아니요
104	능력을 살릴 수 있는 일을 하고 싶다.	예	아니요
105	성격이 시원시원하다고 생각한다.	예	아니요
106	굳이 말하자면 자의식 과잉이다.	예	아니요
107	자신을 쓸모없는 인간이라고 생각할 때가 있다.	예	아니요
108	주위의 영향을 받기 쉽다.	예	아니요
109	지인을 발견해도 만나고 싶지 않을 때가 많다.	예	아니요
110	다수의 반대가 있더라도 자신의 생각대로 행동한다.	예	아니요
111	번화한 곳에 외출하는 것을 좋아한다.	예	아니요
112	지금까지 다른 사람의 마음에 상처준 일이 없다.	예	아니요
113	다른 사람에게 자신이 소개되는 것을 좋아한다.	예	아니요
114	실행하기 전에 재고하는 경우가 많다.	예	아니요
115	몸을 움직이는 것을 좋아한다.	예	아니요
116	나는 완고한 편이라고 생각한다.	예	아니요
117	신중하게 생각하는 편이다.	예	아니요
118	커다란 일을 해보고 싶다.	예	아니요
119	계획을 생각하기보다 빨리 실행하고 싶어한다.	예	아니요
120	작은 소리도 신경 쓰인다.	예	아니요
121	나는 자질구레한 걱정이 많다.	예	아니요
122	이유도 없이 화가 치밀 때가 있다.	예	아니요
123	융통성이 없는 편이다.	예	아니요
124	나는 다른 사람보다 기가 세다.	예	아니요
125	다른 사람보다 쉽게 우쭐해진다.	예	아니요
126	다른 사람을 의심한 적이 한 번도 없다.	예	아니요
127	어색해지면 입을 다무는 경우가 많다.	예	아니요
128	하루의 행동을 반성하는 경우가 많다.	예	아니요
129	격렬한 운동도 그다지 힘들어하지 않는다.	예	아니요
130	새로운 일에 처음 한 발을 좀처럼 떼지 못한다.	예	아니요
131	앞으로의 일을 생각하지 않으면 진정이 되지 않는다.	예	아니요
132	인생에서 중요한 것은 높은 목표를 갖는 것이다.	예	아니요
133	무슨 일이든 선수를 쳐야 이긴다고 생각한다.	예	아니요
134	다른 사람이 나를 어떻게 생각하는지 궁금할 때가 많다.	예	아니요
135	침울해지면서 아무 것도 손에 잡히지 않을 때가 있다.	예	아니요
136	어린 시절로 돌아가고 싶을 때가 있다.	예	아니요
137	아는 사람을 발견해도 피해버릴 때가 있다.	예	아니요
138	굳이 말하자면 기가 센 편이다.	예	아니요
139	성격이 밝다는 말을 듣는다.	예	아니요
140	다른 사람이 부럽다고 생각한 적이 한 번도 없다.	예	아니요

2. 2단계 검사

※ 다음 질문내용을 읽고 A, B 중 해당되는 곳에 ○표 하시오. **[1~36]**

번호	질문	응답	
1	A 사람들 앞에서 잘 이야기하지 못한다. B 사람들 앞에서 이야기하는 것을 좋아한다.	A	B
2	A 엉뚱한 생각을 잘한다. B 비현실적인 것을 싫어한다.	A	B
3	A 친절한 사람이라는 말을 듣고 싶다. B 냉정한 사람이라는 말을 듣고 싶다.	A	B
4	A 예정에 얽매이는 것을 싫어한다. B 예정이 없는 상태를 싫어한다.	A	B
5	A 혼자 생각하는 것을 좋아한다. B 다른 사람과 이야기하는 것을 좋아한다.	A	B
6	A 정해진 절차에 따르는 것을 싫어한다. B 정해진 절차가 바뀌는 것을 싫어한다.	A	B
7	A 친절한 사람 밑에서 일하고 싶다. B 이성적인 사람 밑에서 일하고 싶다.	A	B
8	A 그때그때의 기분으로 행동하는 경우가 많다. B 미리 행동을 정해두는 경우가 많다.	A	B
9	A 다른 사람과 만났을 때 화제로 고생한다. B 다른 사람과 만났을 때 화제에 부족함이 없다.	A	B
10	A 학구적이라는 인상을 주고 싶다. B 실무적이라는 인상을 주고 싶다.	A	B
11	A 친구가 돈을 빌려달라고 하면 거절하지 못한다. B 본인에게 도움이 되지 않는 차금은 거절한다.	A	B
12	A 조직 안에서는 독자적으로 움직이는 타입이라고 생각한다. B 조직 안에서는 우등생 타입이라고 생각한다.	A	B
13	A 문장을 쓰는 것을 좋아한다. B 이야기하는 것을 좋아한다.	A	B
14	A 직감으로 판단한다. B 경험으로 판단한다.	A	B
15	A 다른 사람이 어떻게 생각하는지 신경 쓰인다. B 다른 사람이 어떻게 생각하든 신경 쓰지 않는다.	A	B
16	A 틀에 박힌 일은 싫다. B 절차가 정해진 일을 좋아한다.	A	B
17	A 처음 사람을 만날 때는 노력이 필요하다. B 처음 사람을 만나는 것이 아무렇지도 않다.	A	B
18	A 꿈을 가진 사람에게 끌린다. B 현실적인 사람에게 끌린다.	A	B

번호	질문	응답	
19	A 어려움에 처한 사람을 보면 동정한다. B 어려움에 처한 사람을 보면 원인을 생각한다.	A	B
20	A 느긋한 편이다. B 시간을 정확히 지키는 편이다.	A	B
21	A 회합에서는 소개를 받는 편이다. B 회합에서는 소개를 하는 편이다.	A	B
22	A 굳이 말하자면 혁신적이라고 생각한다. B 굳이 말하자면 보수적이라고 생각한다.	A	B
23	A 지나치게 합리적으로 결론짓는 것은 좋지 않다. B 지나치게 온정을 표시하는 것은 좋지 않다.	A	B
24	A 융통성이 있다. B 자신의 페이스를 잃지 않는다.	A	B
25	A 사람들 앞에 잘 나서지 못한다. B 사람들 앞에 나서는 데 어려움이 없다.	A	B
26	A 상상력이 있다는 말을 듣는다. B 현실적이라는 이야기를 듣는다.	A	B
27	A 다른 사람의 의견에 귀를 기울인다. B 자신의 의견을 밀어붙인다.	A	B
28	A 틀에 박힌 일은 너무 딱딱해서 싫다. B 방법이 정해진 일은 안심할 수 있다.	A	B
29	A 튀는 것을 싫어한다. B 튀는 것을 좋아한다.	A	B
30	A 굳이 말하자면 이상주의자이다. B 굳이 말하자면 현실주의자이다.	A	B
31	A 일을 선택할 때에는 인간관계를 중시하고 싶다. B 일을 선택할 때에는 일의 보람을 중시하고 싶다.	A	B
32	A 임기응변에 능하다. B 계획적인 행동을 중요하게 여긴다.	A	B
33	A 혼자 꾸준히 하는 것을 좋아한다. B 변화가 있는 것을 좋아한다.	A	B
34	A 가능성에 눈을 돌린다. B 현실성에 눈을 돌린다.	A	B
35	A 매사에 감정적으로 생각한다. B 매사에 이론적으로 생각한다.	A	B
36	A 스케줄을 짜지 않고 행동하는 편이다. B 스케줄을 짜고 행동하는 편이다.	A	B

3. 답안지

(1) 1단계 검사

1	15	29	43	57	71	85	99	113	127
예 아니요	예 아니요	예 아니요	예 아니요	예 아니요	예 아니요	예 아니요	예 아니요	예 아니요	예 아니요
2	16	30	44	58	72	86	100	114	128
예 아니요	예 아니요	예 아니요	예 아니요	예 아니요	예 아니요	예 아니요	예 아니요	예 아니요	예 아니요
3	17	31	45	59	73	87	101	115	129
예 아니요	예 아니요	예 아니요	예 아니요	예 아니요	예 아니요	예 아니요	예 아니요	예 아니요	예 아니요
4	18	32	46	60	74	88	102	116	130
예 아니요	예 아니요	예 아니요	예 아니요	예 아니요	예 아니요	예 아니요	예 아니요	예 아니요	예 아니요
5	19	33	47	61	75	89	103	117	131
예 아니요	예 아니요	예 아니요	예 아니요	예 아니요	예 아니요	예 아니요	예 아니요	예 아니요	예 아니요
6	20	34	48	62	76	90	104	118	132
예 아니요	예 아니요	예 아니요	예 아니요	예 아니요	예 아니요	예 아니요	예 아니요	예 아니요	예 아니요
7	21	35	49	63	77	91	105	119	133
예 아니요	예 아니요	예 아니요	예 아니요	예 아니요	예 아니요	예 아니요	예 아니요	예 아니요	예 아니요
8	22	36	50	64	78	92	106	120	134
예 아니요	예 아니요	예 아니요	예 아니요	예 아니요	예 아니요	예 아니요	예 아니요	예 아니요	예 아니요
9	23	37	51	65	79	93	107	121	135
예 아니요	예 아니요	예 아니요	예 아니요	예 아니요	예 아니요	예 아니요	예 아니요	예 아니요	예 아니요
10	24	38	52	66	80	94	108	122	136
예 아니요	예 아니요	예 아니요	예 아니요	예 아니요	예 아니요	예 아니요	예 아니요	예 아니요	예 아니요
11	25	39	53	67	81	95	109	123	137
예 아니요	예 아니요	예 아니요	예 아니요	예 아니요	예 아니요	예 아니요	예 아니요	예 아니요	예 아니요
12	26	40	54	68	82	96	110	124	138
예 아니요	예 아니요	예 아니요	예 아니요	예 아니요	예 아니요	예 아니요	예 아니요	예 아니요	예 아니요
13	27	41	55	69	83	97	111	125	139
예 아니요	예 아니요	예 아니요	예 아니요	예 아니요	예 아니요	예 아니요	예 아니요	예 아니요	예 아니요
14	28	42	56	70	84	98	112	126	140
예 아니요	예 아니요	예 아니요	예 아니요	예 아니요	예 아니요	예 아니요	예 아니요	예 아니요	예 아니요

(2) 2단계 검사

1	5	9	13	17	21	25	29	33
A B	A B	A B	A B	A B	A B	A B	A B	A B
2	6	10	14	18	22	26	30	34
A B	A B	A B	A B	A B	A B	A B	A B	A B
3	7	11	15	19	23	27	31	35
A B	A B	A B	A B	A B	A B	A B	A B	A B
4	8	12	16	20	24	28	32	36
A B	A B	A B	A B	A B	A B	A B	A B	A B

4. 분석표

(1) 1단계 검사

합계 1

합계 2

합계 3

합계 4

합계 5

합계 6

합계 7

합계 8

합계 9

합계 10

합계 11

합계 12

합계 13

합계 14

척도		0	1	2	3	4	5	6	7	8	9	10
행동적 측면	사회적 내향성 (합계 1)											
	내성성 (합계 2)											
	신체활동성 (합계 3)											
	지속성 (합계 4)											
	신중성 (합계 5)											
의욕적 측면	달성의욕 (합계 6)											
	활동의욕 (합계 7)											
정서적 측면	민감성 (합계 8)											
	자책성 (합계 9)											
	기분성 (합계 10)											
	독자성 (합계 11)											
	자신감 (합계 12)											
	고양성 (합계 13)											
타당성	신뢰도 (합계 14)											

(2) 2단계 검사

합계 15

합계 16

합계 17

합계 18

척도		0	1	2	3	4	5	6	7	8	9	
성격 유형	흥미관심 방향 (합계 15)											외향
	사물에 대한 견해 (합계 16)											감각
	판단의 방법 (합계 17)											사고
	사회에 대한 접근 방법 (합계 18)											판단

5. 채점방식

(1) 1단계 검사

① 답안지에 '예', '아니요'를 체크한다.
② 답안지의 문제번호 줄 1, 15, 29, 43, 57, 71, 85, 99, 113, 127 중 '예'에 체크한 개수의 합계를 '합계 1'란에 숫자로 기입한다.
③ 위와 같이 문제번호 줄 2, 16, 30, 44, 58, 72, 86, 100, 114, 128 중 '예'에 체크한 개수의 합계를 '합계 2'란에 기입한다.
④ 마찬가지로 문제번호 줄 14까지 이렇게 '예'에 체크한 개수의 합계를 차례대로 '합계 14'란까지 숫자로 기입한다.
⑤ 집계는 각각 10문제씩 한다.
⑥ 집계가 끝나면 집계결과를 분석표에 옮겨 적는다.

(2) 2단계 검사

① 답안지의 문제번호 줄 1, 5, 9, 13, 17, 21, 25, 29, 33의 'B'에 ○표 체크한 개수의 합계를 '합계 15'란에 숫자로 기입한다.
② 마찬가지로 문제번호 줄 4까지 이렇게 'B'에 ○표 체크한 개수의 합계를 차례대로 '합계 18'란까지 숫자로 기입한다.
③ 집계는 각각 옆으로 9문제씩 한다.
④ 집계가 끝나면 집계결과를 분석표에 옮겨 적는다.

6. 결과 분석

(1) 1단계 검사

① '합계 1'에서부터 '합계 5'까지는 성격 특성을 나타내는 어떠한 행동적 특징이 있는지 나타낸다. 즉, 행동적 측면은 행동으로 나타내기 쉬운 경향을 나타내는 것이다. 행동적인 경향은 겉모습으로도 금방 알 수 있기 때문에 면접에서 다루어지기 쉬운 부분이다.
② '합계 6'과 '합계 7'은 의욕적인 측면을 나타낸다. 의욕적 측면은 의욕이나 활력을 나타내는 것이다. 인재를 채용하는 조직에 있어 의욕적인 사람은 열심히 일할 가능성이 높기 때문에 중요한 측면이라고 할 수 있다.
③ '합계 8'에서부터 '합계 13'까지는 정서적인 측면을 나타내는데, 이는 사회에서의 적응력이나 감정의 안정도를 나타내고 있다. 조직 내에서의 업무나 인간관계에 원활하게 적응할 수 있는지 등을 측정하는 것이다.
④ '합계 14'는 라이스케일, 즉 타당성 척도로서 허위성을 나타낸다. 업무상의 과실을 얼버무리거나 자신을 잘 보이게 하기 위해 거짓말을 하는 정도를 측정하는 것이다.
⑤ '합계 1'에서 '합계 13'까지는 평가치가 높을수록 측정된 특성 경향이 강하다는 것을 나타낸다. '합계 14'는 평가치가 높을수록 응답에 대한 신뢰성이 낮고, 평가치가 낮을수록 응답에 대한 신뢰성이 높다는 의미이다.

(2) 2단계 검사

① 2단계 검사는 성격유형에 관한 부분으로, 개인의 성향을 분류하기 위한 요소이다. 성격유형이 채용 여부에 직접 영향을 주는 일은 다소 적지만, 장래에 이동이나 승진 시 자료로 이용될 가능성이 있는 항목이다.

② 평가치는 높고 낮음을 나타내는 것이 아니라, 피검사자의 성향이 어느 방면에 치우쳐 있는가를 판단하는 것이다. 예를 들어, '흥미관심'의 평가치가 9인 경우 외향적인 경향이 강하고, 2인 경우에는 내향적인 경향이 강하다고 할 수 있다. 평가치가 4 또는 5일 경우에는 어느 한 성향으로 치우쳐 있지 않고 중립적인 성향을 가지고 있다고 볼 수 있다.

5 인성검사 결과로 알아보는 예상 면접 질문

인성검사는 특히 면접 질문과 관련성이 높은 부분이다. 면접관은 지원자의 인성검사 결과를 토대로 질문을 하게 된다. 그렇다고 해서 자신의 성격을 꾸미는 것은 바람직하지 않다. 실제 시험은 매우 복잡하여 전문가라 해도 일정 성격을 유지하면서 답변을 하는 것이 불가능하기 때문이다. 따라서 인성검사는 솔직하게 임하되 인성검사 모의연습으로 자신의 성향을 정확히 파악하고 아래 예상 면접질문을 참고하여, 자신의 단점은 보완하면서 강점은 어필할 수 있는 답변을 준비하도록 하자.

1. 사회적 내향성 척도

(1) 득점이 낮은 사람

- 자기가 선택한 직업에 대해 어떤 인상을 가지고 있습니까?
- 부모님을 객관적으로 봤을 때 어떻게 생각합니까?
- 당사의 사장님 성함을 알고 있습니까?

수다스럽기 때문에 내용이 없다는 인상을 주기 쉽다. 질문의 요지를 파악하여 논리적인 발언을 하도록 유의하자. 한 번에 많은 것을 이야기하려 하면 요점이 흐려지게 되므로 내용을 정리하여 간결하게 발언한다.

(2) 득점이 높은 사람

- 친구들에게 있어 당신은 어떤 사람입니까?
- 특별히 무언가 묻고 싶은 것이 있습니까?
- 친구들의 상담을 받는 쪽입니까?

높은 득점은 마이너스 요인이다. 면접에서 보완해야 하므로 자신감을 가지고 끝까지 또박또박 주위에도 들릴 정도의 큰 소리로 말하도록 하자. 절대 얼버무리거나 기어들어가는 목소리는 안 된다.

2. 내성성 척도

(1) 득점이 낮은 사람

- 학생시절에 후회되는 일은 없습니까?
- 학생과 사회인의 차이는 무엇이라고 생각합니까?
- 당신이 가장 흥미를 가지고 있는 것에 대해 이야기해 주십시오.

답변 내용을 떠나 일단 평소보다 천천히 말하자. 생각나는 대로 말해버리면 이야기가 두서없이 이곳저곳으로 빠져 부주의하고 경솔하다는 인식을 줄 수 있으므로 머릿속에서 내용을 정리하고 이야기하도록 유의하자. 응답은 가능한 간결하게 한다.

(2) 득점이 높은 사람

- 인생에는 무엇이 중요하다고 생각합니까?
- 좀 더 큰소리로 이야기해 주십시오.

과도하게 긴장할 경우 불필요한 생각을 하게 되어 반응이 늦어버리면 곤란하다. 특히 새로운 질문을 받았는데도 했던 대답을 재차 하거나 하면 전체 흐름을 저해하게 되므로 평소부터 이러한 습관을 의식하면서 적절한 타이밍의 대화를 하도록 하자.

3. 신체활동성 척도

(1) 득점이 낮은 사람

- 휴일은 어떻게 보냅니까?
- 학창시절에 무엇에 열중했습니까?

졸업논문이나 영어회화, 컴퓨터 등 학생다움이나 사회인으로서 도움이 되는 것에 관심을 가지고 있는 것을 적극 어필한다. 이미 면접담당자는 소극적이라고 생각하고 있기 때문에 말로 적극적이라고 말해도 성격프로필의 결과와 모순되므로 일부러 꾸며 말하지 않는다.

(2) 득점이 높은 사람

- 제대로 질문을 듣고 있습니까?
- 희망하는 직종으로 배속되지 않으면 어떻게 하겠습니까?

일부러 긴장시키고 반응을 살피는 경우가 있다. 활동적이지만 침착함이 없다는 인상을 줄 수 있으므로 머릿속에 생각을 정리하는 습관을 들이자. 행동할 때도 마찬가지로, 편하게 행동하는 것은 플러스 요인이지만, 반사적인 언동이 많으면 마이너스가 되므로 주의한다.

4. 지속성 척도

(1) 득점이 낮은 사람

- 일에 활용할 수 있을 만한 자격이나 특기, 취미가 있습니까?
- 오랫동안 배운 것에 대해 들려주십시오.

금방 싫증내서 오래 지속하지 못하는 것은 마이너스다. 쉽게 포기하고 내팽개치는 사람은 어느 곳에서도 필요로 하지 않는다는 것을 상기한다. 면접을 보는 동안과 마찬가지로, 대기 시간에도 주의하여 차분하지 못한 동작을 하지 않도록 한다.

(2) 득점이 높은 사람

- 이런 것도 모릅니까?
- 이 직업에 맞지 않는 것은 아닙니까?

짓궂은 질문을 받으면 감정적이 되거나 옹고집을 부릴 가능성이 있다. 냉정하고 침착하게 받아넘겨야 한다. 비슷한 경험을 쌓으면 차분하게 응답할 수 있게 되므로 모의면접 등의 기회를 활용한다.

5. 신중성 척도

(1) 득점이 낮은 사람

- 당신에게 부족한 것은 어떤 점입니까?
- 결점을 극복하기 위해 어떻게 노력하고 있습니까?

질문의 요지를 잘못 받아들이거나, 불필요한 이야기까지 하는 등 대답에 일관성이 없으면 마이너스다. 직감적인 언동을 하지 않도록 평소부터 논리적으로 생각하는 습관을 키우자.

(2) 득점이 높은 사람

- 주위 사람에게 욕을 들으면 어떻게 하겠습니까?
- 출세하고 싶습니까?
- 제 질문에 대한 답이 아닙니다.

예상외의 질문에 답이 궁해지거나 깊이 생각하게 되면 역시나 신중이 지나쳐 결단이 늦다는 인상을 주게 된다. 주위의 상황을 파악하고 발언하려는 나머지 반응이 늦어지고, 집단면접 등에서 시간이 걸리게 되면 행동이 느리다는 인식을 주게 되므로 주의한다.

6. 달성의욕 척도

(1) 득점이 낮은 사람

- 인생의 목표를 들려주십시오.
- 입사하면 무엇을 하고 싶습니까?
- 지금까지 목표를 향해 노력하여 달성한 적이 있습니까?

결과에 대한 책임감이 낮다, 지시에 따르기만 할 뿐 주체성이 없다는 인상을 준다면 매우 곤란하다. 목표의식이나 의욕의 유무, 주위 상황에 휩쓸리는 경향 등에 대해 물어오면 의욕이 낮다는 인식을 주지 않도록 목표를 향해 견실하게 노력하려는 자세를 강조하자.

(2) 득점이 높은 사람

- 도박을 좋아합니까?
- 다른 사람에게 지지 않는다고 말할 수 있는 것이 있습니까?

행동이 따르지 않고 말만 앞선다면 평가가 나빠진다. 목표나 이상을 바라보고 노력하지 않는 것은 한 번의 도박으로 일확천금을 노리는 것과 같다는 것을 명심하고 자신이 어떤 목표를 이루기 위해 노력한 경험이 있는지 미리 생각해서 행동적인 부분을 어필하는 답변을 하도록 하자.

7. 활동의욕 척도

(1) 득점이 낮은 사람

- 어떤 일을 할 때 주도적으로 이끄는 편입니까?
- 신념이나 신조에 대해 말해 주십시오.
- 질문의 답이 다른 사람과 똑같습니다.

의표를 찌르는 질문을 받더라도 당황하지 말고 수비에 강한 면을 어필하면서 무모한 공격을 하기보다는 신중하게 매진하는 성격이라는 점을 강조할 수 있는 답을 준비해 두자.

(2) 득점이 높은 사람

- 친구들로부터 어떤 성격이라는 이야기를 듣습니까?
- 협동성이 있다고 생각합니까?

사고과정을 전달하지 않으면 너무 막무가내이거나, 경박하고 생각 없이 발언한다는 인식을 줄 수 있으므로 갑자기 결론을 내리거나 단숨에 본인이 하고 싶은 말만 하는 것은 피하자.

8. 민감성 척도

(1) 득점이 낮은 사람

- 좌절한 경험에 대해 이야기해 주십시오.
- 당신이 약하다고 느낄 때는 어떤 때입니까?

구체적으로 대답하기 어려운 질문이나 의도를 알기 어려운 질문을 통해 감수성을 시험하게 된다. 냉정하게 자기분석을 하여 독선적이지 않은 응답을 하자.

(2) 득점이 높은 사람

- 지금까지 신경이 예민하다는 이야기를 들은 적이 있습니까?
- 채용되지 못하면 어떻게 하시겠습니까?
- 당신의 성격에서 고치고 싶은 부분이 있습니까?

예민한 성격이라는 부분을 마음에 두고 있으면 직접적인 질문을 받았을 때 당황하게 된다. 신경이 예민하다기보다 세세한 부분도 눈에 잘 들어오는 성격이라고 어필하자.

9. 자책성 척도

(1) 득점이 낮은 사람

- 학생시절을 통해 얻은 것은 무엇이라고 생각합니까?
- 자기 자신을 분석했을 때 좋아하는 면은 무엇입니까?

낙관적인 것은 면접관이 이미 알고 있으므로 솔직한 부분이나 신념을 가지고 의의가 있는 삶을 살고 있다는 점을 어필하자.

(2) 득점이 높은 사람

- 곤란한 상황에 어떻게 대처하겠습니까?
- 실수한 경험과 그 실수에서 얻은 교훈을 들려주십시오.

좋지 않은 쪽으로 생각해서 불필요하게 긴장하면 더욱 사태가 악화된다. 쉽게 비관하는 성격이므로, 면접을 받는 동안은 면접담당자의 눈을 보며 밝게 응답하고, 말끝을 흐리지 않고 또박또박 말하도록 유의하자. 또한 '할 수 없다.', '자신이 없다.' 등의 발언이 많으면 평가가 떨어지므로 평소부터 부정적인 말을 사용하지 않도록 긍정적으로 사고하는 습관을 들여야 한다.

면접

삼성그룹은 '창의 · 열정 · 소통의 가치창조인(열정과 몰입으로 미래에 도전하는 인재, 학습과 창의로 세상을 변화시키는 인재, 열린 마음으로 소통하고 협업하는 인재)'을 인재상으로 내세우며, 이에 적합한 인재를 채용하기 위하여 면접 전형을 시행하고 있다.

2019년 이전에는 '인성검사 – 직무면접 – 창의성 면접 – 임원면접' 순서로 시행되었지만 2020년부터 코로나19로 인해 비대면 오프라인 면접으로 진행되며, 직무역량 면접은 프레젠테이션(PT)을 하던 방식에서 질의응답 형식으로 대체되었다. 또한 창의성 면접을 시행하지 않으며 대신 수리논리와 추리 2영역을 평가하는 약식 GSAT를 30분간 실시한다.

1. 약식 GSAT

구분	문항 수	제한시간
수리논리	10문항	30분
추리	15문항	

2. 직무면접

구분	인원수	면접 시간
면접관	3명	30분 내외
지원자	1명	

- 1분 자기소개
- 해당 직무 지원동기
- 직무와 관련한 자신의 역량
- 전공관련 용어
- 마지막으로 하고 싶은 말

3. 임원면접

구분	인원수	면접 시간
면접관	3명	30분 내외
지원자	1명	

- 졸업은 언제 하였는가?
- 졸업하고 취업 준비는 어떻게 하고 있는지 말해 보시오.
- 경쟁력을 쌓기 위해 어떤 것들을 준비했는지 말해 보시오.
- 학점이 낮은데 이유가 무엇인가?
- 면접 준비는 어떻게 했는지 말해 보시오.
- 다른 지원자와 차별되는 자신만의 강점이 무엇인가?
- 살면서 가장 치열하게, 미친 듯이 몰두하거나 노력했던 경험을 말해 보시오.
- 자신이 리더이고, 모든 것을 책임지는 자리에 있다. 본인은 A프로젝트가 맞다고 생각하고 다른 모든 팀원은 B프로젝트가 맞다고 생각할 때 어떻게 할 것인가?
- 마지막으로 하고 싶은 말은 무엇인가?

1 2020년 하반기 ~ 2019년 상반기

1. PT 면접

- TV 두께를 얇게 하는 방안
- SSD와 HDD의 차이점
- 고체역학
- 진동
- 열전달
- 열역학
- 기어 토크 각속도
- 통신기밀보호법
- 시각 장애인에 한하여 안마사 자격을 인정받을 수 있도록 하는 법이 법원의 위헌 판결에 따라 폐지되었다. 이에 시각장애인들은 이를 강력히 규탄하여 자살 시위까지 하고 있다. 과연 일반인의 직업 선택권이 우선인가? 장애인들의 배려가 우선인가?
- 정부와 기업은 신재생 에너지의 비중을 확대하고자 한다. 환경적으로 혜택이 있다는 선입견에도 불구하고 수반되는 부수적인 환경 문제가 발생하는 상황이다. 태양 전지판 압축 기술이 새롭게 자사 R&D 부서를 통해 발명되었다. 이러한 상황에서 환경 문제를 최소화하고 신재생 에너지의 효율을 극대화 할 수 있는 방안을 제시해 보시오.
- (전세계 스마트폰 교체 주기 증가 양상 자료 주어진 후) 스마트폰 교체 주기는 늘어나고 신제품 출시는 앞당겨지고 있다. 이에 대해 상하반기 신제품 출시에 대한 매출 증대 방안을 제시해 보시오.

- (실패한 기존 S사와 L사의 매출 증대 방안 제시 후) 중국 시장에서의 시장 점유율 확대 방안을 제시해 보시오.
- S펜의 사용률을 증가시킬 방안을 제시해 보시오.
- (삼성물산의 브랜드 사업을 담당하는 A, B 사업부의 지역, 제품 단가, 종류 등을 도표로 제시한 후) A와 B 사업부를 통합하는 것이 좋은지, 아니면 지금처럼 별도 운영하는 것이 좋은지 영어로 발표하시오.
  → (앞 문제 연장선상에서) 그렇다면 어떤 제품을 추가하여 판매하면 좋겠는지를 한국어로 4분 동안 발표하시오.

2. 창의성 면접

- 트렌드 기술에 대해 설명
- 공유 경제 서비스에 대한 문제와 솔루션 제시(제시어 : 책임, 공유, 스마트폰 등)

3. 임원 면접(인성 면접)

- 회사에 대한 가치관
- 과외 경험이 없는데 잘 할 수 있는가?
- 전역을 아직 못 했는데 이후 일정에 다 참여할 수 있겠는가?
- 자동차 회사를 가도 될 것 같은데 왜 삼성SDI 면접에 오게 되었나?
- Backlash를 줄이는 방법에 대해 설명해 보시오.
- 전공에 대해서 말해 보시오.
- 취미가 노래 부르기인데 정말 노래를 잘 하는가?
- 가족 구성원이 어떻게 되는가?
- 동생과 싸우지는 않는가?
- 학점이 낮은데 왜 그런가?
- 학교를 8년 다녔는데 왜 이렇게 오래 다녔는가?
- 영어 점수가 토익은 괜찮은데 오픽이 낮다. 우리 회사는 영어를 많이 쓰는데 어떻게 할 것인가?
- 우리 회사에 대해 아는 것을 말해 보시오.
- 우리 회사에서 하고 싶은 일은 무엇인가?
- 프로젝트를 진행 중 의견충돌 시 어떻게 대처할 것인가?
- 지원한 직무와 관련해서 준비해온 것을 말해 보시오.
- 지원자가 현재 부족한 점은 무엇이고 어떻게 채워나갈 것인가?
- 회사와 관련하여 관심 있는 기술이 있으면 설명해 보시오.
- 우리 회사가 지원자를 뽑아야 하는 이유를 말해 보시오.
- 간단히 1분간 자기소개를 해 보시오.
- 성격의 장단점을 말해 보시오.
- 자격증 등 취업을 위해 준비한 사항이 있다면 말해 보시오.

- 입사하게 되면 일하고 싶은 분야는 어디인지 말해 보시오.
- 여행하면서 가장 인상 깊었던 곳은?
- 입사 희망 동기를 말해 보시오.
- 교환학생으로 다른 학교를 가서 어떤 수업을 들었는지 말해 보시오.
- 본인이 최근에 이룬 버킷리스트는 무엇이고 가장 하고 싶은 버킷리스트는 무엇인가?
- 좋아하는 삼성 브랜드는 무엇인가?
- 스트레스는 어떻게 푸는가?
- 회사에서 나이 많은 어른들과 함께 일해야 하는데 잘할 수 있겠는가?
- 다른 회사에 지원 하였다면 어떤 직무로 지원하였는가?
- 일탈을 해본 적이 있는가?
- 인생에서 실패한 경험이 있는가?
- 회사에서는 실패의 연속일텐데 잘 할 수 있겠는가?
- 이름이 유명한 사람과 동일해서 좋은 점과 나쁜 점이 있었을 것 같은데 무엇이 있었는지 말해 보시오.
- 봉사활동은 어떻게 시작하게 된 건지 말해 보시오.
- 스마트폰에 관심이 많은데 어떻게 관심을 가지게 된 건지 말해 보시오.

2 2018년 하반기 ~ 2017년 하반기

1. PT 면접

- 반도체의 개념과 원리
- 다이오드
- MOSFET
- 알고리즘
- NAND FLASH 메모리와 관련된 이슈
- 공정에 대한 기본적인 지식, 공정과 연관된 Factor, 현재 공정 수준으로 문제점을 해결할 수 있는 방안
- 현재 반도체 기술의 방향, 문제점 및 해결방안

2. 창의성 면접

- 기업의 사회적 책임
- 본인이 작성한 글과 주제에 대한 질문 및 응용, 그리고 발전 방향에 대한 질문
- 본인의 경험 중 가장 창의적이었던 것에 대해 말해 보시오.
- 존경하는 인물이 있는가?

3. 임원 면접(인성 면접)

- 자기소개
- 대외활동 경험
- 직무 수행에 있어서 자신의 강점은 무엇인가?
- 지원동기
- 출신 학교 및 학과를 지원한 이유는 무엇인가?
- (대학 재학 중 이수한 비전공 과목을 보고) 해당 과목을 이수한 이유는 무엇인가?
- (인턴경험이 있는 지원자에게) 인턴 기간 동안 무엇을 배웠는가?
- 회사에 어떤 식으로 기여할 수 있는가?
- 목 놓아 울어본 적이 있는가?
- 선의의 거짓말을 해본 적이 있는가?
- 학점이 낮은 이유가 무엇인가?
- 자신의 성격에 대해 말해 보시오.
- 지원한 부서와 다른 부서로 배치될 경우 어떻게 하겠는가?
- 상사가 본인이 싫어하는 업무를 지속적으로 지시한다면 어떻게 하겠는가?
- (해병대 출신 지원자에게) 해병대에 지원한 이유는 무엇인가?
- 친구들은 본인에 대해 어떻게 이야기하는가?
- 좌우명이 있는가? 있다면 그것이 좌우명인 이유는 무엇인가?
- 대학생활을 열심히 한 것 같은데 그 이유가 무엇인가?

3 2017년 상반기

1. PT 면접

- 실리콘
- 포토고정
- 집적도
- 자율주행차의 경쟁력에 대해 말하시오.
- 공진주파수와 임피던스의 개념에 대해 설명하시오.
- 보의 처짐을 고려했을 때 유리한 단면형상을 설계하시오.
- Object Orientation Programming에 대해 설명하시오.
- DRAM과 NAND의 구조원리와 미세공정한계에 대해 설명하시오.
- 공정(8대공정 및 관심있는 공정)에 대해 설명하시오.
- LCD, 광학소재, 광학필름의 활용 방법을 다양하게 제시하시오.
- 특정 제품의 마케팅 방안에 대해 설명하시오.
- 갤럭시 S8과 관련한 이슈

2. 창의성 면접

- 창의적인 생각을 평소에 하고 사는가?
- 창의성을 발휘해 본 작품이 있는가?
- 감성마케팅
- 폐수 재이용에 대한 자신의 견해를 말하시오.

3. 임원 면접

- 자신의 약점은 무엇이며, 그것을 극복하기 위해 어떤 노력을 했는가?
- 무노조 경영에 대한 자신의 생각을 말하시오.
- 삼성을 제외하고 좋은 회사와 나쁜 회사의 예를 들어 말하시오.
- 우리 사회가 정의롭다고 생각하는가?
- 존경하는 인물은 누구인가?
- 삼성전자의 사회공헌활동에 대해 알고 있는가?
- 삼성전자의 경제적 이슈에 대해 말하시오.
- 삼성화재 지점 관리자에게 가장 필요한 역량은 무엇이라 생각하는가?
- 가장 열심히 했던 학교 활동은 무엇인가?
- 다른 직무로 배정된다면 어떻게 하겠는가?
- 기업의 사회적 역할에 대해 말하시오.

4 2016년 하반기

1. PT 면접

- 야드 내 발전소 점검 일정이 연휴기간 중으로 잡혀 있는데 공정지연으로 인해 업무는 계속 해야 하는 상황이다. 비범용 발전기라 어디서 빌리기도 힘들뿐더러 빌리는 기간도 한참 걸리며 안전성의 문제도 있다. 담당자라면 어떻게 할지 설명하시오.
  - 예시 : 공정지연 만회에 대한 비용이 발전소 점검 중 다른 방안을 가져오는 비용보다 더 크므로 우선 공정진행을 해야 한다.
- 삼성의 UX를 평가해 보시오.
- Risk Assessment에 대해 설명하시오.
- 하만 인수에 따른 해당 시장 진입전략에 대해 어떻게 생각하는가?
- 열전달 중, 대류 전도 복사에 대해 설명하시오.
- V-NAND 발전과정에 대해 설명하시오.

- 공정 미세화가 진행되면서, 캐패시터에서 전자가 누수되는 현상 때문에 개선책이 필요하다. 어떤 식의 개선점이 필요한지 말하시오.
- BJT가 형성되어 전자가 떨어져 나가는 현상을 설명하시오.
- 대기업의 SSM 동네 슈퍼가 상생할 수 있는 방법에 대해 설명하시오.
- 데이터센터를 이전하게 되었다. 서버를 이전하는 데 고려할 사항에 대해 설명하시오.
- FPSO에 대해 설명하시오.
- 해양플랜트가 온쇼어와 다른 점에 대해 설명하시오.
- 공정이 밀릴 때 해결법에 대해 설명하시오.
- LNG선에서 산화되어 폐기되는 가스를 최소화하는 방안에 대해 설명하시오.
- 골프공이 더 멀리 날아가는 이유에 대해서 설명해 보시오.
- 해양로봇산업의 발전방향과 응용분야에 대해 설명하시오.
- 생산관리가 무엇이며 생산관리에서 가장 중요한 것이 무엇인지 설명하시오.
- OOP에 대해 설명하시오.
- SOLID에 대해 설명하시오.
- SSD의 구동원리에 대해서 설명하고 셀에 데이터를 저장하는 방법을 설명하시오.
- OP amp에 대해 설명하시오.
- Level Shifter에 대해 설명하시오.
- 디지털회로 파워소모공식에 대해 설명하시오.

2. 창의성 면접

- 현재가 2030년이라고 가정했을 때, 공공장소에서 사람들이 휴대폰을 충전하는 모습이 사라졌다. 압력, 온도, 관성 등을 이용하여 어떻게 해결할 것인가?
- 지금 세대의 과학기술로 보아 우리의 미래에 어떤 과학기술이 좋을지 설명하시오.
- 공장 주민들의 과도한 민원에 대해 어떻게 대응할 것인가?
- 전동기 공장라인 주변에서 휴대전화가 잘 작동하지 않는다. 원인과 해결방안을 설명하시오.
- 앞으로 전화기는 어떻게 될 것 같은가?
- 업무를 할 때 효율적인 방법과 안정적인 방법 중 어떤 방법을 택할 것인가?
- 현재 시국상 언론에 노출되는 삼성을 볼 때 대기업들이 윤리적으로 올바르다고 생각하는가?
- 기술적 이슈 말고 사회적 이슈는 무엇이 있는가?
- 선의의 거짓말을 어떻게 생각하는가?
- 글로벌 시대에 대한 자신의 생각을 말하시오.
- 삼성의 보완점을 제시하시오.
- 상사가 회사의 이익에 반하는 행동을 했을 때 어떻게 하겠는가?
- 자신에게 리더십이 있다고 생각하는가? 있다면 그것을 구체적으로 설명하시오.
- 고객 불만에 대해서 어떻게 대응할 것인가?
- 정직에 대해서 어떻게 생각하는가?
- 삼성에 대한 루머가 인터넷에 돌고 있다. 어떻게 대처하겠는가?
- 수익과 사회공헌 중 무엇이 중요하다고 생각하는가?

3. 임원 면접

- 사용하는 SNS는 무엇이고, 그 SNS를 사용하는 이유는 무엇인가?
- 입사 후 하고 싶은 업무는 무엇인가?
- 본인의 특기와 그에 대한 노하우는 무엇인가?
- 왜 이 직종을 선택하였는가? 다른 직종은 마음에 없었는가?
- 지원동기는 무엇인가?
- 가장 힘들었던 기억은 무엇인가?
- 왜 당신을 채용해야 하는지 면접관을 설득하시오.
- 일탈해 본 경험이 있다면 그 경험에 대해 말해 보시오.
- 본인이 지원직무에 잘 맞다고 생각하는 이유는 무엇인가?
- 당신이 가장 존경하는 인물은 누구인가? 어떤 이유에서 존경하는가?
- 어떠한 제품을 개발하고 싶은가?
- 창의적으로 문제를 해결한 경험이 있는가?
- 다른 사람들과 문제를 해결할 때 어떻게 진행하는가?
- 본인은 동기부여를 어떠한 식으로 하는가?
- 실패했다가 극복하고 일어섰던 경험에 대해 말해 보시오.
- 공백기간 동안 무엇을 했는가?
- 만약 면접에서 떨어지면 어떻게 할 것인가?
- 지원한 다른 회사에 합격 또는 불합격한 경험이 있는가? 그 회사와의 차이는 무엇인가?
- 스트레스를 많이 받는 편인가? 스트레스를 받으면 어떻게 해소하는가?
- 끈기 있게 무언가를 시도해 본 경험이 있는가?
- 나라가 시끄러운데 이 사태에 대해 어떻게 생각하나?

5 2016년 상반기

1. PT 면접

[PT 질문]

- LED 관련 문제
  - OLED의 기본 구조와 동작 원리에 대해 설명하시오.
  - 픽셀(화소)에 대한 개념을 설명하고 크기를 계산하시오.
- 신호처리, 통신 관련 문제
  - SSD와 Interface 간의 Data 통신에 있어서 오류를 검출하는 방법
- 멀티채널과 옴니채널의 개념과 차이점에 대해 설명하시오.
- 크레인이 선박에도 있고 해안에도 있을 때, 계류되어 있는 선박에서 가장 빠르게 화물을 하역할 수 있는 방법은 무엇인가?
- EF가 기업을 인수할 때 부채를 사용하는 이유는 무엇인가?
- 이자율의 관점에서 기업 발행 채권 A와 B의 차이에 대해 설명하시오.

[개별 질문]
• 공정에 대해서 아는 대로 설명하시오.
• 생산에 차질이 생겼을 때, 어떤 행동을 취하겠는가?
• 방금 발표한 실험의 원리에 대해 설명하시오.
• 영어로 서류 작성이 가능한가?

2. 창의성 면접

[창의성 질문]
• 제시된 주제와 예시 2가지를 이용해 답변하시오.
  - 주제 : 지금까지 살아오면서 창의적으로 무엇인가 개발하였거나, 불편한 점을 개선해 보았던 경험
  - 예시1 : 신경과학자들이 장기의 움직임을 근육처럼 의지로 통제할 수 있는 약품을 개발하였다.
  - 예시2 : 예로부터 창의성이 뛰어난 위인들은 대체적으로 괴짜 기질이 있었다.
• 2017년 휴대폰 판매량에 대해 예측해 보시오.
• VR 등 최신 IT 기술을 활용한 마케팅 방안을 제시하시오.
• 새로운 서비스 또는 제품을 제안하시오.

[개별 질문]
• 지원자의 대답이 창의적이지 않다고 생각하는데 반론할 수 있겠는가?
• 지금 발표한 것 외에 다른 창의적인 활동에 대해 사례를 들어 설명하시오.

3. 임원 면접

• 경험했던 일 중 가장 힘들었던 일은 무엇인가?
• 가장 인상 깊은 프로젝트는 무엇인가?
• 해봤던 봉사활동에 대해 말해 보시오.
• 창의성을 발휘한 경험에 대해 말해 보시오.
• 새로운 분야에 도전한 적이 있는가?
• 가장 최근에 본 책이나 영화는 무엇인가?
• 학점이 낮은 이유는 무엇인가?
• 공백기는 어떻게 보냈는가?
• 존경하는 인물은 누구인가?
• 친인척 중 영업을 제안하는 사람의 부탁을 들어 줄 것인가?
• 보험 영업에 대한 인식이 안 좋은 경우가 있는데 어떻게 생각하는가?
• 최근 삼성에 관한 기사 중 가장 삼성다운 기사 1개와 삼성답지 않은 기사 1개를 설명해 보시오.
• 지원한 회사의 사업 분야에 대해 말해 보시오.

- 전공과 관련하여 회사에 어떤 기여를 할 수 있는가?
- 해당 직무를 선택한 이유는 무엇인가?
- 서류에서 눈에 띄는 점이 보이지 않는데 왜 당신을 뽑아야 하는가?
- 자사 외에 어떤 회사에 지원했는가?
- 목표가 무엇인가?
- 입사 후 하고 싶은 일에 대해 말해 보시오.

6 2015년 하반기

1. PT 면접

[PT 질문]

- 생산공정관리 관련 문제
  - 생산공정관리 중 문제가 발생하여 조치해야 한다. A, B 두 가지 안 중 각각의 손실이 a, b라면 어떠한 조치를 하는 것이 적절한가?
- 스마트 조선소 관련 문제
- LCC의 열, 기계적 충격으로 Crack이 생기는 문제를 외부 Termination 관점에서 해결해 보시오.

[개별 질문]

- 자기소개를 해 보시오.
- 이 주제를 선정하여 발표한 이유가 무엇인가?
- 마지막으로 하고 싶은 말을 해 보시오.

2. 창의성 면접

[창의성 질문]

- 연관성이 없는 A, B 상황을 제시하고, 두 상황을 연결지어 해석하시오.
- 손자의 병과 할아버지에 대한 상황을 제시하고, 주어진 조건이 들어가도록 해결책을 제시하시오.
- 2030년에는 지하철역과 같은 곳에서 분실물 관리센터가 없어진다. 그 이유를 기술적인 관점에서 설명해 보시오.

[개별 질문]

- 자기소개를 해 보시오.
- 자신의 경험 중 창의성을 발휘했던 경험에 대해 말해 보시오.

3. 임원 면접

- 지원한 동기가 무엇인가?
- 동아리 활동 경험이 있는가?
- 그러한 동아리에 가입하게 된 동기가 무엇인가?
- 동아리 활동을 하면서 느낀 점이 있다면 무엇인가?
- 동아리 활동 경험이 회사 생활에 도움이 된다고 생각하는가?
- 도전적인 시도를 했던 경험이 있는가?
- 인턴 활동을 하게 된 계기가 무엇인가?
- 미국 회사와 한국 회사의 차이점이 무엇이라고 생각하는가?
- 자신의 강점은 무엇이라고 생각하는가?
- 회사가 당신을 뽑아야 하는 이유를 말해 보시오.
- 지원한 직무와 관련된 경험과 힘들었던 점을 말해 보시오.
- 기업의 사회적 책임에 대한 본인의 생각을 말해 보시오.
- 입사 후 포부를 말해 보시오.
- 마지막으로 하고 싶은 말을 해 보시오.

7 2015년 상반기 ~ 2013년 상반기

1. PT 면접

- 프로젝트를 하게 된 계기는? 어떤 역할을 수행했는가?
- OLED에 대해 말해 보시오.
- 리더십과 인성 중 더 중요하다고 생각하는 것은 무엇인가?
- 노조에 대한 생각을 말해 보시오.
- 삼성이 왜 자신을 뽑아야 한다고 생각하는가?
- 삼성SDS에 언제부터 입사하고 싶었는가?
- 동아리 활동 경험이 있다면 말해 보시오.
- 지금까지 살아오면서 가장 열정적으로 했던 일이 있다면 말해 보시오.
- 가지고 있는 자격증이 없는데 왜 없는가?
- 면접관이 보기엔 인간관계가 좋지 않아 보이는데 실제로는 어떠한가?
- (에세이 관련 질문) 제출한 에세이에 PM이 된다고 했는데 PM의 역할은 무엇인가?
- 아베노믹스 관련 문제
  - 아베노믹스 관련 보고서 내용을 영어로 정리하여 발표하시오.
  - 아베노믹스가 한국경제에 미칠 영향에 대해 영어로 정리하여 발표하시오.
  - 삼성물산인으로서 현 상황에서 수익을 창출할 방법을 모색하시오.

- 자신의 역량과 삼성생명서비스의 미래에 대해 말해 보시오.
- 공정에 문제가 생겼을 경우 창의적으로 해결하는 방법을 말해 보시오.
- 삼성코닝정밀소재의 기판유리 특성 관련 문제
  - 유리에서 비정질과 결정질 차이를 온도-부피 그래프를 그려 설명하시오.
  - 왜 TFT-LCD 기판유리에 소다라임 유리를 사용하지 않고 무알칼리 유리를 사용하는가?
  - PV 커버유리가 가져야 하는 기본특성을 제시하고, 추가적으로 가져야 하는 특성을 제안해 보시오.
  - 자신의 학과 전공 이수과목을 소개하고, 이를 어떻게 현업에 적용할 것인지와 비전을 제시하시오.

2. 임원면접

- 최근에 가장 열정적으로 임했던 일이 있는가?
- 존경하는 인물로 OO을 쓴 이유가 무엇인가?
- 상사가 자사 휴대폰으로 바꾸라고 했을 때 어떻게 하겠는가?
- 후배가 잘못을 했는데, 그것이 내가 가르친 것이라면 어떻게 하겠는가?
- 본인이 생각하는 좋은 회사란 어떤 것인가?
- 졸업학점이 낮은데 이유가 무엇인가?
- 지원부서가 아닌 다른 곳으로 배치된다면 어떻게 하겠는가?
- 입사한다면 어떤 역량을 펼칠 수 있는가?
- 인턴 근무 당시 어떤 일을 했는가?
- 대외활동 때 팀원 간 불화를 미리 막지 못한 이유는 무엇인가?
- 여기서 떨어진다면 어떻게 할 것인가?
- 실패한 경험을 말해보고, 그 경험을 통해 배운 점은 무엇인가?
- 학점이 높은데 왜 여길 지원했는가?
- 여기서 어떤 일을 하고 싶은가?
- 삼성전자가 고쳐야 할 점은?
- 자기소개, 성격의 장단점, 가족소개를 합쳐서 간단히 말해 보시오.
- 지원을 한 이유는 무엇인가?
- 자기소개서에 썼던 프로젝트에 대해서 설명해 보시오.
- 삼성에 입사 후, 이루고 싶은 개인의 꿈은?
- 어학연수에 돈을 펑펑 쓰는 친구들이 부럽지 않았나?
- 메모리사업부에 지원한 동기는 무엇인가?
- 자신의 특기와 그 이유에 대해 말해 보시오.
- 입사 후 포부를 영어로 말해 보시오.
- 학점이 좋은데 대학원에 진학할 생각은 없었나?
- 대학원 진학을 하지 않고 취업을 하는 이유는 무엇인가?
- 기업이 사회적 책임이 있다고 보는가? 그렇다면 그 이유는 무엇인가?
- 상사가 부당한 일을 시킬 때 어떻게 할 것인가?

- 인생의 가치관이 무엇인가?
- IQ가 몇인가?
- 자신의 장점과 단점은 무엇인가?
- 봉사활동을 한 적이 있는가?
- 왜 직장을 다닌다고 생각하는가?

앞선 정보 제공! 도서 업데이트

언제, 왜 업데이트될까?

도서의 학습 효율을 높이기 위해 자료를 추가로 제공할 때!
기업체 인적성검사의 변동사항 발생 시 정보 공유를 위해!
기업체 채용 및 시험 관련 중요 이슈가 생겼을 때!

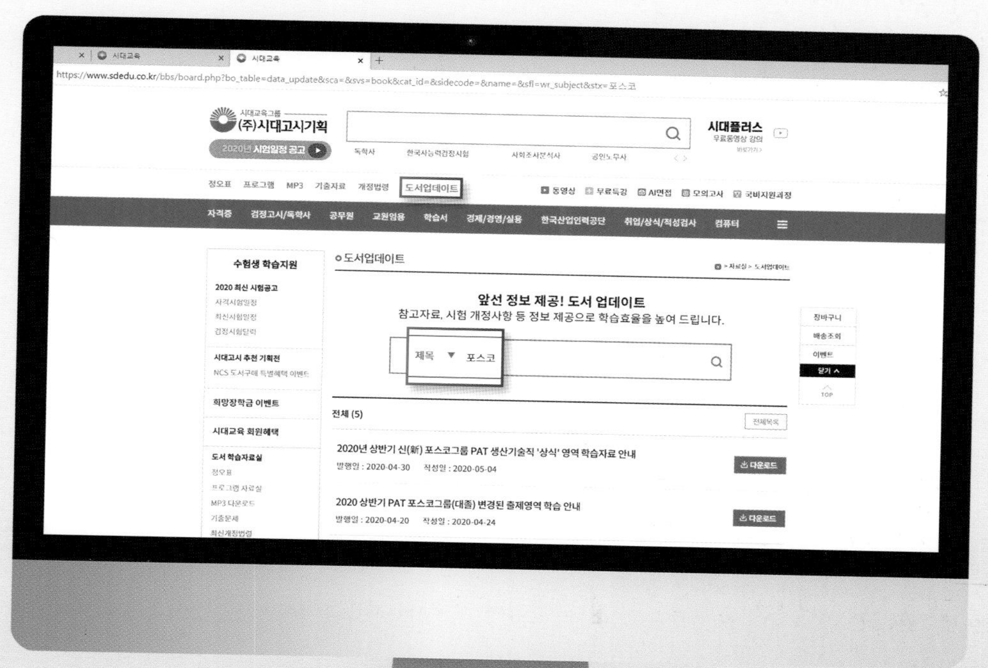

01 시대에듀 도서 www.sdedu.co.kr/book 홈페이지 접속

02 상단 카테고리 「도서업데이트」 클릭

03 해당 기업명으로 검색

참고자료, 시험 개정사항 등 정보 제공으로 학습효율을 높여 드립니다.

(주)시대고시기획

대기업 인적성검사 시리즈

알차다! 꼭 알아야 할 내용을 담고 있으니까

친절하다! 핵심내용을 쉽게 설명하고 있으니까

명쾌하다! 상세한 풀이로 완벽하게 익힐 수 있으니까

핵심을 뚫는다! 시험 유형과 흡사한 문제를 다루니까

신뢰와 책임의 마음으로 수험생 여러분에게 다가갑니다.

대기업 인적성 "단기완성" 시리즈

대기업 취업 기초부터 합격까지! 취업의 문을 여는 Master Key!

※도서의 이미지 및 구성은 변동될 수 있습니다.

온라인 모의고사와 함께하는 삼성직무적성검사

GSAT

온라인 시험정보 및 응시 Tip ● 8개년(2021~2014년) 최신기출+모의고사 3회분 ● 전 회차 모의고사 온라인 연습서비스 제공

추리

무료삼성특강

2021년 상반기 최신기출문제 복원 및 분석

정답 및 해설

(주)시대고시기획

PART 1

최신 기출문제

잠깐!

도서 관련 최신 정보 및 정오사항이 있는지
우측 QR을 통해 확인해 보세요!

2021년 상반기 최신기출문제

01	02	03	04	05	06	07	08	09	10
③	④	①	④	②	②	⑤	③	②	②
11	12	13	14	15	16	17	18	19	20
②	④	③	⑤	⑤	③	⑤	⑤	③	①
21	22	23	24	25	26	27			
④	⑤	③	②	②	④	⑤			

01 정답 ③

전제1과 전제2의 대우에 의해 대한민국에 사는 사람은 국내 여행을 가고, 국내 여행을 가는 사람은 김치찌개를 먹는다.
따라서 대한민국에 사는 사람은 김치찌개를 먹으므로 결론은 ③이다.

다른풀이

'대한민국에 산다.'를 '대', '국내 여행을 간다.'를 '국', '김치찌개를 먹는다.'를 '김'이라고 하자.

구분	명제	대우
전제1	**대 → 국**	국× → 대×
전제2	김× → 국×	**국 → 김**

전제1과 전제2의 대우에 의해 대 → 국 → 김이다. 따라서 대 → 김이므로 결론은 '대한민국에 사는 사람은 김치찌개를 먹는다.'인 ③이다.

02 정답 ④

'작곡가를 꿈꾼다.'를 '작', 'TV 시청을 한다.'를 'T', '안경을 썼다.'를 '안'이라고 하자.

구분	명제	대우
전제1	작 → T	**T× → 작×**
결론	**안× → 작×**	작 → 안

전제1의 대우가 결론으로 연결되려면, 전제2는 안× → T×가 되어야 한다. 따라서 전제2는 '안경을 쓰지 않은 사람은 TV 시청을 하지 않는다.'인 ④이다.

03 정답 ①

'피아노를 배운다.'를 '피', '바이올린을 배운다.'를 '바', '필라테스를 배운다.'를 '필'이라고 하자.

구분	명제	대우
전제2	**바 → 필**	필× → 바×
결론	**피 → 필**	필× → 피×

전제2가 결론으로 연결되려면, 전제1은 피 → 바가 되어야 한다. 따라서 전제1은 '피아노를 배우는 사람은 모두 바이올린을 배운다.'인 ①이다.

04 정답 ④

'커피를 좋아한다.'를 '커', '와인을 좋아한다.'를 '와', '생강차를 좋아한다.'를 '생'이라고 하자.

구분	명제	대우
전제1	**커× → 와×**	와 → 커
결론	**커× → 생**	생× → 커

전제1이 결론으로 연결되려면, 전제2는 와× → 생이 되어야 한다. 따라서 전제2는 '와인을 좋아하지 않으면, 생강차를 좋아한다.'인 ④이다.

05 정답 ②

'유행에 민감하다.'를 '유', '고양이를 좋아한다.'를 '고', '쇼핑을 좋아한다.'를 '쇼'라고 하면 다음과 같은 벤다이어그램으로 나타낼 수 있다.

전제1)

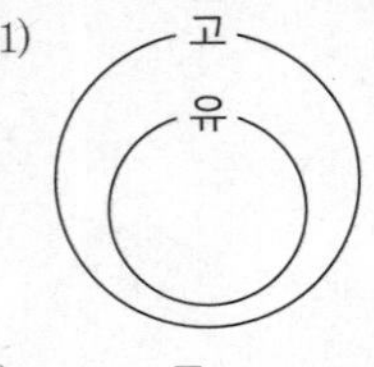

결론)

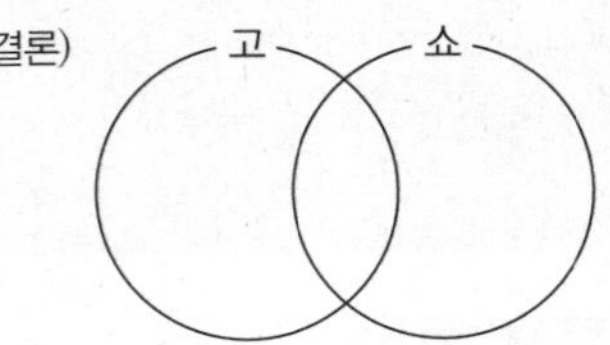

결론이 참이 되기 위해서는 '유'와 공통되는 '고'의 부분과 '쇼'가 연결되어야 한다. 즉, 다음과 같은 벤다이어그램이 성립할 때 결론이 참이 될 수 있으므로 전제2에 들어갈 명제는 어떤 유 → 쇼이거나 어떤 쇼 → 유이다. 따라서 전제2에 들어갈 명제는 '유행에 민감한 어떤 사람은 쇼핑을 좋아한다.'인 ②이다.

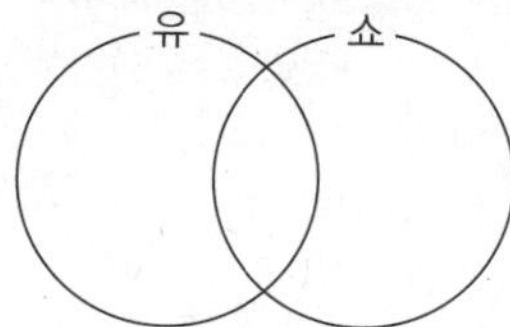

06 정답 ②

C 혼자 딸기맛을 선택했고, A와 D는 서로 같은 맛을 선택했으므로 A와 D는 바닐라맛 또는 초코맛을 선택했음을 알 수 있다. 또한 B와 E는 서로 다른 맛을 선택했고 마지막에 주문한 E는 인원 초과로 선택한 아이스크림을 먹지 못했으므로 E는 A, D와 같은 맛을 선택했다.

구분	A	B	C	D	E
경우1	바닐라	초코맛	딸기맛	바닐라	바닐라
경우2	초코맛	바닐라	딸기맛	초코맛	초코맛

따라서 C가 딸기맛이 아닌 초코맛을 선택했어도 B는 C와 상관없이 아이스크림을 먹을 수 있으므로 ②는 옳지 않다.

07 정답 ⑤

B는 검은색 바지를, C는 흰색 셔츠를 입어보았고, 티셔츠를 입어본 사람은 바지를, 코트를 입어본 사람은 셔츠를 입어보지 않았다. B는 티셔츠를 입어보지 않았고, C는 코트를 입어보지 않았다.

종류	티셔츠		바지		코트		셔츠	
색상	검은색	흰색	검은색	흰색	검은색	흰색	검은색	흰색
A			×					×
B	×	×	○	×				×
C			×		×	×	×	○
D			×					×

코트는 A, B가, 티셔츠는 A, C가 입어보았고, 검은색 코트와 셔츠는 A와 D가 입어보았으므로 검은색 코트는 A가 입어본 것을 알 수 있다. 또, 검은색 셔츠는 D가, 흰색 코트는 B, 흰색 바지는 D가 입어보았음을 알 수 있다.

종류	티셔츠		바지		코트		셔츠	
색상	검은색	흰색	검은색	흰색	검은색	흰색	검은색	흰색
A			×	×	○	×	×	×
B	×	×	○	×	×	○	×	×
C			×	×	×	×	×	○
D	×	×	×	○	×	×	○	×

같은 색상으로 입어본 사람은 2명이라고 하였으므로, A는 검은색 티셔츠를, C는 흰색 티셔츠를 입어보았음을 알 수 있다.

종류	티셔츠		바지		코트		셔츠	
색상	검은색	흰색	검은색	흰색	검은색	흰색	검은색	흰색
A	○	×	×	×	○	×	×	×
B	×	×	○	×	×	○	×	×
C	×	○	×	×	×	×	×	○
D	×	×	×	○	×	×	○	×

따라서 D는 흰색 바지와 검은색 셔츠를 입었다.

08 정답 ③

B가 세 번째에 뽑은 카드에 적힌 숫자를 a라고 하면 A가 세 번째에 뽑은 카드에 적힌 숫자는 $a+1$이고, B가 첫 번째에 뽑은 카드에 적힌 숫자는 $a-1$이다.

또한 첫 번째, 두 번째, 세 번째에 A가 뽑은 카드에 적힌 숫자는 B가 뽑은 카드에 적힌 숫자보다 1만큼 크므로 A가 첫 번째로 뽑은 카드에 적힌 숫자는 $a-2$이다.

또한 B가 두 번째에 뽑은 카드에 적힌 숫자를 b라고 하면, A가 두 번째에 뽑은 카드에 적힌 숫자는 $b+1$이다.

구분	첫 번째	두 번째	세 번째
A	a	$b+1$	$a+1$
B	$a-1$	b	a

A와 B는 같은 숫자가 적힌 카드를 한 장 뽑았고, 그 숫자는 2라고 하였으므로 $a=2$이다.

구분	첫 번째	두 번째	세 번째
A	2	$b+1$	3
B	1	b	2

2가 적힌 카드를 제외하고 A, B가 뽑은 카드에 적힌 숫자가 달라야 하므로 $b=4$임을 알 수 있다.

구분	첫 번째	두 번째	세 번째
A	2	5	3
B	1	4	2

따라서 A와 B가 뽑은 카드에 적힌 숫자의 합 중 가장 큰 조합은 ③ A – 두 번째, B – 두 번째이다.

09 정답 ②

B는 3번 콘센트를 사용하고, A와 E, C와 D는 바로 옆 콘센트를 이용하므로 B를 기준으로 A와 E, C와 D가 이용한 콘센트가 나뉜다. 또한 D는 5번 콘센트를 이용하지 않고, A는 1번이나 5번 콘센트를 이용하므로 다음과 같이 3가지 경우가 나온다.

구분	1번 콘센트 (작동 O)	2번 콘센트 (작동 O)	3번 콘센트 (작동 O)	4번 콘센트 (작동 O)	5번 콘센트 (작동 ×)
경우1	A	E	B	D	C
경우2	D	C	B	E	A
경우3	C	D	B	E	A

C가 B의 바로 옆 콘센트를 이용하는 것은 경우2이므로, A의 핸드폰에는 전원이 켜지지 않는다.

오답분석

① C의 핸드폰에 전원이 켜지지 않는 것은 C가 5번 콘센트를 이용하는 경우1이므로, E는 2번 콘센트를 이용한다.
③ E가 4번 콘센트를 이용하는 것은 경우2, 3이므로, C는 B의 바로 옆 콘센트를 이용할 수도 있고 그렇지 않을 수도 있다.
④ A의 핸드폰에 전원이 켜지지 않는 것은 A가 5번 콘센트를 이용하는 경우2, 3이므로, D는 1번 콘센트를 이용할 수도 있고 그렇지 않을 수도 있다.
⑤ D가 2번 콘센트를 이용하는 것은 경우3이므로, E는 4번 콘센트를 이용하고 핸드폰에 전원이 켜진다.

10 정답 ②

A가 가 마을에 살고 있다고 가정하면, B 또는 D는 가 마을에 살고 있다. F가 가 마을에 살고 있다고 했으므로 C, E는 나 마을에 살고 있음을 알 수 있다. 하지만 C는 A, E 중 한 명은 나 마을에 살고 있다고 말한 것은 진실이므로 모순이다.
A가 나 마을에 살고 있다고 가정하면, B, D 중 한 명은 가 마을에 살고 있다는 말은 거짓이므로 B, D는 나 마을에 살고 있다. A, B, D가 나 마을에 살고 있으므로 나머지 C, E, F는 가 마을에 살고 있음을 알 수 있다.

11 정답 ②

제시된 단어의 대응관계는 반의관계이다.
'영겁'은 '영원한 세월'의 뜻으로 '아주 짧은 동안'이라는 뜻인 '순간'과 반의관계이다. 따라서 '훌륭하고 귀중함'의 뜻을 가진 '고귀'와 반의관계인 단어는 '격이 낮고 속됨'이라는 뜻인 '비속'이다.

오답분석

① 숭고 : 뜻이 높고 고상함
③ 고상 : 고귀한 인상
④ 존귀 : 지위나 신분이 높고 귀함
⑤ 신성 : 고결하고 거룩함

12 정답 ④

제시된 단어의 대응관계는 반의관계이다.
'팽대'는 '세력이나 기운 따위가 크게 늘어나거나 퍼짐'의 뜻으로 '세력이나 기운, 사업 따위가 약화됨 또는 그런 세력'이라는 뜻인 '퇴세'와 반의관계이다. 따라서 '그릇된 것이나 묵은 것을 버리고 새롭게 함'의 뜻을 가진 '쇄신'과 반의관계인 단어는 '예로부터 해오던 방식이나 수법을 좇아 그대로 행함'이라는 뜻인 '답습'이다.

오답분석

① 진보 : 정도나 수준이 나아지거나 높아짐
② 은폐 : 덮어 감추거나 가리어 숨김
③ 세파 : 모질고 거센 세상의 어려움
⑤ 개혁 : 제도나 기구 따위를 새롭게 뜯어고침

13 정답 ③

'임대'는 '자기 물건을 남에게 돈을 받고 빌려줌'이라는 뜻이므로 '남에게 물건을 빌려서 사용함'이라는 뜻인 '차용'과 반의관계이고, 나머지는 유의관계이다.

오답분석

① • 참조 : 참고로 비교하고 대조하여 봄
  • 참고 : 살펴서 도움이 될 만한 재료로 삼음
② • 숙독 : 글의 뜻을 생각하면서 차분하게 읽음
  • 탐독 : 어떤 글이나 책 따위를 열중하여 읽음
④ • 정세 : 일이 되어 가는 형편
  • 상황 : 일이 되어 가는 과정
⑤ • 분별 : 서로 다른 일이나 사물을 구별하여 가름
  • 인식 : 사물을 분별하고 판단하여 앎

14 정답 ⑤

'겸양하다'는 '겸손한 태도로 남에게 양보하거나 사양하다.'라는 뜻이므로 '잘난 체하며 남을 업신여기는 데가 있다.'이라는 뜻인 '거만하다'와 반의관계이고, 나머지는 유의관계이다.

오답분석

① • 옹호하다 : 두둔하고 편들어 지키다.
  • 편들다 : 어떤 편을 돕거나 두둔하다.
② • 상정하다 : 어떤 정황을 가정적으로 생각하여 단정하다.
  • 가정하다 : 사실이 아니거나 또는 사실인지 아닌지 분명하지 않은 것을 임시로 인정하다.
③ • 혁파하다 : 묵은 기구, 제도, 법령 따위를 없애다.
  • 폐지하다 : 실시하여 오던 제도나 법규, 일 따위를 그만두거나 없애다.
④ • 원용하다 : 자기의 주장이나 학설을 세우기 위하여 문헌이나 관례 따위를 끌어다 쓰다.
  • 인용하다 : 남의 말이나 글을 자신의 말이나 글 속에 끌어 쓰다.

15 정답 ⑤

규칙은 세로 방향으로 적용된다.
첫 번째 도형을 색 반전한 것이 두 번째 도형이고, 이를 시계 방향으로 270° 회전한 것이 세 번째 도형이다.

16 정답 ③

규칙은 가로 방향으로 적용된다.
첫 번째 도형을 시계 반대 방향으로 90° 회전한 것이 두 번째 도형이고, 이를 시계 방향으로 45° 회전한 것이 세 번째 도형이다.

17 정답 ⑤

규칙은 세로 방향으로 적용된다.
첫 번째 도형을 180° 회전한 것이 두 번째 도형이고, 이를 색 반전한 것이 세 번째 도형이다.

18 정답 ⑤

• 문자표

A	B	C	D	E	F	G	H	I	J	K	L	M	N
O	P	Q	R	S	T	U	V	W	X	Y	Z		
ㄱ	ㄴ	ㄷ	ㄹ	ㅁ	ㅂ	ㅅ	ㅇ	ㅈ	ㅊ	ㅋ	ㅌ	ㅍ	ㅎ

• 규칙

△ : 0, +1, −1, +1
○ : 1234 → 4123으로 순서 바꾸기
☆ : −1, 0, 0, +1
□ : 1234 → 2314로 순서 바꾸기

QE1O → (□) E1QO → (☆) D1QP

19 정답 ③

JW37 → (△) JX28 → (○) 8JX2

20 정답 ①

UNWD → (△) UOVE → (□) OVUE

21 정답 ④

6753 → (☆) 5754 → (△) 5845

22 정답 ⑤

의료용 3D프린팅 기술의 안전성 검증의 과정에서 전체적 동식물 유전자 조작에 대한 부정적 견해를 유발할 수 있다.

오답분석

① 3D프린터는 재료와 그 크기에 따라 사람의 치아나 피부, 자동차까지 다양한 사물을 인쇄할 수 있다.
② 3D프린터 기술의 발전에 따라 환자의 필요한 장기를 인쇄함으로써 별도의 장기기증자를 기다리지 않아도 될 것이다.
③ 피부를 직접 환자에게 인쇄하기 위해서는 피부 세포와 콜라겐 섬유소 등으로 구성된 바이오 잉크가 필요하다.
④ 환자 본인의 세포에서 유래된 바이오 잉크를 사용했느냐에 따라 거부 반응의 유무가 달라지기 때문에 같은 바이오 잉크를 사용한다 하더라도 거부 반응이 발생할 수 있다.

23 정답 ③

제시문을 통해 산업 및 가정에서 배출된 생활폐기물을 바이오매스 자원으로 활용하여 에너지를 생산하기 위한 화이트 바이오 연구가 진행되고 있음을 알 수 있다.

오답분석

① 바이오매스를 살아있는 유기물로 정의하는 생태학과 달리, 산업계에서는 산업용 폐자재나 가축의 분뇨, 생활폐기물과 같이 죽은 유기물이라 할 수 있는 유기성 폐자원 또한 바이오매스로 정의하고 있다.
② 산업계는 미생물을 활용한 화이트 바이오를 통해 온실가스 배출, 악취 발생, 수질오염 등 환경적 문제를 해결할 것으로 기대하고 있다.
④ 보건 및 의료 분야의 바이오산업인 레드 바이오나, 농업 및 식량 분야의 그린 바이오보다 늦게 발전을 시작했다는 점에서 앞선 두 바이오산업에 비해 규모가 작을 것임을 추측할 수 있다.
⑤ 화이트 바이오 산업이 대체하려는 기존 화학 산업의 경우 화석원료를 이용하는 제조방식으로 인한 이산화탄소 배출이 문제가 되고 있음을 추측할 수 있다.

24 정답 ②

제시문은 현재의 정치, 경제적 구조로는 제로섬적인 요소를 지니는 경제 문제에 전혀 대처할 수 없다고 하였다. 그리고 이러한 특성 때문에 평균적으로는 사회를 더 잘살게 해주는 해결책이라고 할지라도 사람들은 자신이 패자가 될 경우에 줄어들 수입을 보호하기 위해 경제적 변화가 일어나는 것을 막거나 이러한 정책이 시행되는 것을 막기 위해 싸울 것이라는 내용을 담고 있다. 따라서 이 글이 비판의 대상으로 삼는 것은 앞서 언급한 '평균적으로 사회를 더 잘살게 해주는 해결책'을 지지하는 것이 되어야 하므로 ②가 가장 적절하다.

25 정답 ②

그린 컨슈머는 환경과 건강을 위한 소비자로 소비자가 할 수 있는 Refuse, Reduce, Reuse, Recycle 등을 활동한다. 과대 포장 공정 같은 경우는 소비자가 직접 조정할 수 있는 것이 아니고 기업이 행하여야 할 행동이다.

오답분석

① 커피숍에 텀블러를 가지고 가 일회용품 소비를 줄이고, 물품을 구입할 때 필요 없는 것을 사지 않는 것은 그린 컨슈머의 행동이다.
③ 패션업계도 환경을 생각하는 것에 동참한다면 옷을 만들 때 친환경적인 것을 고려하고 알리는 컨셔스 패션 활동을 할 것이다.
④ 필환경 시대가 아니라고 생각한다면 그린 컨슈머의 활동을 안 할 것이고, 이는 지금과 생활과 같을 것이다.
⑤ A씨는 집에 쌓여있는 필요 없는 잡동사니를 보고 그린 컨슈머에 동참하였으므로 불필요한 물건을 사는 것 등에서 쓰레기 생산에 관여했다고 느꼈을 것이다.

26 정답 ④

유진테크가 삼성전자에 처음으로 ADL 장비를 제공하였지만 일부일 뿐, 삼성전자에서 필요한 장비들을 모두 해결할 수 있는 규모는 아니다.

오답분석

① 현재 유진테크 외에 주성엔지니어링 등이 ALD 기술을 가지고 있으며, 다른 기업들 역시 계속 투자가 이루어지고 있기 때문에 향후 삼성전자에 다른 기업도 기술을 갖추고 ALD 장비 계약을 할 수 있다.
② 유진테크가 현재 삼성전자와 계약한 ALD 장비만 개당 60 ~ 70억 원, 13대(780 ~ 910억 원)이므로 올해 전망치인 3,700억 원의 1/5(740억 원) 이상이 ALD 장비 수익이다.
③ 유진테크의 ALF 기술(기계당 150장 처리)은 일본 고쿠사이(기계당 100장 미만 처리) 기술보다 일부 높아졌음을 확인할 수 있고, 이런 추세라면 이와 관련된 주식이 오를 것이라고 예상할 수 있기 때문에 이와 관련된 주식을 조사할 수 있다.
⑤ ALD는 반도체의 미세한 층에 박막(Thin Film)을 씌우는 증착공정이다.

27 정답 ⑤

LPG는 폭발 위험성이 크지만, 여전히 가정용으로 사용되며 가스레인지 등에 사용되는 가스통 형태가 대표적이다.

오답분석

① PNG, CNG, LNG 등의 천연가스는 열량이 높은 청정에너지로 친환경적이다.
② PNG는 생산지에서 배관으로 직접 가스를 공급하는 것으로 북한과 통일된다면 천연가스가 풍부한 러시아에 배관을 연결하여 PNG를 활용할 수 있다.
③ CNG는 LNG를 자동차 연료로 변환한 것으로 부피는 LNG(천연가스 약 600배 압축)보다 3배 크지만, 천연가스보다는 작다. 현재 서울 시내버스는 대부분 CNG를 사용한다.
④ 천연가스를 냉각하여 액체로 변화하는 것이 LNG이고, LNG를 기화시킨 후 다시 압축한 것이 CNG이다.

2020년 하반기 최신기출문제

01	02	03	04	05	06	07	08	09	10
②	③	②	①	⑤	⑤	②	⑤	④	①
11	12	13	14	15	16	17			
①	④	⑤	①	⑤	④	②			

01 정답 ②

'야근을 하는 사람'을 A, 'X분야의 업무를 하는 사람'을 B, 'Y분야의 업무를 하는 사람'을 C라고 하면, 전제1과 전제2는 다음과 같은 벤다이어그램으로 나타낼 수 있다.

1) 전제1

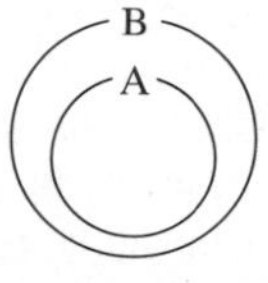

2) 전제2

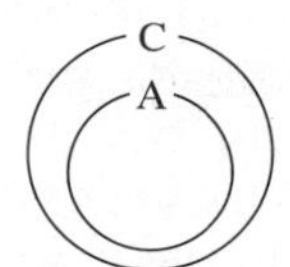

이를 정리하면 다음과 같은 벤다이어그램이 성립한다.

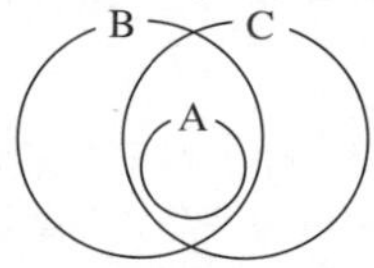

따라서 'Y분야의 업무를 하는 어떤 사람은 X분야의 업무를 한다.'라는 결론이 도출된다.

02 정답 ③

1행과 2행에 빈자리가 한 곳씩 있고 a자동차는 대각선을 제외하고 주변에 주차된 차가 없다고 하였으므로 a자동차는 1열이나 3열에 주차되어 있다. b자동차와 c자동차는 바로 옆에 주차되어 있다고 하였으므로 같은 행에 주차되어 있다. 1행과 2행에 빈자리가 한 곳씩 있다고 하였으므로 b자동차와 c자동차가 주차된 행에는 a자동차와 d자동차가 주차되어 있을 수 없다. 따라서 a자동차와 d자동차는 같은 행에 주차되어 있다. 이를 정리하면 다음과 같다.

• 경우 1

a		d
	b	c

• 경우 2

a		d
	c	b

• 경우 3

d		a
b	c	

• 경우 4

d		a
c	b	

오답분석

① 경우 1, 4에서는 b자동차의 앞 주차공간이 비어있지만, 경우 2, 3에서는 b자동차의 앞 주차공간에 d자동차가 주차되어 있으므로 항상 거짓은 아니다.
② 경우 1, 4에서는 c자동차의 옆 주차공간에 빈자리가 없지만, 경우 2, 3에서는 c자동차의 옆 주차공간에 빈자리가 있으므로 항상 거짓은 아니다.
④ 경우 1, 2, 3, 4에서 모두 a자동차와 d자동차는 1행에 주차되어 있으므로 항상 참이다.
⑤ 경우 1, 4에서는 d자동차와 c자동차가 같은 열에 주차되어 있지만, 경우 2, 3에서는 d자동차와 c자동차가 같은 열에 주차되어 있지 않으므로 항상 거짓은 아니다.

03 정답 ②

가장 최근에 입사한 사람이 D이므로 D의 이름은 가장 마지막인 다섯 번째에 적혔다. C와 D의 이름은 연달아 적히지 않았으므로 C의 이름은 네 번째에 적힐 수 없다. 또한 E는 C보다 먼저 입사하였으므로 E의 이름은 C의 이름보다 앞에 적는다. 따라서 C의 이름은 첫 번째에 적히지 않았다. 이를 정리하면 다음과 같이 3가지 경우가 나온다.

구분	첫 번째	두 번째	세 번째	네 번째	다섯 번째
경우 1	E	C			D
경우 2	E		C		D
경우 3		E	C		D

여기서 경우 2와 경우 3은 A와 B의 이름이 연달아서 적혔다는 조건에 위배된다. 경우 1만 성립하므로 정리하면 다음과 같다.

구분	첫 번째	두 번째	세 번째	네 번째	다섯 번째
경우 1	E	C	A	B	D
경우 2	E	C	B	A	D

E의 이름은 첫 번째에 적혔으므로 E는 가장 먼저 입사하였다. 따라서 B가 E보다 먼저 입사하였다는 ②는 항상 거짓이다.

오답분석

① C의 이름은 두 번째로 적혔고 A의 이름은 세 번째나 네 번째에 적혔으므로 항상 옳다.
③ E의 이름은 첫 번째에 적혔고 C의 이름은 두 번째로 적혔으므로 항상 옳다.
④ A의 이름은 세 번째에 적히면 B의 이름은 네 번째에 적혔고, A의 이름이 네 번째에 적히면 B의 이름은 세 번째에 적혔다. 따라서 참일 수도, 거짓일 수도 있다.
⑤ B의 이름은 세 번째 또는 네 번째에 적혔고, C는 두 번째에 적혔으므로 항상 옳다.

04 정답 ①

K씨는 2020년 상반기에 입사하였으므로 K씨의 사원번호 중 앞의 두 자리는 20이다. 또한 K씨의 사원번호는 세 번째와 여섯 번째 자리의 수가 같다고 하였으므로 세 번째와 여섯 번째 자리의 수를 x, 나머지 네 번째, 다섯 번째 자리의 수는 차례로 y, z라고 하자.

자리	첫 번째	두 번째	세 번째	네 번째	다섯 번째	여섯 번째
사원번호	2	0	x	y	z	x

사원번호 여섯 자리의 합은 9이므로 $2+0+x+y+z+x=9$이다. 이를 정리하면 $2x+y+z=7$이다. K씨의 사원번호 자리의 수는 세 번째와 여섯 번째 자리의 수를 제외하고 모두 다르다는 것을 주의하며 1부터 대입해보면 다음과 같다.

구분	x	y	z
경우 1	1	2	3
경우 2	1	3	2
경우 3	2	0	3
경우 4	2	3	0
경우 5	3	0	1
경우 6	3	1	0

네 번째 조건에 따라 y와 z자리에는 0이 올 수 없으므로 경우 1, 경우 2만 성립하고 K씨의 사원번호는 '201231'이거나 '201321'이다.

오답분석

② '201321'은 가능한 사원번호이지만 문제에서 항상 옳은 것을 고르라고 하였으므로 답이 될 수 없다.
③ K씨의 사원번호는 '201231'이거나 '201321'이다.
④ 사원번호 여섯 자리의 합이 9가 되어야 하므로 K씨의 사원번호는 '211231'이 될 수 없다.
⑤ K씨의 사원번호 네 번째 자리의 수가 다섯 번째 자리의 수보다 작다면 '201231'과 '201321' 중 K씨의 사원번호로 적절한 것은 '201231'이다.

05 정답 ⑤

제시된 단어의 대응관계는 유의관계이다.
'변변하다'는 '지체나 살림살이가 남보다 떨어지지 아니하다.'는 뜻으로 '살림살이가 모자라지 않고 여유가 있다.'라는 뜻인 '넉넉하다'와 유의관계이다. 따라서 '여럿이 떠들썩하게 들고일어나다.'는 뜻을 가진 '소요(騷擾)하다'와 유의관계인 단어는 '시끄럽고 어수선하다.'라는 뜻인 '소란하다'이다.

오답분석

① 치유하다 : 치료하여 병을 낫게 하다.
② 한적하다 : 한가하고 고요하다.
③ 공겸하다 : 삼가는 태도로 겸손하게 자기를 낮추다.
④ 소유하다 : 가지고 있다.

06 정답 ⑤

제시된 단어의 대응관계는 유의관계이다.
'공시하다'는 '일정한 내용을 공개적으로 게시하여 일반에게 널리 알리다.'는 뜻으로 '세상에 널리 퍼뜨려 모두 알게 하다.'라는 뜻인 '반포하다'와 유의관계이다. 따라서 '서로 이기려고 다투며 덤벼들다.'는 뜻을 가진 '각축하다'와 유의관계인 단어는 '같은 목적에 대하여 이기거나 앞서려고 서로 겨루다.'라는 뜻인 '경쟁하다'이다.

오답분석

① 공들이다 : 어떤 일을 이루는 데 정성과 노력을 많이 들이다.
② 통고하다 : 서면(書面)이나 말로 소식을 전하여 알리다.
③ 독점하다 : 혼자서 모두 차지하다.
④ 상면하다 : 서로 만나서 얼굴을 마주 보다.

07 정답 ②

제시된 단어의 대응관계는 반의관계이다.
'침착하다'는 '행동이 들뜨지 아니하고 차분하다.'는 뜻으로 '말이나 행동이 조심성 없이 가볍다.'라는 뜻인 '경솔하다'와 반의관계이다. 따라서 '곱고 가늘다.'라는 뜻을 가진 '섬세하다'와 반의관계인 단어는 '거칠고 나쁘다.'라는 뜻인 '조악하다'이다.

오답분석

① 찬찬하다 : 동작이나 태도가 급하지 않고 느릿하다.
③ 감분(感憤)하다 : 마음속 깊이 분함을 느끼다.
④ 치밀하다 : 자세하고 꼼꼼하다.
⑤ 신중하다 : 매우 조심스럽다.

08 정답 ⑤

제시된 단어의 대응관계는 유의관계이다.
'겨냥하다'는 '목표물을 겨누다.'는 뜻으로 '목표나 기준에 맞고 안 맞음을 헤아려 보다.'라는 뜻인 '가늠하다'와 유의관계이다. 따라서 '기초나 터전 따위를 굳고 튼튼하게 하다.'는 뜻을 가진 '다지다'와 유의관계인 단어는 '세력이나 힘을 더 강하고 튼튼하게 하다.'라는 뜻인 '강화하다'이다.

오답분석

① 진거하다 : 앞으로 나아가다.
② 겉잡다 : 겉으로 보고 대강 짐작하여 헤아리다.
③ 요량하다 : 앞일을 잘 헤아려 생각하다.
④ 약화하다 : 세력이나 힘이 약해지다.

09 정답 ④

'유지(維持)'는 '어떤 상태나 상황을 그대로 보존하거나 변함없이 계속하여 지탱함'이라는 뜻이므로 '상당히 어렵게 보존하거나 유지하여 나감'이라는 뜻인 '부지(扶持/扶支)'와 유의관계이고, 나머지는 반의관계이다.

오답분석

① • 황혼 : 해가 지고 어스름해질 때. 또는 그때의 어스름한 빛
  • 여명 : 희미하게 날이 밝아 오는 빛. 또는 그런 무렵
② • 유별 : 여느 것과 두드러지게 다름
  • 보통 : 특별하지 아니하고 흔히 볼 수 있음
③ • 낭설 : 터무니없는 헛소문
  • 진실 : 거짓이 없는 사실
⑤ • 서막 : 일의 시작이나 발단
  • 결말 : 어떤 일이 마무리되는 끝

10 정답 ①

규칙은 가로 방향으로 적용된다.
두 번째는 첫 번째 도형을 시계 반대 방향으로 120° 회전시킨 도형이다.
세 번째는 두 번째 도형을 시계 방향으로 60° 회전시킨 도형이다.

11 정답 ①

• 규칙
▼ : 1234 → 4321
△ : −1, +1, −1, +1
● : 0, −1, 0, −1
□ : 1234 → 1324

ㅅㄴㄹㅁ → ㅁㄹㄴㅅ → ㅁㄴㄹㅅ
(▼, □)

12 정답 ④

isog → irof → hsng
(●, △)

13 정답 ⑤

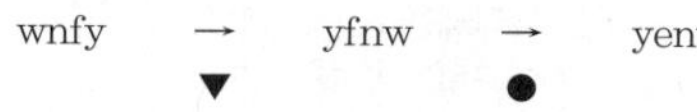

14 정답 ①

15 정답 ⑤

케플러식 망원경은 상의 상하좌우가 뒤집힌 도립상을 보여주며, 갈릴레이식 망원경은 상의 상하좌우가 같은 정립상을 보여준다.

오답분석

① 최초의 망원경은 네덜란드의 안경 제작자인 한스 리퍼쉬(Hans Lippershey)에 의해 만들어졌지만, 이 최초의 망원경 발명에는 리퍼쉬의 아들이 발견한 렌즈 조합이 계기가 되었다.
② 갈릴레오는 초점거리가 긴 볼록렌즈를 망원경의 대물렌즈로 사용하고 초점 거리가 짧은 오목렌즈를 초점면 앞에 놓아 접안렌즈로 사용하였다.
③ 갈릴레오는 자신이 발명한 망원경으로 금성의 각크기가 변한다는 것을 관측함으로써 금성이 지구를 중심으로 공전하는 것이 아니라 태양을 중심으로 공전하고 있다는 것을 증명하였다.
④ 케플러식 망원경은 장초점의 볼록렌즈를 대물렌즈로 하고 단초점의 볼록렌즈를 초점면 뒤에 놓아 접안렌즈로 사용한 구조이다.

16 정답 ④

지문에서는 비타민D의 결핍으로 인해 발생하는 건강문제를 근거로 신체를 태양빛에 노출하여 건강을 유지해야 한다고 주장하고 있다. 따라서 태양빛에 노출되지 않고도 충분한 비타민D 생성이 가능하다는 근거가 있다면 지문에 대한 반박이 되므로 ④가 정답이 된다.

오답분석

① 태양빛에 노출될 경우 피부암 등의 질환이 발생하는 것은 사실이나, 이것이 비타민D의 결핍을 해결하는 또 다른 방법을 제시하거나 지문에서 주장하는 내용을 반박하고 있지는 않다.
② 비타민D는 칼슘과 인의 흡수 외에도 흉선에서 면역세포를 생산하는 작용에 관여하고 있다. 따라서 칼슘과 인의 주기적인 섭취만으로는 문제를 해결할 수 없으며, 지문에 대한 반박이 되지 못한다.
③ 지문에서는 비타민D 보충제에 대해 언급하고 있지 않다. 따라서 비타민D 보충제가 태양빛 노출을 대체할 수 있을지 판단하기 어렵다.
⑤ 지문에서는 자외선 차단제를 사용했을 때 중파장 자외선이 어떻게 작용하는지 언급하고 있지 않다. 또한 자외선 차단제를 사용한다는 사실이 태양빛에 노출되어야 한다는 지문의 주장을 반박한다고는 보기 어렵다.

17 정답 ②

지문에서는 제품의 굽혀진 곡률을 나타내는 R의 값이 작을수록 패널이 받는 폴딩 스트레스가 높아진다고 언급하고 있다. 따라서 1.4R의 곡률인 S전자의 인폴딩 폴더블 스마트폰은 H기업의 아웃폴딩 스마트폰보다 곡률이 작을 것이므로 폴딩 스트레스가 높다고 할 수 있다.

오답분석

① H기업은 아웃폴딩 패널을 사용하였다.
③ 동일한 인폴딩 패널이라고 해도 S전자의 R값이 작으며, R값의 차이에 따른 개발 난이도는 지문에서 확인할 수 없다.
④ 인폴딩 패널은 아웃폴딩 패널보다 상대적으로 곡률이 작아 개발 난이도가 높다. 따라서 아웃폴딩 패널을 사용한 H기업의 폴더블 스마트폰의 R값이 인폴딩 패널을 사용한 A기업의 폴더블 스마트폰보다 작을 것이라고 보기엔 어렵다.
⑤ 지문에서 여러 층으로 구성된 패널을 접었을 때 압축응력과 인장응력이 동시에 발생한다고는 언급하고 있으나 패널의 수가 스트레스와 연관된다는 사실은 확인할 수 없다. 따라서 S전자의 폴더블 스마트폰의 R값이 작은 이유라고는 판단하기 어렵다.

2020년 상반기 최신기출문제

01	02	03	04	05	06	07	08	09	10
②	④	③	⑤	④	①	②	②	④	①
11	12								
①	③								

01 정답 ②

②는 '반의 관계'이며 나머지 단어는 '유의 관계'이다.

• 엄정(嚴正) : 엄격하고 바름
• 해이 : 긴장이나 규율 따위가 풀려 마음이 느슨함

02 정답 ④

④는 '유의 관계'이며 나머지 단어는 '반의 관계'이다.

• 판이하다 : 비교 대상의 성질이나 모양, 상태 따위가 아주 다르다.
• 다르다 : 비교가 되는 두 대상이 서로 같지 아니하다.

오답분석

① 득의 : 일이 뜻대로 이루어져 만족해하거나 뽐냄
실의 : 뜻이나 의욕을 잃음
② 엎어지다 : 서 있는 사람이나 물체 따위가 앞으로 넘어지다.
자빠지다 : 뒤로 또는 옆으로 넘어지다.
③ 결렬 : 교섭이나 회의 따위에서 의견이 합쳐지지 않아 각각 갈라서게 됨
⑤ 고상 : 품위나 몸가짐이 속되지 아니하고 훌륭함
저열 : 품격이 낮고 보잘것없는 특성이나 성질

03 정답 ③

'뇌까리다'와 '지껄이다'는 각각 '아무렇게나 되는대로 마구 지껄이다.'와 '약간 큰 소리로 떠들썩하게 이야기하다.'는 뜻의 유의 관계이다. 따라서 빈칸에는 '복되고 길한 일이 일어날 조짐이 있다.'는 뜻의 '상서롭다'와 유의 관계인 '운이 좋거나 일이 상서롭다.'는 뜻의 '길하다'가 오는 것이 적절하다.

오답분석

① 망하다 : 개인, 가정, 단체 따위가 제 구실을 하지 못하고 끝장이 나다.
② 성하다 : 물건이 본디 모습대로 멀쩡하다.
④ 실하다 : 실속 있고 넉넉하다.
⑤ 달하다 : 일정한 표준, 수량, 정도 따위에 이르다.

04 정답 ⑤

'초췌하다'와 '수척하다'는 각각 '병, 근심, 고생 따위로 얼굴이나 몸이 여위고 파리하다.'와 '몸이 몹시 야위고 마른 듯하다.'는 뜻의 유의 관계이다. 따라서 빈칸에는 '능력이나 품성 따위를 길러 쌓거나 갖춤'이란 뜻의 '함양'과 유의 관계인 '길러 자라게 함'이란 뜻의 '육성'이 오는 것이 적절하다.

오답분석

① 집합 : 사람들을 한곳으로 모으거나 모임
② 활용 : 충분히 잘 이용함
③ 결실 : 일의 결과가 잘 맺어짐
④ 도출 : 어떤 생각이나 결론, 반응 따위를 이끌어냄

05 정답 ④

'피자를 좋아하는 사람'을 p, '치킨을 좋아하는 사람'을 q, '감자튀김을 좋아하는 사람'을 r, '나'를 s라고 하면, 첫 번째 명제는 $p \to q$, 두 번째 명제는 $q \to r$, 세 번째 명제는 $s \to p$이다. 따라서 $s \to p \to q \to r$이 성립되며, ④의 $s \to r$이 답임을 확인할 수 있다.

06 정답 ①

'갈매기'를 p, '육식을 하는 새'를 q, '바닷가에 사는 새'를 r, '헤엄을 치는 새'를 s라고 하면, 첫 번째 명제는 $p \to q$, 세 번째 명제는 $r \to p$, 네 번째 명제는 $s \to q$이다. 따라서 $s \to r$이 빈칸에 들어가야 $s \to r \to p \to q$가 되어 네 번째 명제인 $s \to q$가 성립된다. 참인 명제의 대우 역시 참이므로 '바닷가에 살지 않는 새는 헤엄을 치지 않는다.'가 답이 된다.

07 정답 ②

위 〈조건〉대로 원탁에 인원을 배치할 경우 A를 기준으로 오른쪽으로 돌았을 때 'A → D → F → B → C → E'와 'A → D → F → C → B → E' 두 가지 경우의 수가 생긴다. 두 경우에서 A와 D는 늘 붙어있으므로 ②가 정답이다.

08 정답 ②

네 사람이 진실을 말하고 있으므로 거짓말을 하는 사람이 한 명만 발생하는 경우를 찾아내면 된다. 확실하게 순서를 파악할 수 있는 C, D, E의 증언대로 자리를 배치할 경우 A는 첫 번째, C는 두 번째, D는 세 번째로 줄을 서게 된다. 이후 A와 B의 증언대로 남은 자리에 배치할 경우 B의 증언에서 모순이 발생하게 된다. 또한 B의 증언은 A의 증언과도 모순이 생기므로 ②가 정답임을 확인할 수 있다.

09 정답 ④

셔츠를 구입한 정을 기준으로 제시된 〈조건〉을 풀어내면 다음과 같다.

- 정은 셔츠를 구입했으므로, 치마와 원피스를 입지 않는 을은 바지를 구입하게 된다.
- 갑은 셔츠와 치마를 입지 않으므로 을이 구입한 바지 대신 원피스를 고르게 된다.
- 병은 원피스, 바지, 셔츠 외에 남은 치마를 구입하게 된다.

따라서 정답은 ④이다.

10 정답 ①

규칙은 세로로 적용된다.
두 번째는 첫 번째 도형을 시계 방향으로 90° 돌린 도형이다.
세 번째는 두 번째 도형을 좌우 반전시킨 도형이다.

11 정답 ①

규칙은 가로로 적용된다.
두 번째는 첫 번째 도형을 좌우 대칭하여 합친 도형이다.
세 번째 두 번째 도형을 시계 방향으로 90° 돌린 도형이다.

12 정답 ③

오골계는 살과 가죽, 뼈 등이 검은 것 외에도 일반 닭에 비해 발가락 수가 5개로 하나 더 많기 때문에 일반 닭과 큰 차이가 없다고 보기는 어렵다.

오답분석

① 검은색 털을 지닌 오계와 달리 오골계는 흰색이나 붉은 갈색의 털을 지니고 있어 털의 색으로도 구분이 가능하다.
② 손질된 오골계와 오계 고기는 살과 가죽, 뼈가 모두 검정이기 때문에 구분이 쉽지 않을 것이다.
④ 오계의 병아리는 일반 병아리와 달리 털이 검은색이며 발가락 수가 다르기 때문에 구분하기가 쉽다고 할 수 있다.
⑤ 오계는 야생성이 강하고 사육기간이 길어 기르는 것이 쉽지 않은 데다 동의보감에서 약효와 쓰임새가 기록되어 있는 것을 통해 식재보다는 약용으로 더 많이 쓰였을 것으로 짐작할 수 있다.

2019년 하반기 최신기출문제

01	02	03	04	05	06				
③	②	②	①	②	④				

01 정답 ③

제시된 단어는 유의 관계로, '만족하다'의 유의어는 '탐탁하다'이다.

02 정답 ②

'돛단배'는 '바람'의 힘으로 움직이고, '전등'은 '전기'의 힘으로 빛을 낸다.

03 정답 ②

오디는 뽕나무의 열매이고, 뽕잎은 뽕나무의 잎이다.

오답분석

①·③·④·⑤는 앞의 단어가 뒤의 단어의 재료가 된다. 즉, 재료와 가공품의 관계이다.

• 견사(絹絲) : 깁이나 비단을 짜는 명주실

04 정답 ①

'괄시(恝視)'는 '업신여겨 하찮게 대함'이고, '후대(厚待)'는 '아주 잘 대접함'으로 반의 관계이다.

오답분석

②·③·④·⑤는 유의 관계이다.

05 정답 ②

첫 번째 조건과 두 번째 조건에 따라 물리학과 학생은 흰색만 좋아하는 것을 알 수 있으며, 세 번째 조건과 네 번째 조건에 따라 지리학과 학생은 흰색과 빨간색만 좋아하는 것을 알 수 있다. 전공별로 좋아하는 색을 정리하면 다음과 같다.

경제학과	물리학과	통계학과	지리학과
검은색, 빨간색	흰색	빨간색	흰색, 빨간색

이때 검은색을 좋아하는 학과는 경제학과뿐이므로 C가 경제학과임을 알 수 있으며, 빨간색을 좋아하지 않는 학과는 물리학과뿐이므로 B가 물리학과임을 알 수 있다. 따라서 항상 참이 되는 것은 ②이다.

06 정답 ④

규칙은 가로로 적용된다. 첫 번째 도형의 색칠된 부분과 두 번째 도형의 색칠된 부분이 겹치는 부분을 색칠한 도형이 세 번째 도형이 된다.

CHAPTER

05

2019년 상반기 최신기출문제

01	02	03	04	05					
⑤	③	②	①	④					

01 정답 ⑤

'응분'은 '어떤 정도나 분수에 맞음'을 의미하며, '분수에 넘침'을 의미하는 '과분'과 반의 관계이다. '겸양하다'는 '겸손한 태도로 양보하거나 사양하다.'라는 의미로, '잘난 체하다.'라는 의미의 '젠체하다'와 반의 관계이다.

02 정답 ③

'칠칠하다'는 '성질이나 일 처리가 반듯하고 야무지다.'라는 의미로, '야무지다'와 유의 관계이다. '널널하다'와 '너르다'는 모두 '공간이 넓다. 또는 어떤 일이 여유가 있다.'라는 의미로, 서로 유의 관계이다.

오답분석

② • 낙찰 : 경매나 경쟁 입찰 등에서 물건이나 일이 어떤 사람이나 단체에 가도록 결정됨
  • 유찰 : 입찰 결과 낙찰이 결정되지 않고 무효로 돌아감

④ • 가축 : 집에서 기르는 짐승
  • 야수 : 사람에게 길들지 않은 사나운 야생의 짐승

03 정답 ②

A는 B와 C를 범인으로 지목하고, D는 C를 범인으로 지목하고 있다. A의 진술은 진실인데 D는 거짓일 수 없으므로 A와 D의 진술이 모두 진실인 경우와, A의 진술이 거짓이고 D의 진술은 참인 경우, 그리고 A와 D의 진술이 모두 거짓인 경우로 나누어 볼 수 있다.

i) A와 D의 진술이 모두 진실인 경우 : B와 C가 범인이므로 B와 C가 거짓을 말해야 하며, A, D, E는 반드시 진실을 말해야 한다. 그런데 E가 거짓을 말하고 있으므로 2명만 거짓을 말해야 한다는 조건에 위배된다.

ii) A의 진술은 거짓, D의 진술은 진실인 경우 : B는 범인이 아니고 C만 범인이므로 B는 진실을 말하고, B가 범인이 아니라고 한 E도 진실을 말한다. 따라서 A와 C가 범인이다.

iii) A와 D의 진술이 모두 거짓일 경우 : 범인은 A와 D이고, B, C, E는 모두 진실이 된다.

따라서 A와 C 또는 A와 D가 동시에 범인이 될 수 있다.

04 정답 ①

6명이 앉은 테이블은 빈자리가 없고, 4명이 앉은 테이블에만 빈자리가 있으므로 첫 번째, 세 번째 조건에 따라 A, I, F는 4명이 앉은 테이블에 앉아 있음을 알 수 있다. 4명이 앉은 테이블에서 남은 자리는 1개뿐이므로, 두 번째, 다섯 번째, 여섯 번째 조건에 따라 C, D, G, H, J는 6명이 앉은 테이블에 앉아야 한다. 마주보고 앉는 H와 J를 6명이 앉은 테이블에 먼저 배치하면 G는 H의 왼쪽 또는 오른쪽 자리에 앉고, 따라서 C와 D는 J를 사이에 두고 앉아야 한다. 이때 네 번째 조건에 따라 어떤 경우에도 E는 6명이 앉은 테이블에 앉을 수 없으므로, 4명이 앉은 테이블에 앉아야 한다. 따라서 4명이 앉은 테이블에는 A, E, F, I가, 6명이 앉은 테이블에는 B, C, D, G, H, J가 앉는다. 이를 정리하면 다음과 같다.

- 4명이 앉은 테이블 : A와 I 사이에 빈자리가 하나 있고, F는 양 옆 중 오른쪽 자리만 비어 있다. 따라서 다음과 같이 4가지 경우의 수가 발생한다.

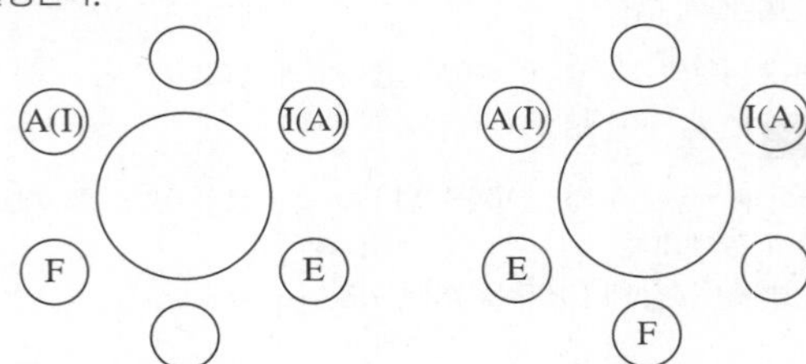

- 6명이 앉은 테이블 : H와 J가 마주본 상태에서 G가 H의 왼쪽 또는 오른쪽 자리에 앉고, C와 D는 J를 사이에 두고 앉는다. 따라서 다음과 같이 4가지 경우의 수가 발생한다.

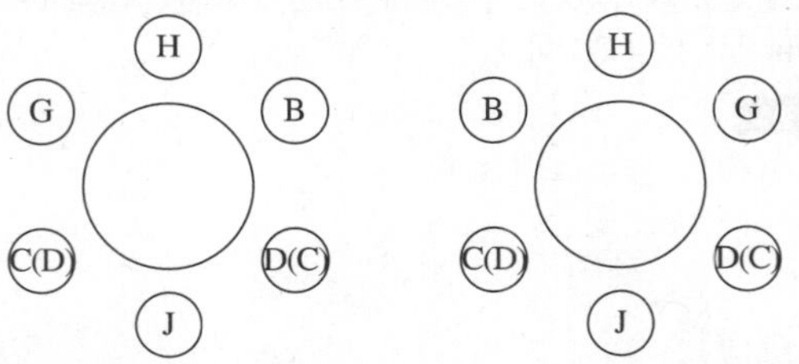

어떤 경우에도 A와 B는 다른 테이블이므로, ①은 항상 거짓이다.

05 정답 ④

규칙은 세로로 적용된다. 위쪽 도형과 가운데 도형의 색칠된 부분을 합치면 아래쪽 도형이 된다.

2018년 하반기 최신기출문제

01	02	03	04	05	06				
②	①	⑤	③	⑤	②				

01 정답 ②

사자성어와 사자성어에 등장하는 동물의 관계이다. 용호상박(龍虎相搏)은 '용과 호랑이가 서로 싸운다.'는 뜻이고, 토사구팽(兎死狗烹)은 '토끼를 잡으면 사냥하던 개는 쓸모가 없어져 삶아 먹는다.'는 뜻이다.

02 정답 ①

사자성어와 사자성어에 포함된 색깔의 관계이다. 동가홍상(同價紅裳)은 '같은 값이면 붉은 치마'라는 뜻으로 붉을 홍(紅)자가 포함되고, 청렴결백(淸廉潔白)은 '마음이 맑고 깨끗하여 욕심이 없음'이라는 뜻으로 흰 백(白)자가 포함된다.

오답분석

② 청렴결백의 청(淸)은 '맑을 청'으로, '푸를 청(靑)'과는 다르다.

03 정답 ⑤

돈은 지갑 안에 들어있는 내용물이지, 지갑의 재료는 아니다.

오답분석

①·②·③·④는 재료 – 결과물의 관계이다.

04 정답 ③

홍차를 주문한 사람은 2명이었으나, 주문 결과 홍차가 1잔이 나왔으므로 홍차의 주문이 잘못된 것임을 알 수 있다. 즉, E는 본래 홍차를 주문하였으나, 직원의 실수로 딸기주스를 받았다. 또한 커피는 총 2잔이 나왔으므로 D는 녹차가 아닌 커피를 주문한 것임을 알 수 있다. A, B, C, D, E의 주문 내용을 정리하면 다음과 같다.

A	B	C	D	E
홍차	커피	녹차	커피	홍차 (딸기주스로 주문됨)

따라서 녹차를 주문한 사람은 C이다.

05 정답 ⑤

모든 조건을 조합하면 다음과 같이 두 가지 경우의 수가 있음을 알 수 있다.

i)

영업2팀

벽	김 팀장						복도
	강 팀장	이 대리	유 사원	김 사원	박 사원	이 사원	

영업1팀

ii)

영업2팀

벽	김 팀장						복도
	강 팀장	이 대리	김 사원	박 사원	이 사원	유 사원	

영업1팀

두 가지 경우에서 강 팀장과 이 대리의 자리는 항상 인접하므로 항상 옳은 것은 ⑤이다.

오답분석

① 두 가지 경우에서 유 사원과 이 대리의 자리는 인접할 수도, 그렇지 않을 수도 있다.
② 두 가지 경우에서 박 사원의 자리는 유 사원의 자리보다 왼쪽에 있을 수도, 그렇지 않을 수도 있다.
③ 두 가지 경우에서 이 사원의 자리는 복도 옆에 위치할 수도, 그렇지 않을 수도 있다.
④ 두 가지 경우에서 김 사원과 유 사원의 자리는 인접할 수도, 그렇지 않을 수도 있다.

06 정답 ②

어떤 글에 대한 논리적인 반박은 그 글의 중심 주장이 성립할 수 없다는 것을 증명하는 것이다. 따라서 제시된 글의 주장이 성립할 수 없다는 근거를 제시해야 한다. 제시된 글의 중심 주장은 '아마란스를 쌀 대신 대량으로 재배해야 한다.'이고, ②는 아마란스를 쌀 대신 대량으로 재배할 수 없다는 근거가 되므로, 제시된 글에 대한 가장 논리적인 반박이라고 할 수 있다.

오답분석

① 마지막 문단에서 '백미 대신 동일한 양의 아마란스를 섭취하는 것은 ~ 체중 조절에 훨씬 유리하다.'라고 하였으므로, 아마란스를 과량으로 섭취했을 때 체중이 증가한다는 것은 논리적인 반박으로 볼 수 없다.
③·④·⑤ 제시된 글의 주장이 성립할 수 없다는 근거를 제시하지 않았으므로 논리적인 반박으로 볼 수 없다.

2018년 상반기 최신기출문제

01	02	03	04	05					
③	①	②	③	②					

01 정답 ③

마이동풍(馬耳東風)은 '말 귀에 봄바람'이라는 뜻으로 남의 말을 귀담아 듣지 않고 흘려버리는 것을 말한다. 제시된 두 단어 중 말은 마이동풍에 등장하는 동물이고, '서당 개 삼 년이면 풍월을 읊는다.'는 의미의 당구풍월(堂狗風月)에 등장하는 동물은 개이므로 빈칸에 들어갈 단어는 '개'이다.

02 정답 ①

수필은 문학에 포함되는 개념이고, 포유류에 포함되는 개념은 박쥐이다.

오답분석

펭귄은 조류, 도마뱀은 파충류, 상어는 어류, 개구리는 양서류에 해당한다.

03 정답 ②

'다독 – 정독'을 제외한 나머지는 모두 유의 관계를 이루고 있다.

- 다독(多讀) : 많이 읽음
- 정독(精讀) : 뜻을 새기며 자세히 읽음

오답분석

④ 파견(派遣)과 파송(派送)은 '일정한 업무를 주고 사람을 보냄'을 뜻한다.
⑤ 우수리는 '물건 값을 제하고 거슬러 받는 잔돈'을 뜻한다.

04 정답 ③

B는 파란색 모자를 쓰지 않았고, C는 파란색 모자를 보고 있는 입장이므로 파란색 모자를 쓸 수 있는 사람은 A뿐이다. 조건에 따라 나올 수 있는 경우는 다음과 같다.

i) B(노란색) – A(파란색) – C(빨간색)
ii) B(빨간색) – A(파란색) – C(노란색)
iii) A(파란색) – C(노란색) – B(빨간색)
iv) A(파란색) – C(빨간색) – B(노란색)

따라서 그 어떤 경우에도 B는 노란색 모자를 쓰고 두 번째에 서 있을 수 없다.

05 정답 ②

심장 질환 예방에 도움을 주는 것은 맥주의 원료인 홉과 맥아이다.

오답분석

① 글의 전체적인 내용을 통해 확인할 수 있다.
③ 여섯 번째 문단에 따르면 맥주 효모는 탈모 개선에 도움이 된다고 하였으므로 탈모 환자에게 도움이 될 것이라 추론할 수 있다.
④ 두 번째 문단과 세 번째 문단을 통해 확인할 수 있다.
⑤ 여덟 번째 문단에 따르면 맥주의 효소가 여드름 등의 피부 트러블을 예방하는 데 도움이 된다고 하였으므로 여드름으로 고민 중인 사람들에게 추천해 줄 수 있다.

2017년 하반기 최신기출문제

01	02	03	04	05	06	07			
④	④	⑤	②	①	④	⑤			

01 정답 ④

'공부를 잘하는 사람은 모두 꼼꼼하다.'라는 전제를 통해 '꼼꼼한 사람 중 일부는 시간 관리를 잘한다.'는 결론이 나오기 위해서는 '공부를 잘한다.'와 '시간 관리를 잘한다' 사이에 어떤 관계가 성립되어야 한다. 그런데 결론에서 그 범위를 '모두'가 아닌 '일부'로 한정하였으므로 공부를 잘하는 사람 중 일부가 시간 관리를 잘한다는 전제가 필요하다.

02 정답 ④

'고매하다'는 '인격이나 품성, 학식, 재질 등이 높고 빼어나다.'라는 뜻이고, '고결하다'는 '성품이 고상하고 순결하다.'는 의미로 두 단어는 서로의 유의어이다. 그리고 '곱다'에는 '가루나 알갱이 따위가 아주 잘다.'라는 뜻이 있으며, 이는 '아주 곱고 촘촘하다.'는 의미의 '치밀하다'와 비슷한 말이다.

03 정답 ⑤

세 가지 조건을 종합해 보면 A상자에는 테니스공과 축구공이, B상자에는 럭비공이, C상자에는 야구공이 들어가게 됨을 알 수 있다. 따라서 B상자에는 럭비공과 배구공, 또는 럭비공과 농구공이 들어갈 수 있으며, C상자에는 야구공과 배구공, 또는 야구공과 농구공이 들어갈 수 있다. 그러므로 럭비공은 배구공과 같은 상자에 들어갈 수도 있고 아닐 수도 있다.

오답분석

① 농구공을 C상자에 넣으면 배구공이 들어갈 수 있는 상자는 B밖에 남지 않게 된다.
② 세 가지 조건을 종합해 보면 테니스공과 축구공이 들어갈 수 있는 상자는 A밖에 남지 않음을 알 수 있다.
③ A상자는 이미 꽉 찼고 남은 상자는 B와 C인데, 이 두 상자에도 각각 공이 하나씩 들어가 있으므로 배구공과 농구공은 각각 두 상자에 나누어져 들어가야 한다. 따라서 두 공은 같은 상자에 들어갈 수 없다.
④ B상자에 배구공을 넣으면 농구공을 넣을 수 있는 상자는 C밖에 남지 않게 된다. 따라서 농구공과 야구공은 함께 C상자에 들어가게 된다.

04 정답 ②

조건에 따르면 A는 3반 담임이 되고, E는 2반 또는 4반, B는 1반 또는 5반의 담임이 된다. 따라서 B가 5반을 맡을 경우 C는 1반, 2반, 4반 중 하나를 맡게 되므로 반드시 1반을 맡는다고는 할 수 없다.

오답분석

① C가 2반을 맡으면 E는 4반을 맡고 D는 1반 또는 5반을 맡는다.
③ 〈조건〉에서 E는 A의 옆 반 담임을 맡는다고 하였으므로 2반 또는 4반을 맡는다.
④ 〈조건〉에서 B는 양 끝에 위치한 반 중 하나의 담임을 맡는다고 하였으므로 B는 양 끝 반인 1반 또는 5반을 맡는다.
⑤ 1반을 B가, 2반을 E가 맡으면 A는 3반을 맡으므로 남은 4, 5반은 C, D가 맡는다. 따라서 이 경우 C는 D의 옆 반이다.

05 정답 ①

기호가 하나만 적용된 부분부터 살펴보면 Hㅋ J5가 5ㅋJH로 변하였으므로 ●은 양 끝에 있는 문자의 위치를 서로 바꾸는 기호임을 알 수 있다. ㅊㄱEB에 이 기호를 거꾸로 적용하면 BㄱEㅊ이 되고, AㄷBㅎ이 ■을 거쳐 BㄱEㅊ이 된 셈이므로 이는 각 항에 +1, −2, +3, −4를 하는 기호임을 알 수 있다. 다음으로 4ㅍHI가 ▲을 거쳐 5ㅋJH로 변한 과정을 살펴보면 각 항에 +1, −2, +2, −1을 한 것임을 밝힐 수 있다. 그러므로 이 모든 규칙을 정리하면 다음과 같다.

● : 1234 → 4231
■ : 각 자릿수에 +1, −2, +3, −4
▲ : 각 자릿수에 +1, −2, +2, −1

따라서

GHKT → HFNP → PFNH
(■) (●)

06 정답 ④

5454 → 6273 → 3276
(▲) (●)

07 정답 ⑤

76ㄱI → 84ㄷH → 92ㅂD
(▲) (■)

PART 1 정답 및 해설

2017년 상반기 최신기출문제

01	02	03	04	05	06	07	08		
④	②	③	③	②	④	①	②		

01 정답 ④

'만족'과 '흡족'은 모자란 것 없이 충분하고 넉넉함을 뜻하는 단어로 동의 관계이다. 따라서 요구되는 기준이나 양에 미치지 못해 충분하지 않음을 뜻하는 '부족'의 동의어로는 있어야 하는 것이 모자라거나 없음을 뜻하는 '결핍'이 적절하다.

오답분석

① 미미 : 보잘것없이 매우 작음
② 곤궁 : 가난하여 살림이 구차하고 딱함
③ 궁핍 : 몹시 가난함
⑤ 가난 : 살림살이가 부족함

02 정답 ②

직업 – 도구 – 결과물의 관계이다. 대장장이는 망치나 가위 등으로 철이나 구리 같은 금속을 담금질하여 연장 또는 기구를 만드는 장인으로, 광물은 그 결과물이 아니다.

03 정답 ③

우선 세 번째 조건에 따라 '윤지 – 영민 – 순영'의 순서가 되는데, 첫 번째 조건에서 윤지는 가장 먼저 출장을 가지 않는다고 하였으므로 윤지 앞에는 먼저 출장 가는 사람이 있어야 한다. 따라서 '재철 – 윤지 – 영민 – 순영'의 순서가 되고, 마지막으로 출장 가는 순영의 출장지는 미국이 된다. 또한 재철은 영국이나 프랑스로 출장을 가야하는데, 영국과 프랑스는 연달아 갈 수 없으므로 두 번째 출장지는 일본이며, 첫 번째와 세 번째 출장지는 영국 또는 프랑스로 재철과 영민이 가게 된다.

구분	첫 번째	두 번째	세 번째	네 번째
출장 가는 사람	재철	윤지	영민	순영
출장 가는 나라	영국 또는 프랑스	일본	영국 또는 프랑스	미국

오답분석

① 윤지는 일본으로 출장을 간다.
② 재철은 영국으로 출장을 갈 수도, 프랑스로 출장을 갈 수도 있다.
④ 순영은 네 번째로 출장을 간다.
⑤ 윤지와 순영의 출장 순서는 두 번째와 네 번째로, 연이어 출장을 가지 않는다.

04 정답 ③

가장 먼저 물건을 고를 수 있는 동성이 세탁기를 받을 경우와 컴퓨터를 받을 경우 두 가지로 나누어 생각해 볼 수 있다.

1. 동성이가 세탁기를 받을 경우 : 현규는 드라이기를 받게 되고, 영희와 영수는 핸드크림 또는 로션을 받게 되며, 미영이는 컴퓨터를 받게 된다.
2. 동성이가 컴퓨터를 받을 경우 : 동성이 다음 순서인 현규가 세탁기를 받을 경우와 드라이기를 받을 경우로 나누어 생각해 볼 수 있다.
   1) 현규가 세탁기를 받을 경우 : 영희와 영수는 로션 또는 핸드크림을 각각 가지게 되고, 미영이는 드라이기를 받게 된다.
   2) 현규가 드라이기를 받을 경우 : 영희와 영수는 로션 또는 핸드크림을 각각 가지게 되고, 미영이는 세탁기를 받게 된다.

따라서 미영이가 드라이기를 받는 경우도 존재한다.

05 정답 ②

도형의 규칙은 행별로 적용된다. 첫 번째 도형과 세 번째 도형을 합쳤을 때 두 번째 도형이 되는데, 겹치는 칸이 모두 색칠되어 있거나 색칠되어 있지 않은 경우 그 칸의 색은 비워두고, 색칠된 칸과 색칠되지 않은 칸이 겹칠 경우 색칠하여 완성한다. 따라서 ?에는 ②가 와야 한다.

06 정답 ④

가로 두 번째 줄과 세로 첫 번째 줄을 살펴보면 2개의 기호가 적용되었고 공통적으로 ■를 거치는데, 가로 두 번째 줄은 순서만 변화하고, 세로 첫 번째 줄은 문자와 순서에 모두 변화가 있다. 따라서 ■는 1234 → 3412인 순서 바꾸기 규칙임을 알 수 있고, 그 전에 ◎가 3 → 4, ㅛ → ㅠ, ㅁ → ㅇ, J → N으로 바뀌었으므로 ◎는 각 항에 +1, +2, +3, +4를 하는 규칙임을 알 수 있다. 이를 토대로 가로 첫 번째 줄에 대입하면 ▲는 각 자릿수에 −1, −2, −1, −2를 하는 규칙임을 알 수 있으며, 마지막으로 세로 두 번째 줄에 대입하면 ◇는 1234 → 4321인 규칙임을 알 수 있다. 그러므로 이 모든 규칙을 정리하면 다음과 같다.

■ : 1234 → 3412
◎ : 각 자릿수에 +1, +2, +3, +4
▲ : 각 자릿수에 −1, −2, −1, −2
◇ : 1234 → 4321

2Uㅓㅋ → ㅋㅓU2 → ㅊㅏT0
　　　　◇　　　　▲

07 정답 ①

ㅂ5ㄴ6 → ㄴ6ㅂ5 → ㄷ8ㅈ9
　　　　■　　　　◎

08 정답 ②

4ㅜDH → 3ㅗCF → FCㅗ3 → GEㅠ7
　　　　▲　　　　◇　　　　◎

2016년 하반기 최신기출문제

01	02	03	04	05	06	07			
④	⑤	①	⑤	③	⑤	②			

01 정답 ④

가로등의 원동력은 전기이고, 증기기관의 원동력은 수증기이다.

02 정답 ⑤

주스를 좋아하는 사람은 우유를 좋아하지 않으므로 대우 법칙을 생각했을 때, 우유를 좋아하는 사람은 주스를 좋아하지 않는다. 주스를 좋아하지 않는 사람은 치즈를 좋아한다고 했으므로 빵을 좋아하는 사람은 우유를 좋아하고, 우유를 좋아하는 사람은 주스를 좋아하지 않으며, 주스를 좋아하지 않는 사람은 치즈를 좋아한다는 결론이 도출된다. 따라서 빵을 좋아하는 사람은 치즈를 좋아한다.

03 정답 ①

진실게임 문제의 경우 가정할 범위를 가능한 좁혀야 한다. 〈보기〉의 조건 중 A～D의 주장은 각각 1명씩을 범인으로 지목하기 때문에 이들 중 한 명을 진실 혹은 거짓으로 가정한다고 하더라도, 다른 주장과 모순되는 경우가 발생한다. 반면, E의 주장은 2명이 범인이 아니라고 주장하므로, E의 주장을 참으로 가정하면 A, B의 주장과 일치하므로 C와 D가 범인임을 알 수 있다.

04 정답 ⑤

오답분석

① 처거제는 '장가가다'와 일맥상통한다.
② 두 번째 문장을 통해 확인할 수 있다.
③ 마지막 문장을 통해 확인할 수 있다.
④ 제시된 글을 통해서는 알 수 없다.

05 정답 ③

△ : 각 자릿수 +3, −2, +4, −1
☆ : 1234 → 2431
◎ : 각 자릿수 −1, +2, −3, −4
□ : 각 자릿수마다 +3
♡ : 1234 → 3124

ㄷM4G → 4ㄷMG → 7ㄱQF
♡ △

06 정답 ⑤

4Gㅕ5 → 3Iㅏ1 → 6Lㅕ4
◎ □

07 정답 ②

ㅛㅎㅁA → ㅎAㅁㅛ → ㅍCㄴㅑ
☆ ◎

2016년 상반기 최신기출문제

01	02	03	04	05	06	07	08		
②	②	⑤	①	③	③	④	⑤		

01 정답 ②

키 : 원숭이>기린
몸무게 : 원숭이>기린>하마
따라서 원숭이가 가장 무겁다.

오답분석

① 원숭이와 하마와의 키 관계는 알 수 없다.
③ · ⑤ 기린과 하마와의 키 관계는 알 수 없다.
④ 하마는 기린보다 가볍다.

02 정답 ②

높새바람과 하늬바람은 둘 다 바람의 일종으로 '바람'이라는 단어가 생략된 채 제시되었다. 여우비는 맑은 날 잠깐 내리는 비이며, 이슬비는 아주 가늘게 내리는 비를 뜻한다.

03 정답 ⑤

오답분석

①·②·③·④ 대등 관계이다.

04 정답 ①

오답분석

②·③·④·⑤ 목적어 – 서술어 관계이다.

05 정답 ③

오답분석

①·②·④·⑤ 제작자 – 제품 – 사용자이다.

06 정답 ③

○ : 각 자릿수 +1, −2, +1, −2
◈ : 각 자릿수마다 +2
▼ : 1234 → 2143
■ : 1234 → 3412

5ㅂ2ㅌ → ㅂ5ㅌ2 → ㅅ3ㅍ0
(▼, ○)

07 정답 ④

LㅅEㅈ → NㅈGㅋ → GㅋNㅈ
(◈, ■)

08 정답 ⑤

ㄱBㄷV → ㄷVㄱB → ㄹTㄴZ
(■, ○)

2015년 하반기 최신기출문제

01	02	03	04	05	06	07			
④	③	①	②	④	①	③			

01 정답 ④

'중요'는 '귀중하고 요긴함'의 뜻으로, '요긴'과 유의 관계이다.
- 특성 : 일정한 사물에만 있는 특수한 성질

④ 특질 : 특별한 기질이나 성질

오답분석

① 성질 : 사람이 지닌 마음의 본바탕
② 특별 : 보통과 구별되게 다름
③ 특이 : 보통 것이나 보통 상태에 비하여 두드러지게 다름
⑤ 특수 : 특별히 다른 것

02 정답 ③

'세입'은 '국가나 지방 자치 단체의 한 회계 연도에 있어서의 모든 지출'이라는 뜻으로, '세출'과 반의 관계이다.
- 할인 : 일정한 값에서 얼마를 뺌

③ 할증 : 일정한 값에 얼마를 더함

오답분석

① 상승 : 낮은 데서 위로 올라감
② 인상 : 물건값, 봉급 등을 올림
④ 감소 : 양이나 수치가 줆. 또는 양이나 수치를 줄임
⑤ 인하 : 물건 따위를 끌어내림

03 정답 ①

오답분석

②·③·④·⑤ 서비스 공급자 – 서비스 수요자

04 정답 ②

② 목적어 – 서술어 관계이다.

오답분석

①·③·④·⑤ 주어 – 서술어 관계이다.

05 정답 ④

□ : 1234 → 4231
△ : 각 자릿수 +1, −1, +1, −1
☆ : 각 자릿수 −1, −2, −3, −4
○ : 각 자릿수 +1, 0, 0, +1

LIKE → MIKF → FIKM
(○) (□)

06 정답 ①

7288 → 8287 → 7053
(□) (☆)

07 정답 ③

MJㅊㅍ → LHㅅㅈ → MHㅅㅊ
(☆) (○)

2015년 상반기 최신기출문제

01	02	03	04	05	06	07	08	09	
④	③	⑤	①	②	④	③	④	③	

01 정답 ④

데스크탑에 휴대성을 갖춘 것이 노트북이고, 집에 휴대성을 갖춘 것은 캠핑카이다.

02 정답 ③

말은 마차를 끌고, 소는 쟁기를 끈다.

03 정답 ⑤

우표는 우체국에서 취급하고, 곡식은 방앗간에서 취급한다.

04 정답 ①

오답분석

②·③·④·⑤ 유의 관계이다.

05 정답 ②

태양을 기준으로 거리가 멀어지는 순서대로 나열한 것이다.

오답분석

①·③·④·⑤ 시간이 지남에 따라 발생하는 것을 나열한 것이다.

06 정답 ④

오답분석

①·②·③·⑤ 포함 관계이다.

07 정답 ③

♡ : 1234 → 3412
△ : 1234 → 4321
□ : 각 자릿수 +1, −1, +1, −1

ㄱㅌWN → ㄴㅋXM → XMㄴㅋ
(□) (♡)

08 정답 ④

IUㄹㅅ → ㅅㄹUI → UIㅅㄹ
(△) (♡)

09 정답 ③

ㅎBㄱG → ㄱALF → FㄴAㄱ
(□) (△)

PART 1 정답 및 해설

2014년 하반기 최신기출문제

01	02	03	04	05	06	07	08	09	10
④	②	⑤	①	⑤	①	⑤	④	②	②
11	12	13	14						
③	⑤	②	③						

01 정답 ④

고등학생 중에는 축구를 좋아하는 사람도 있고, 축구를 좋아하는 사람 중에는 기자도 있다. 즉, 고등학생 중에는 기자도 있다. 이때, '중에는'은 '전부'가 될 수도 있으므로, 모든 고등학생이 기자일 수도 있다.

02 정답 ②

'하루에 두 끼를 먹는 어떤 사람도 뚱뚱하지 않다.'를 다르게 표현하면 '하루에 두 끼를 먹는 사람은 뚱뚱하지 않다.'이다. 따라서 두 번째 명제와 연결하면 '아침을 먹는 모든 사람은 하루에 두 끼를 먹고, 하루에 두 끼를 먹는 사람은 뚱뚱하지 않다.'이므로 이를 정리하면 ②이다.

03 정답 ⑤

두 번째 명제의 대우 명제는 '제비가 낮게 날면 비가 온다.'이다.

04 정답 ①

'성공한 사업가는 존경받는다.'의 대우 명제는 '존경받지 못하면 성공한 사업가가 아니다.'이고, 두 번째 명제와 연결하면 '어떤 합리적인 사업가는 성공한 사업가가 아니다.'이다. 즉, ①과 같은 명제이다.

05 정답 ⑤

규칙은 가로로 적용된다. 오른쪽으로 한 칸씩 움직인다.

06 정답 ①

○ : 1234 → 4321
□ : 1234 → 3124
☆ : 자릿수마다 +1
▽ : 각 자릿수 +0, +1, +0, +1

ㄱㅌWN → ㄴㅍXO → ㄴㅎXP → ㄷㄱYQ
(☆, ▽, ☆)

07 정답 ⑤

IUㄹㅅ → ㅅㄹUI → ㅅㅁUJ → UㅅㅁJ
(○, ▽, □)

08 정답 ④

ㅎBㄱG → ㄱㅎBG → BㄱㅎG → GㅎㄱB
(□, □, ○)

09 정답 ②

오페라는 모든 대사가 노래로 이루어져야 한다. 즉, 오페라는 악보를 기반으로 이루어지고, 건물은 설계도를 기반으로 지어진다.

10 정답 ②

사이다에는 탄산이 함유되어 있고, 공기에는 산소가 함유되어 있다.

11 정답 ③

잉크는 볼펜의 구성품이다.

오답분석

①·②·④·⑤ 고체는 고체, 액체는 액체, 기체는 기체끼리 단어가 연결되어 있다.

12 정답 ⑤

2000년대를 전후해 빠른 경제성장을 거듭하고 있는 신흥경제 5국을 일컫는 브릭스(BRICS)에 해당하는 국가이다.

오답분석

①은 북아메리카, ②·③은 아시아, ④는 유럽에 속하는 국가끼리 단어가 연결되어 있다.

13 정답 ②

세 번째, 네 번째 조건에 의해 E와 D는 2층과 7층 또는 3층과 8층에 근무해야 한다. 그러나 E와 D가 3층과 8층에 근무를 하게 되면 마지막 조건을 만족할 수 없다. 따라서 E와 D는 2층과 7층에 근무해야 한다. 또한 두 번째 조건에 의해 E가 7층에 근무할 수 없으므로 D가 7층, E가 2층에 근무한다. 이를 만족하는 경우를 나타내면 다음과 같다.

구분	경우 1	경우 2	경우 3	경우 4
8층	F	B	F	B
7층	D	D	D	D
6층	G	G	G	G
5층	C	C	A	A
4층	H	H	H	H
3층	A	A	C	C
2층	E	E	E	E
1층	B	F	B	F

경우 2와 경우 4는 두 번째 조건을 만족하지 않으므로 가능한 경우는 2가지이다.

14 정답 ③

i) 악어가 C구역에 들어갈 경우 사슴은 A, D구역 중 한 곳에 들어갈 수 있다.

구분	A구역	B구역	C구역	D구역
경우 1	사슴	독수리	악어	호랑이
경우 2	사슴	호랑이	악어	독수리
경우 3	독수리	호랑이	악어	사슴
경우 4	호랑이	독수리	악어	사슴

ii) 악어가 D구역에 들어갈 경우 사슴은 A, C구역 중 한 곳에 들어갈 수 있다.

구분	A구역	B구역	C구역	D구역
경우 1	사슴	독수리	호랑이	악어
경우 2	사슴	호랑이	독수리	악어
경우 3	독수리	호랑이	사슴	악어
경우 4	호랑이	독수리	사슴	악어

MEMO

I wish you the best of luck!

PART 2

추리

유형점검

01	02	03	04	05	06	07	08	09	10
④	⑤	④	②	③	④	⑤	②	①	④
11	12	13	14	15	16	17	18	19	20
③	②	②	①	①	③	④	②	⑤	④
21	22	23	24	25	26	27	28	29	30
⑤	④	②	②	②	③	②	⑤	③	③

01 정답 ④

스누피를 '스', 제리를 '제', 니모를 '니'라고 하자.

구분	명제	대우
전제1	스× → 제	**제× → 스**
결론	**제× → 니**	니× → 제

전제1의 대우가 결론으로 연결되려면, 전제2는 스 → 니가 들어가야 한다. 따라서 전제2는 '스누피이면 니모이다.'의 대우인 ④가 답이다.

02 정답 ⑤

회계팀의 팀원을 '회', 회계 관련 자격증을 가지고 있는 사람을 '자', 돈 계산이 빠른 사람을 '돈'이라고 하자.

구분	명제	대우
전제1	회 → 자	**자× → 회×**
결론	**돈× → 회×**	회 → 돈

전제1의 대우가 결론으로 연결되려면, 전제2는 돈× → 자×가 되어야 한다. 따라서 전제2는 '돈 계산이 빠르지 않은 사람은 회계 관련 자격증을 가지고 있지 않다.'인 ⑤이다.

03 정답 ④

'주간회의에 참여한다.'를 A, '임원회의에 참여한다.'를 B, '워크숍에 참여한다.'를 C라고 하면, 전제1과 결론을 다음과 같은 벤다이어그램으로 나타낼 수 있다.

1) 전제1

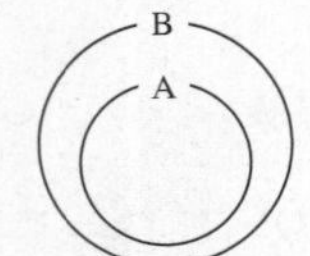

2) 결론

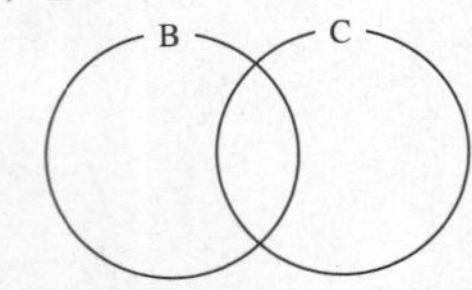

결론이 참이 되기 위해서는 B와 공통되는 부분의 A와 C가 연결되어야 한다. 즉, 다음과 같은 벤다이어그램이 성립할 때 결론이 참이 될 수 있으므로 전제2에 들어갈 명제는 '주간회의에 참여하는 어떤 사람은 워크숍에 참여한다.'의 ④이다.

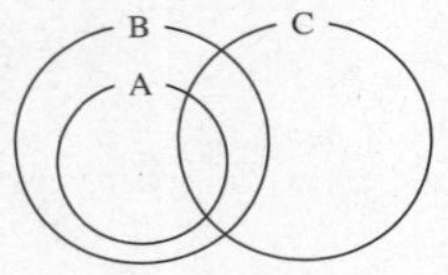

04 정답 ②

을이 과장이므로 대리가 아닌 갑은 부장의 직책을 가진다.

오답분석

조건에 따라 갑, 을, 병, 정의 사무실 위치를 정리하면 다음과 같다.

구분	2층	3층	4층	5층
경우 1	부장	을 과장	대리	갑 부장
경우 2	을 과장	대리	부장	갑 부장
경우 3	을 과장	부장	대리	갑 부장

① 갑 부장 외의 또 다른 부장은 2층, 3층 또는 4층에 근무한다.
③ 대리는 3층 또는 4층에 근무한다.
④ 을은 2층 또는 3층에 근무한다.
⑤ 병의 직책은 알 수 없다.

05 정답 ③

먼저 A사원의 진술이 거짓이라면 A사원과 D사원 두 명이 3층에서 근무하게 되고, 반대로 D사원의 진술이 거짓이라면 3층에는 아무도 근무하지 않게 되므로 조건에 어긋난다. 따라서 A사원과 D사원은 진실을 말하고 있음을 알 수 있다. 또한 C사원의 진술이 거짓이라면 아무도 홍보부에 속하지 않으므로 C사원도 진실을 말하고 있음을 알 수 있다. 결국 거짓말을 하고 있는 사람은 B사원이며, A ~ D사원의 소속 부서와 부서 위치를 정리하면 다음과 같다.

구분	소속 부서	부서 위치
A사원	영업부	4층
B사원	총무부	6층
C사원	홍보부	5층
D사원	기획부	3층

따라서 기획부는 3층에 위치한다.

06 정답 ④

먼저 첫 번째 조건에 따라 A위원이 발언하면 B위원도 발언하므로 A위원 또는 B위원은 발언하지 않는다는 두 번째 조건이 성립하지 않는다. 따라서 A위원은 발언자에서 제외되는 것을 알 수 있다. 두 번째 조건에 따라 B위원이 발언하는 경우와 발언하지 않는 경우를 나누어 볼 수 있다.

1) B위원이 발언하는 경우
   세 번째 조건에 따라 C위원이 발언하며, 네 번째 조건에 따라 D위원과 E위원이 발언한다. D위원이 발언하면 세 번째 조건에 따라 F위원도 발언한다. 결국 A위원을 제외한 나머지 위원 모두가 발언하는 것을 알 수 있다.
2) B위원이 발언하지 않는 경우
   네 번째 조건에 따라 D위원과 E위원이 발언하고, 세 번째 조건에 따라 F위원도 발언한다. 그러나 주어진 조건만으로는 C위원의 발언 여부를 알 수 없다.

따라서 항상 참이 되는 것은 ④이다.

오답분석

① A위원은 항상 발언하지 않는다.
② B위원은 발언하거나 발언하지 않는다.
③ C위원은 1)의 경우 발언하지만, 2)의 경우 발언 여부를 알 수 없다.
⑤ A위원은 항상 발언하지 않는다.

07 정답 ⑤

첫 번째 명제에서 A는 B보다 먼저 먹거나 A와 B는 같이 먹는 두 가지 경우가 가능하다.

(경우1) A가 B보다 먼저 먹는 경우
C와 D는 세 번째 명제에 따라 각각 12시, 1시 팀이 되고, 마지막 명제에서 E는 F보다 먼저 먹으므로 E와 F도 각각 12시, 1시 팀이 될 것이다. 따라서 12시 팀은 A, C, E이고, 1시 팀은 B, D, F이다.

(경우2) A와 B가 같이 먹는 경우

- A와 B가 12시에 먹는 경우
  C와 D는 각각 12시, 1시 팀이 되고, E와 F도 각각 12시, 1시 팀이 된다. 따라서 12시 팀은 A, B, C, E이고, 1시 팀은 D, F이다.
- A와 B가 1시에 먹는 경우
  두 번째 명제에서 C는 A와 같이 먹으므로 C는 1시 팀, D는 12시 팀이 되고, E와 F는 각각 12시, 1시 팀이 된다. 따라서 12시 팀은 D, E이고, 1시 팀은 A, B, C, F이다.

오답분석

① A와 B는 같이 먹을 수도 있다.
② '경우1'에 보면 B와 C는 따로 먹는다.
③ '경우2 – 2'에서 D와 F는 따로 먹는다.
④ '경우1'에서 12시 팀과 1시 팀의 인원수는 같다.

08 정답 ②

두 대의 적외선 카메라 중 하나는 수도권본부에 설치하였고, 나머지 하나는 경북본부와 금강본부 중 한 곳에 설치하였으므로 강원본부에는 적외선 카메라를 설치할 수 없다. 또한 강원본부에는 열선감지기를 설치하지 않았으므로 반드시 하나 이상의 기기를 설치해야 한다는 첫 번째 조건에 따라 강원본부에는 화재경보기를 설치하였을 것이다.

오답분석

①·③·⑤ 주어진 조건만으로는 어느 본부에 열선감지기를 설치하는지 정확히 알 수 없다.
④ 화재경보기는 경북본부와 강원본부에 설치하였다.

09 정답 ①

제시된 조건에 따르면, 1층에는 남성인 주임을 배정해야 하므로 C주임이 배정된다. 그러면 3층에 배정 가능한 직원은 남성인 B사원 또는 E대리이다.
먼저 3층에 B사원을 배정하는 경우, 5층에는 A사원이 배정된다. 그리고 D주임은 2층에, E대리는 이보다 위층인 4층에 배정된다.
다음으로 3층에 E대리를 배정하는 경우, 5층에 A사원이 배정되면 4층에 B사원이 배정되고, 5층에 B사원이 배정되면 4층에 A사원이 배정된다. 그리고 D주임은 항상 E대리보다 아래층인 2층에 배정된다. 이를 정리하면 다음과 같다.

경우 1		경우 2		경우 3	
층수	직원	층수	직원	층수	직원
5층	A	5층	A	5층	B
4층	E	4층	B	4층	A
3층	B	3층	E	3층	E
2층	D	2층	D	2층	D
1층	C	1층	C	1층	C

따라서 5층에 A사원이 배정되더라도, 4층에는 B사원이 아닌 E대리가 배정될 수도 있다.

오답분석

② D주임은 항상 2층에 배정된다.
③·⑤ 5층에 B사원이 배정되면 3층에는 E대리, 4층에는 A사원이 배정된다.
④ C주임은 항상 1층에 배정된다.

10 정답 ④

- A<C<F
- E<□<D
- D<B
- □<A
- D<F<□
- E<□<C, C<□<A(불가능 ∵ A<C)

주어진 조건을 따라 정리하면 다음과 같다.

앞	6	5	4	3	2	1	뒤
	E	A	C	D	F	B	

따라서 C는 여섯 명 중 네 번째로 키가 큰 것을 알 수 있다.

11 정답 ③

세 번째 조건의 대우에서 최 대리가 승진하면 임 대리가 승진한다. 두 번째 조건에서 최 대리가 승진하면 박 대리와 이 대리는 승진하지 못한다. 첫 번째 조건의 대우에서 박 대리가 승진하지 못하면 김 대리도 승진하지 못한다. 네 번째 조건에서 김 대리가 승진하지 못하면 한 대리가 승진한다. 따라서 최 대리, 임 대리, 한 대리 3명이 승진한다.

12 정답 ②

첫 번째 조건과 세 번째 조건의 대우(E가 근무하면 B도 근무한다)를 통해 A가 근무하면 E와 B가 근무한다는 결론이 도출된다. 두 번째 조건과 네 번째 조건에서 B가 근무하면 D는 근무하지 않고, C와 F도 근무하지 않는다는 결론이 도출된다. 따라서 두 조는 (A, B, E), (C, D, F)이며, D와 E는 같은 날에 근무할 수 없다.

13 정답 ②

F와 G지원자는 같은 학과를 졸업하였으므로 2명 이상의 신입사원을 뽑은 배터리개발부나 품질보증부에 지원하였다. 그런데 D지원자가 배터리개발부의 신입사원으로 뽑혔다고 했으므로 F와 G지원자는 품질보증부에 신입사원으로 뽑혔다. 또한 C지원자는 품질보증부에 지원하였다고 하였고 복수전공을 하지 않았으므로 C, F, G지원자가 품질보증부의 신입사원임을 알 수 있다. B지원자는 경영학과 정보통신학을 전공하였으므로 전략기획부와 품질보증부에서 뽑을 수 있다. 하지만 품질보증부는 이미 3명의 신입사원이 뽑혔으므로 B지원자는 전략기획부이다. E지원자는 화학공학과 경영학을 전공하였으므로 생산기술부와 전략기획부에서 뽑을 수 있다. 하지만 전략기획부는 1명의 신입사원을 뽑는다고 하였으므로 E지원자는 생산기술부의 신입사원으로 뽑혔음을 알 수 있다. A지원자는 배터리개발부와 생산기술부에 지원하였지만 생산기술부는 1명의 신입사원을 뽑으므로 배터리개발부에 뽑혔음을 알 수 있다.

구분	배터리개발부	생산기술부	전략기획부	품질보증부
A지원자	○	○		
B지원자			○	○
C지원자				○
D지원자	○			
E지원자		○	○	
F지원자				○
G지원자				○

오답분석

① A지원자는 배터리개발부의 신입사원으로 뽑혔다.
③ G지원자는 품질보증부의 신입사원으로 뽑혔다.
④ B지원자는 전략기획부의 신입사원으로 뽑혔다.
⑤ F지원자는 품질보증부의 신입사원으로 뽑혔다.

14 정답 ①

먼저 8호 태풍 바비의 이동 경로에 관한 A국과 D국의 예측이 서로 어긋나므로 둘 중 한 국가의 예측만 옳은 것을 알 수 있다.

1) A국의 예측이 옳은 경우
A국의 예측에 따라 8호 태풍 바비는 일본에 상륙하고, 9호 태풍 마이삭은 한국에 상륙한다. D국의 예측은 옳지 않으므로 10호 태풍 하이선이 중국에 상륙하지 않을 것이라는 C국의 예측 역시 옳지 않음을 알 수 있다. 따라서 B국의 예측에 따라 10호 태풍 하이선은 중국에 상륙하며, 태풍의 이동 경로를 바르게 예측한 나라는 A국과 B국이다.

2) D국의 예측이 옳은 경우
D국의 예측에 따라 10호 태풍 하이선은 중국에 상륙하지 않으며, 8호 태풍 바비가 일본에 상륙한다는 A국의 예측이 옳지 않게 되므로 9호 태풍 마이삭은 한국에 상륙하지 않는다. 따라서 B국이 예측한 결과의 대우인 '태풍 하이선이 중국에 상륙하지 않으면, 9호 태풍 마이삭은 한국에 상륙하지 않는다.'가 성립하므로 B국의 예측 역시 옳은 것을 알 수 있다. 그런데 이때 10호 태풍 하이선은 중국에 상륙하지 않는다는 C국의 예측 역시 성립하므로 두 국가의 예측만이 실제 태풍의 이동 경로와 일치했다는 조건에 어긋난다.

따라서 태풍의 이동 경로를 바르게 예측한 나라는 A국과 B국이다.

15 정답 ①

C를 고정시키고, 그 다음 D와 E를 기준으로 시작하여 표를 정리하면 가능한 경우는 다음과 같다.

구분	1	2	3	4	5	6
경우 1	D	F	B	C	E	A
경우 2	D	B	F	C	E	A
경우 3	A	D	F	C	B	E
경우 4	B	D	F	C	A	E

따라서 모든 경우에서 E는 C보다 오른쪽에 앉아 있다.

오답분석

② 경우 3에서 A는 C보다 왼쪽에 앉는다.
③ 경우 3과 경우4에서 E는 A보다 오른쪽에 앉는다.
④ 경우 4에서 D는 B보다 오른쪽에 앉는다.
⑤ 모든 경우에서 E는 C보다 오른쪽에 앉아 있다.

16 정답 ③

제시된 단어의 대응관계는 반의관계이다.
'근면'은 '부지런히 일하며 힘씀'의 뜻으로 '열심히 하려는 마음이 없고 게으름'이라는 뜻인 '태만'과 반의관계이다. 따라서 '낮은 관직이나 지위로 떨어지거나 외직으로 전근됨을 이르는 말'의 뜻을 가진 '좌천'과 반의관계인 단어는 '전보다 더 좋은 자리나 직위로 옮김'이라는 뜻인 '영전'이다.

오답분석

① 강등(降等) : 등급이나 계급 따위가 낮아짐
② 강직(降職) : 직위가 낮아짐
④ 좌강(左降) : 관등을 낮춤
⑤ 천적(遷謫) : 죄를 지은 탓으로 관위(官位)를 내리고 외진 곳으로 쫓아 보내거나 쫓겨남

17 정답 ④

'수척'은 '몸이 야위고 마른 듯함'이라는 뜻이므로 '병, 근심, 고생 따위로 얼굴이나 몸이 여위고 파리함'이라는 뜻인 '초췌'와 유의관계이고, 나머지는 반의관계이다.

오답분석

① • 소멸 : 사라져 없어짐
 • 생성 : 사물이 생겨남
② • 반제 : 빌렸던 돈을 갚음
 • 차용 : 돈이나 물건을 빌려 씀
③ • 쇄국 : 다른 나라와의 통상과 교역을 금지함
 • 개국 : 나라를 세는 단위
⑤ • 달성 : 목적한 것을 이룸
 • 실패 : 일을 잘못하여 뜻한 대로 되지 아니함

18 정답 ②

규칙은 가로 방향으로 적용된다.
첫 번째 도형을 시계 반대 방향으로 90° 회전한 것이 두 번째 도형, 이를 색 반전한 것이 세 번째 도형이다.

19 정답 ⑤

규칙은 가로 방향으로 적용된다.
첫 번째 도형을 시계 방향으로 45° 회전한 것이 두 번째 도형, 이를 y축 기준으로 대칭 이동한 것이 세 번째 도형이다.

20 정답 ④

규칙은 세로 방향으로 적용된다.
첫 번째 도형을 시계 방향으로 270° 회전한 것이 두 번째 도형, 이를 y축 기준으로 대칭 이동한 것이 세 번째 도형이다.

21 정답 ⑤

• 문자표

A	B	C	D	E	F	G	H	I	J
K	L	M	N	O	P	Q	R	S	T
U	V	W	X	Y	Z				
0	1	2	3	4	5	6	7	8	9

• 규칙

○ : +0, +1, +2, +3
◑ : 1234 → 4231
◐ : 1234 → 1324
● : −3, −2, −1, −0

BE13 → 3E1B → 0C0B
 ◑ ●

22 정답 ④

RABI → RBAI → RCCL
 ◐ ○

23 정답 ②

BITE → BJVH → BVJH
 ○ ◐

24 정답 ②

LIFE → LFIE → IDHE
 ◐ ●

25 정답 ②

국내 바이오헬스의 전체 기술력은 바이오헬스 분야에서 최고 기술을 보유하고 있는 미국 대비 78% 수준으로 약 3.8년의 기술격차를 보인다. 이는 기술격차를 줄이는 데 필요한 시간을 나타내는 것이므로 미국이 우리나라보다 3.8년 앞서 투자를 시작했다는 의미로 볼 수 없다. 따라서 미국이 우리나라보다 4년 이상 앞서 투자했다는 내용은 옳지 않다.

26 정답 ③

사람은 한쪽 눈으로 얻을 수 있는 단안 단서만으로도 이전의 경험으로부터 추론에 의하여 세계를 3차원으로 인식할 수 있다. 즉, 사고로 한쪽 눈의 시력을 잃어도 남은 한쪽 눈에 맺히는 2차원의 상들은 다양한 실마리를 통해 입체 지각이 가능하다.

27 정답 ②

고대 중국인들은 하늘을 인간의 개별적 또는 공통적 운명을 지배하는 신비하고 절대적인 존재로 보았다. 따라서 이러한 고대 중국인들의 주장에 대한 반박으로는 사람이 받게 되는 재앙과 복의 원인은 모두 자신에게 있다는 내용의 ②가 가장 적절하다.

28 정답 ⑤

제시문에서는 토끼와 거북이의 경주에서 거북이는 토끼의 실수를 이용하여 승리하였기 때문에 거북이의 승리가 정의롭지 않다고 주장한다. 따라서 이러한 주장에 대한 반박으로는 공정한 절차에 따라 도출된 결과라면 그 결과는 공정하다는 내용의 ⑤가 가장 적절하다.

오답분석

③ 토끼와 거북이는 모두 동일한 조건에서 경주를 진행하였다.
④ 거북이가 자신에게 유리한 방법으로 경쟁하였다고 볼 수 없다.

29 정답 ③

제시문에 따르면 일반적으로 사람들은 콘텐츠를 선택하기에 앞서 미디어를 결정한다. 〈보기〉의 '태극기 휘날리며'는 동일한 콘텐츠를 바탕으로 책과 연극, 영화라는 다양한 미디어로 표현되었지만, 흥행에 성공한 것은 영화였다. 즉, 대중들은 동일한 콘텐츠임에도 불구하고 영화라는 미디어로 표현된 '태극기 휘날리며'를 선택한 것이다. 따라서 동일한 콘텐츠더라도 어떤 미디어를 선택하느냐에 따라 대중의 선호가 달라질 수 있음을 알 수 있다.

오답분석

① 시대적으로 콘텐츠의 중요성이 강조되고는 있으나, 제시문과 〈보기〉에서는 콘텐츠보다 미디어의 중요성을 더 강조하고 있음을 알 수 있다.
② 아무리 우수한 콘텐츠를 가지고 있더라도 미디어의 발전이 없다면 콘텐츠는 표현의 한계를 가질 수밖에 없다.
④ 콘텐츠가 아무리 좋아도 미디어 기술이 없으면 콘텐츠는 대중적인 반향을 불러일으킬 수 없고 부가 가치를 창출할 수도 없다. 따라서 콘텐츠 개발에 못지않게 미디어의 발전이 부각되어야 한다.
⑤ 미디어의 차이가 콘텐츠를 수용하는 대중의 태도 차이로 나타난다.

30 정답 ③

앵포르멜 화가들은 의식적이고 인위적인 표현 행위를 최소화하고자 하였으며, 알베르토 부리 역시 버려진 재료를 되는 대로 오려 붙이는 방식으로 '자루'를 완성하였다.

오답분석

① 앵포르멜 화가들은 작품을 통해 우발적이고 즉흥적인 감정의 동요를 직접적으로 드러내고자 하였다.
② 앵포르멜 화가들은 일체의 형식적인 것들을 거부하고 그저 원재료를 상기시키는 제목을 자신의 작품에 붙였다.
④ 앵포르멜 화가들을 포함한 20세기 예술가들은 기존의 틀에서 벗어나 재료들의 무한한 가능성을 탐색하기 시작했다.
⑤ 앵포르멜 화가들은 형식적인 것들을 거부하고 재료의 비정형성에 의미를 부여하고자 했다.

불(GSAT)싸트 점검

01	02	03	04	05	06	07	08	09	10
⑤	④	③	④	①	④	③	④	⑤	③
11	12	13	14	15	16	17	18	19	20
④	④	⑤	④	④	⑤	④	③	⑤	②
21	22	23	24	25	26	27	28	29	30
③	④	①	③	②	⑤	①	①	④	③

01 정답 ⑤

디자인팀의 팀원을 '디', 포토샵 자격증을 가지고 있는 사람을 '포', 컴퓨터 활용능력 자격증을 가지고 있는 사람을 '컴'이라고 하자.

구분	명제	대우
전제1	디 → 포	**포× → 디×**
결론	**컴× → 디×**	디 → 컴

전제1의 대우가 결론으로 연결되려면, 전제2는 컴× → 포×가 되어야 한다. 따라서 전제2는 '컴퓨터 활용능력 자격증을 가지고 있지 않은 사람은 포토샵 자격증을 가지고 있지 않다.'인 ⑤이다.

02 정답 ④

스나크를 '스', 앨리스를 '앨', 부점을 '부'라고 하자.

구분	명제	대우
전제1	스× → 앨	**앨× → 스**
결론	**앨× → 부**	부× → 앨

전제1의 대우가 결론으로 연결되려면, 전제2는 스 → 부가 들어가야 한다. 따라서 전제2는 '스나크이면 부점이다.'의 대우인 ④가 답이다.

03 정답 ③

'A업체'를 A, 'B업체 제조물품을 사용하는 단체'를 B, 'B업체 제조물품 사용 반대 시위에 참여하는 단체'를 C라고 하면, 전제1과 전제2를 다음과 같은 벤다이어그램으로 나타낼 수 있다.

1) 전제1

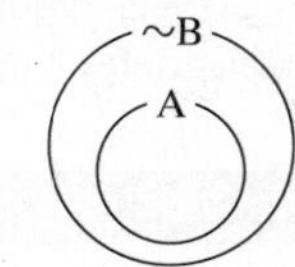

2) 전제2

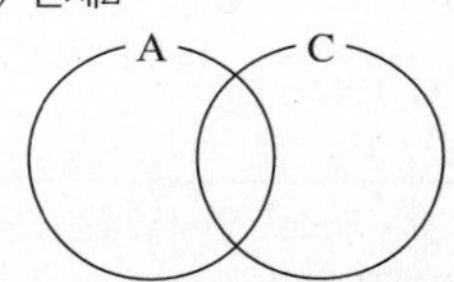

이를 정리하면 다음과 같은 벤다이어그램이 성립한다.

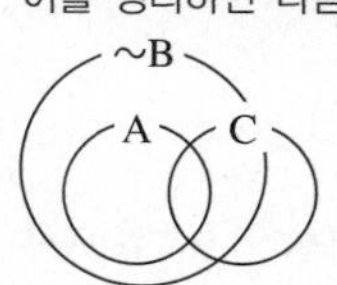

04 정답 ④

조건에 부합하는 경우의 수를 표로 나타내면 다음과 같다.

구분	농구	축구	족구
1	A, C, E	D, H	B, F, G
2	A, B, C, F	D, H	E, G
3	A, C	D, E	B, F, G, H
4	A, C, H	D, E	B, F, G
5	B, F, H	D, E	A, C, G
6	A, B, C, F	D, E	G, H
7	A, C	B, D, F, H	E, G

따라서 팀을 배치하는 방법은 7가지이다.

05 정답 ①

먼저 Q, R이 유죄라고 가정하면 P, S, T가 무죄가 되어야 한다. 하지만 S가 무죄일 때, R이 무죄라는 조건이 성립하지 않아 오류가 발생한다. Q, R이 무죄라고 가정하고 P가 무죄라면 Q, T도 무죄여야 하기 때문에 P, R, Q, T가 무죄라는 오류가 발생한다. 따라서 Q, R이 무죄이고 P가 유죄, S가 무죄일 때 모든 조건을 만족하기 때문에 P, T가 유죄이고 Q, R, S가 무죄임을 알 수 있다.

06 정답 ④

먼저 첫 번째 조건과 두 번째 조건에 따라 6명의 신입 사원을 각 부서별로 1명, 2명, 3명으로 나누어 배치한다. 이때, 세 번째 조건에 따라 기획부에 3명, 구매부에 1명이 배치되므로 인사부에는 2명의 신입 사원이 배치된다. 또한 1명이 배치되는 구매부에는 마지막 조건에 따라 여자 신입 사원이 배치될 수 없으므로 반드시 1명의 남자 신입 사원이 배치된다. 남은 5명의 신입 사원을 기획부와 인사부에 배치하는 방법은 다음과 같다.

구분	기획부(3명)	인사부(2명)	구매부(1명)
경우 1	남자 1명, 여자 2명	남자 2명	남자 1명
경우 2	남자 2명, 여자 1명	남자 1명, 여자 1명	

경우 1에서는 인사부에 남자 신입 사원만 배치되므로 '인사부에는 반드시 여자 신입 사원이 배치된다.'의 ④는 옳지 않다.

07 정답 ③

D의 발언에 따라 D가 3등인 경우와 4등인 경우로 나누어 조건을 따져 본다.

- D가 3등인 경우
  D의 바로 뒤로 들어온 B는 4등, D보다 앞섰다는 C와 E가 1등 또는 2등인데, C가 1등이 아니라고 하였으므로 1등은 E, 2등은 C가 된다. F는 꼴등이 아니라고 했으므로 5등, A는 6등이다.
- D가 4등인 경우
  D의 바로 뒤로 들어온 B는 5등, 2등과 3등은 각각 C 또는 F가 되어야 하며, 1등은 E, 6등은 C와 F보다 뒤 순위인 A이다.

이를 표로 정리하면 다음과 같다.

구분	1등	2등	3등	4등	5등	6등
경우 1	E	C	D	B	F	A
경우 2	E	C	F	D	B	A
경우 3	E	F	C	D	B	A

따라서 경우 1, 2에서는 C가 F보다 순위가 높지만, 경우 3에서는 F가 C보다 순위가 높으므로 ③의 설명이 항상 옳은 것은 아니다.

오답분석

① E는 어떠한 경우에나 항상 1등으로 결승선에 들어온다.
② A는 어떠한 경우에나 항상 6등으로 결승선에 들어온다.
④ B는 어떠한 경우에나 C보다 순위가 낮다.
⑤ D가 3등인 경우는 경우 1로, 이 경우에 F는 5등이다.

08 정답 ④

네 번째와 다섯 번째 결과를 통해 실용성 영역과 효율성 영역에서는 모든 제품이 같은 등급을 받지 않았음을 알 수 있으므로 두 번째 결과에 나타난 영역은 내구성 영역이다.

구분	A	B	C	D	E
내구성	3	3	3	3	3
효율성			2	2	
실용성		3			

내구성과 효율성 영역에서 서로 다른 등급을 받은 C, D제품과 내구성 영역에서만 3등급을 받은 A제품, 1개의 영역에서만 2등급을 받은 E제품은 첫 번째 결과에 나타난 제품에 해당하지 않으므로 결국 모든 영역에서 3등급을 받은 제품은 B제품임을 알 수 있다.
다섯 번째 결과에 따르면 효율성 영역에서 2등급을 받은 제품은 C, D제품뿐이므로 E제품은 실용성 영역에서 2등급을 받았음을 알 수 있다. 또한 A제품은 효율성 영역에서 2등급과 3등급을 받을 수 없으므로 1등급을 받았음을 알 수 있다.

구분	A	B	C	D	E
내구성	3	3	3	3	3
효율성	1	3	2	2	
실용성		3			2

이때, A와 C제품이 받은 등급의 총합은 서로 같으므로 결국 A와 C제품은 실용성 영역에서 각각 2등급과 1등급을 받았음을 알 수 있다.

구분	A	B	C	D	E
내구성	3	3	3	3	3
효율성	1	3	2	2	1 또는 3
실용성	2	3	1	1 또는 2	2
총합	6	9	6	6 또는 7	6 또는 8

D제품은 실용성 영역에서 1등급 또는 2등급을 받을 수 있으므로 반드시 참이 되지 않는 것은 ④이다.

09 정답 ⑤

먼저 첫 번째 결과에 따라 A과장은 네 지역으로 모두 출장을 가므로 E사원과 함께 광주광역시로 출장을 가는 직원은 A과장임을 알 수 있다. 다음으로 두 번째 결과에 따라 모든 특별시에는 A과장과 B대리가 출장을 가므로 C대리와 D대리는 특별시로 함께 출장을 갈 수 없다. 결국 세 번째 결과에서의 C대리와 D대리가 함께 출장을 가는 지역은 인천광역시임을 알 수 있다. 또한 마지막 결과에 따라 한 지역으로만 출장을 가는 사람은 E사원뿐이므로 C대리와 D대리는 세종특별시 또는 서울특별시 중 한 곳으로 더 출장을 가야 한다.

출장 지역에 따른 팀원을 정리하면 다음과 같다.

구분	세종특별시	서울특별시	광주광역시	인천광역시
경우 1	A과장, B대리, C대리	A과장, B대리, D대리	A과장, E사원	A과장, C대리, D대리
경우 2	A과장, B대리, D대리	A과장, B대리, C대리	A과장, E사원	A과장, C대리, D대리

따라서 항상 참이 되는 것은 'D대리는 E사원과 함께 출장을 가지 않는다.'의 ⑤이다.

10 정답 ③

주어진 조건에 따라 네 명의 직원이 함께 탄 5인승 택시의 자리는 다음과 같다.

1) 경우 1

<table>
<tr><td colspan="2">택시 운전기사</td><td>• 소속 : 디자인팀
• 직책 : 과장
• 신발 : 노란색</td></tr>
<tr><td>• 소속 : 연구팀
• 직책 : 대리
• 신발 : 흰색 또는 연두색</td><td>• 소속 : 홍보팀
• 직책 : 부장
• 신발 : 검은색</td><td>• 소속 : 기획팀
• 직책 : 사원
• 신발 : 흰색 또는 연두색</td></tr>
</table>

2) 경우 2

<table>
<tr><td colspan="2">택시 운전기사</td><td>• 소속 : 디자인팀
• 직책 : 과장
• 신발 : 노란색</td></tr>
<tr><td>• 소속 : 기획팀
• 직책 : 사원
• 신발 : 흰색 또는 연두색</td><td>• 소속 : 홍보팀
• 직책 : 부장
• 신발 : 검은색</td><td>• 소속 : 연구팀
• 직책 : 대리
• 신발 : 흰색 또는 연두색</td></tr>
</table>

따라서 '과장은 노란색 신발을 신었다.'는 ③은 항상 참이 된다.

오답분석

① 택시 운전기사 바로 뒤에는 사원 또는 대리가 앉을 수 있다.
② 부장은 뒷좌석 가운데에 앉는다.
④ 부장 옆에는 대리와 사원이 앉는다.
⑤ 사원은 흰색 또는 연두색 신발을 신었다.

11 정답 ④

• 첫 번째 조건 : 파란공은 가장 가볍거나 두 번째 또는 네 번째로 가볍다.
• 두 번째 조건 : 빨간공은 가장 가볍거나 두 번째 또는 세 번째로 가볍다.
• 세 번째 조건 : 흰공은 가장 가볍거나 네 번째 또는 다섯 번째로 가볍다.
• 네 번째 조건 : 검은공은 파란공과 빨간공보다 가벼우므로 가장 가볍거나 두 번째로 가볍다.
• 다섯 번째 조건 : 노란공은 흰공보다 가벼우므로 세 번째 조건에 의해 흰공이 가장 무겁고, 파란공은 노란공보다 가벼우므로 두 번째로 무거울 수 없다. 즉, 노란공이 두 번째로 무겁고 파란공은 두 번째로 가볍다.

따라서 위 사실을 종합하면 무거운 순서대로 '흰공 – 노란공 – 빨간공 – 파란공 – 검은공'이다.

오답분석

①·⑤ 빨간공은 두 번째로 무겁지 않다.
②·③ 검은공은 빨간공과 파란공보다는 가볍다.

12 정답 ④

세 번째 조건에 따라, 빨간색 모자를 쓴 사람은 5명, 파란색 모자를 쓴 사람은 7명이다.
첫 번째 조건에 따라, 파란색 하의를 입은 사람은 5명, 빨간색 하의를 입은 사람은 7명이다.
두 번째 조건에 따라, 파란색 상의와 하의를 입은 사람의 수를 x라 하면, 빨간색 상의와 하의를 입은 사람의 수는 $6-x$이다. 또한 파란색 상의와 빨간색 하의를 입은 사람의 수는 $7-(6-x)=x+1$이고, 빨간색 상의와 파란색 하의를 입은 사람의 수는 $5-x$이다.
네 번째 조건에 따라, $x+(x+1)=7$이고 $x=3$이다.
따라서 하의만 빨간색인 사람은 4명이다.

13 정답 ⑤

주어진 조건을 표로 정리하면 다음과 같으므로, 김치찌개는 총 9그릇이 필요하다.

구분	A	B	C	D	E	F
아침	된장찌개	된장찌개	된장찌개	김치찌개	김치찌개	김치찌개
점심	김치찌개	김치찌개	된장찌개	된장찌개	된장찌개	김치찌개
저녁	김치찌개	김치찌개	김치찌개	된장찌개	된장찌개	된장찌개

14 정답 ④

주어진 조건으로부터 콩쥐는 빨간색 치마, 팥쥐는 검은색 고무신을 배정받고, 나머지 조건으로부터 네 사람의 물품을 배정하면 다음과 같다.

• 팥쥐 : 이미 검은색 고무신을 배정받았기 때문에 검은색 치마를 배정받을 수 없고, 콩쥐가 빨간색 치마를 배정받았기 때문에 노란색을 싫어하는 팥쥐는 파란색 치마를 배정받는다. 또한, 노란색을 싫어하므로 빨간색 족두리를 배정받는다.
• 콩쥐 : 파란색 고무신을 싫어하고 검은색 고무신은 이미 팥쥐에게 배정되었으므로 빨간색과 노란색 고무신을 배정받을 수 있는데, 콩쥐는 이미 빨간색 치마를 배정받았으므로 노란색 고무신을 배정받는다.

- 향단 : 빨간색과 파란색 치마가 이미 팥쥐와 콩쥐에게 각각 배정되었으므로 검은색 치마를 싫어하는 향단이는 노란색 치마를 배정받고, 춘향이가 검은색 치마를 배정받는다. 춘향이가 빨간색을 싫어하므로 향단이는 빨간색 고무신을, 춘향이는 파란색 고무신을 배정받는다.
- 춘향 : 검은색 치마와 파란색 고무신을 배정받았으므로 빨간색을 싫어하는 춘향이는 노란색 족두리를 배정받는다. 따라서 콩쥐와 향단이는 각각 파란색 또는 검은색 족두리를 배정받게 된다.

주어진 조건을 표로 정리하면 다음과 같다.

구분	족두리	치마	고무신
콩쥐	파란색 / 검은색	빨간색	노란색
팥쥐	빨간색	파란색	검은색
향단	검은색 / 파란색	노란색	빨간색
춘향	노란색	검은색	파란색

따라서 춘향이는 항상 검은색 치마를 배정받아 착용한다.

오답분석

① · ⑤ 콩쥐와 향단이가 파란색과 검은색 족두리 중 어느 것을 배정받을지는 알 수 없다.
② 팥쥐는 빨간색 족두리를 착용한다.
③ 향단이는 빨간색 고무신을 착용한다.

15 정답 ④

B와 C의 말이 모순되므로 B와 C 중 한 명은 반드시 진실을 말하고 다른 한 명은 거짓을 말한다.

1) B가 거짓, C가 진실을 말하는 경우
   B가 거짓을 말한다면 E의 말 역시 거짓이 되어 롤러코스터를 타지 않은 사람은 E가 된다. 그러나 A는 E와 함께 롤러코스터를 탔다고 했으므로 A의 말 또한 거짓이 된다. 이때, 조건에서 5명 중 2명만 거짓을 말한다고 했으므로 이는 성립하지 않는다.
2) C가 거짓, B가 진실을 말하는 경우
   B가 진실을 말한다면 롤러코스터를 타지 않은 사람은 D가 되며, E의 말은 진실이 된다. 이때, D는 B가 회전목마를 탔다고 했으므로 D가 거짓을 말하는 것을 알 수 있다. 따라서 거짓을 말하는 사람은 C와 D이며, 롤러코스터를 타지 않은 사람은 D이다.

16 정답 ⑤

제시된 단어는 유의관계이다.
'간섭'은 '다른 사람의 일에 참견함'을 뜻하고, '참견'은 '자기와 별로 관계없는 일이나 말 따위에 끼어들어 쓸데없이 아는 체하거나 이래라 저래라 함'을 뜻한다. 따라서 '간절히 바라고 구함'의 뜻인 '갈구'와 유의관계인 단어는 '열렬하게 바람'의 뜻인 '열망'이다.

오답분석

① 관여 : 어떤 일에 관계하여 참여함
② 개입 : 자신과 직접적인 관계가 없는 일에 끼어 듦
③ 경외 : 공경하면서 두려워함
④ 관조 : 고요한 마음으로 사물이나 현상을 관찰하거나 비추어 봄

17 정답 ④

'임의'는 '일정한 기준이나 원칙 없이 하고 싶은 대로 함'이라는 뜻이므로 '권력이나 위력으로 남의 자유의사를 억눌러 원하지 않는 일을 억지로 시킴'이라는 뜻인 '강제'와 반의관계이고, 나머지는 유의관계이다.

오답분석

① • 계획 : 앞으로 할 일의 절차, 방법, 규모 따위를 미리 헤아려 작정함. 또는 그런 내용
   • 의도 : 무엇을 하고자 하는 생각이나 계획. 또는 무엇을 하려고 꾀함
② • 고심 : 몹시 애를 태우며 마음을 씀
   • 고충 : 괴로운 심정이나 사정
③ • 과격 : 정도가 지나치게 격렬함
   • 극성 : 성질이나 행동이 몹시 드세거나 지나치게 적극적임
⑤ • 공헌 : 힘을 써 이바지 함
   • 기여 : 도움이 되도록 이바지 함

18 정답 ③

규칙은 가로 방향으로 적용된다.
첫 번째 도형을 x축 기준으로 대칭 이동한 것이 두 번째 도형이고, 이를 y축 기준으로 대칭 이동한 것이 세 번째 도형이다.

19 정답 ⑤

규칙은 가로 방향으로 적용된다.
첫 번째 도형을 시계 방향으로 $270°$ 회전한 것이 두 번째 도형이고, 이를 시계 반대 방향으로 $90°$ 회전한 것이 세 번째 도형이다.

20 정답 ②

규칙은 세로 방향으로 적용된다.
첫 번째 도형을 시계 방향으로 $45°$ 회전한 것이 두 번째 도형이고, 이를 $180°$ 회전한 것이 세 번째 도형이다.

21 정답 ③

• 문자표

A	B	C	D	E	F	G	H	I	J
K	L	M	N	O	P	Q	R	S	T
U	V	W	X	Y	Z				
0	1	2	3	4	5	6	7	8	9

• 규칙

□ : 각 자릿수 +2, −2, +2, −2
▩ : 1234 → 1243
▣ : 1234 → 3412
■ : 각 자릿수 +3, +2, +1, +0

VEN8 → (▣) N8VE → (▩) N8EV

22 정답 ④

OK15 → RM25 → TK43
■ □

23 정답 ①

BS37 → DQ55 → 55DQ
□ ▣

24 정답 ③

KZEM → MXGK → PZHK
□ ■

25 정답 ②

선택근무제는 시차출퇴근제와 달리 1일 8시간이라는 근로시간에 구애받지 않고 주당 40시간의 범위 내에서 1일 근무시간을 자율적으로 조정할 수 있으므로 주당 40시간의 근무시간만 충족한다면 주5일 근무가 아닌 형태의 근무도 가능하다.

오답분석

① 시차출퇴근제는 주5일, 1일 8시간, 주당 40시간이라는 기존의 소정근로시간을 준수해야 하므로 반드시 하루 8시간의 근무 형태로 운영되어야 한다.
③ 재량근무제 적용이 가능한 업무는 법으로 규정되어 있으므로 규정된 업무 외에는 근로자와 합의하여도 재량근무제를 실시할 수 없다.
④ 원격근무제는 재량근무제와 달리 적용 가능한 직무의 제한을 두지 않으므로 현장 업무를 신속하게 처리할 수 있다는 이동형 원격근무제의 장점에 따라 이동형 원격근무제를 운영할 수 있다.
⑤ 일주일 중 일부만 재택근무를 하는 수시형 재택근무에 해당한다.

26 정답 ⑤

'천문학적 세금이 투입되는 사업이라 누구도 선뜻 나서지 못하는 것이 현 상황이다.'라는 내용에 비추어 볼 때, 상대적으로 저소득 국가는 고소득 국가에 비해 하기 힘든 사업임을 예측할 수 있다.

오답분석

① '우주쓰레기들이 서로 충돌하면서 작은 조각으로 부서지기도 한다.'라는 내용으로 개수는 이전보다 더 많아질 것임을 추측할 수 있다.
② '우주쓰레기가 지상에 떨어지는 경우가 있어 각국에서는 잇따른 피해가 계속 보고되고 있다.'라는 내용으로 보아 우주쓰레기는 우주에서만 떠돌 뿐 아니라 지구 내에도 떨어져 지구 내에서도 피해가 발생함을 알 수 있다.
③ 우주 쓰레기 수거 로봇은 스위스에서 개발한 것임으로 유럽에서 개발한 것은 맞으나, 2025년에 우주 쓰레기 수거 로봇을 발사할 계획이라고 했으므로 아직 그 결과를 얻지 못해 성공적이라고 할 수 없다.
④ '2018년 영국에서 작살과 그물을 이용해 우주 쓰레기를 수거하는 실험에 성공한 적이 있다.'라는 내용이 있으므로 틀린 설명이다.

27 정답 ①

제시문의 전통적인 경제학에서는 미시 건전성 정책에 집중하는데 이러한 미시 건전성 정책은 가격이 본질적 가치를 초과하여 폭등하는 버블이 존재하지 않는다는 효율적 시장 가설을 바탕으로 한다. 따라서 제시문에 나타난 주장에 대한 비판으로는 이러한 효율적 시장 가설에 대해 반박하는 ①이 가장 적절하다.

28 정답 ①

본문의 내용은 청나라에 맞서 싸우자는 척화론이다. ①은 척화론과 동일한 주장을 하고 있으므로 비판 내용으로 적절하지 않다.

29 정답 ④

인간의 후각은 기억과 밀접한 관련이 있다. 따라서 실험이 진행될수록 높은 정답률을 보여준다.

오답분석

① 인간 역시 동물과 마찬가지로 취기재 분자 하나에도 민감하게 반응하나, 동물만큼 예민하지는 않다.
② 인간의 후각 수용기는 1천만 개에 불과하다.
③ 냄새를 탐지할 수 있는 최저 농도를 '탐지 역치'라 한다. 이보다 낮은 농도의 냄새는 탐지가 어렵다.
⑤ 취기재의 정체를 인식하려면 취기재의 농도가 탐지 역치보다 3배 가량은 높아야 하므로 이미 취기재의 농도는 탐지 역치보다 3배 높은 상태이다.

30 정답 ③

〈보기〉는 수직적 인수합병 중 전방 통합에 해당하는 예이다. 수직적 인수합병의 경우 인수합병한 기업 중 특정 기업에 문제가 발생할 경우, 기업 전체가 위험해질 수 있다는 단점을 지닌다.

오답분석

①·② 수평적 인수합병에 대한 설명이다.
④ 수직적 인수합병은 원자재를 안정적으로 공급할 수 있으며, 거래비용이 줄어드는 장점을 가지고 있다.
⑤ 다각적 인수합병에 대한 설명이다.

MEMO

I wish you the best of luck!

PART 3

최종점검 모의고사

제 1 회 최종점검 모의고사

01	02	03	04	05	06	07	08	09	10
①	①	①	⑤	①	①	③	④	③	③
11	12	13	14	15	16	17	18	19	20
④	②	⑤	①	②	④	②	③	①	①
21	22	23	24	25	26	27	28	29	30
①	②	④	②	④	④	④	⑤	③	⑤

01 정답 ①

'서로를 사랑한다.'를 '서', '세계에 평화가 찾아온다.'를 '세', '타인을 사랑한다.'를 '타'라고 하자.

구분	명제	대우
전제1	서 → 세	세× → 서×
결론	타 → 세	세× → 타×

전제1이 결론으로 연결되려면, 전제2는 타 → 서가 되어야 한다. 따라서 전제2는 '타인을 사랑하면 서로를 사랑하는 것이다.'의 대우인 ①이다.

02 정답 ①

'삶의 목표가 분명하다.'를 '삶', '편안한 삶을 산다.'를 '편', '적극적이다.'를 '적'이라고 하자.

구분	명제	대우
전제1	삶 → 편	편× → 삶×
전제2	적 → 삶	삶× → 적×

전제1과 전제2를 연결하면, 적 → 삶 → 편이다. 따라서 결론은 '적극적인 사람은 편안한 삶을 산다.'인 ①이다.

03 정답 ①

'병원에 간다.'를 '병', '사고가 난다.'를 '사', '무단횡단을 한다.'를 '무'라고 하자.

구분	명제	대우
전제1	병× → 사×	사 → 병
결론	무 → 병	병× → 무×

전제1이 결론의 대우로 연결되려면, 전제2는 사× → 무×가 되어야 한다. 따라서 전제2는 '사고가 나지 않으면 무단횡단을 하지 않은 것이다.'인 ①이다.

04 정답 ⑤

C주임은 출장으로 인해 참석하지 못하며, B사원과 D주임 중 한 명만 참석이 가능하다. 또한 주임 이상만 참여 가능하므로 A사원과 B사원은 참석하지 못한다. 그리고 가능한 모든 인원이 참석해야 하므로 참석하지 못할 이유가 없는 팀원은 전부 참여해야 한다.
따라서 참석할 사람은 D주임, E대리, F팀장이다.

05 정답 ①

먼저 첫 번째 조건과 세 번째 조건에 따라 하경이의 바로 오른쪽 자리에는 성준, 민준, 민지가 앉을 수 없으므로 하경이의 오른쪽 자리에는 슬기 또는 경서만 앉을 수 있다. 하경이의 자리를 1번으로 가정하여 이를 기준으로 바로 오른쪽 6번 자리에 슬기가 앉은 경우와 경서가 앉은 경우를 나누어 보면 다음과 같다.

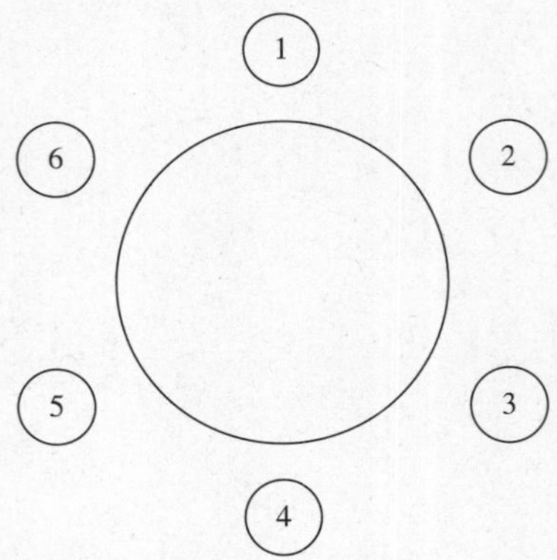

1) 6번 자리에 슬기가 앉은 경우
네 번째 조건에 따라 민준이는 4번 또는 2번에 앉을 수 있지만, 첫 번째 조건에 따라 하경이의 바로 옆 자리인 2번에는 앉을 수 없으므로 결국 4번에 앉은 것을 알 수 있다. 또한 두 번째 조건에 따라 5번 자리에는 경서 또는 성준이가 앉을 수 있지만, 세 번째 조건에 따라 경서는 반드시 민지의 왼쪽에 앉아야 하므로 5번 자리에는 성준이가 앉고 나머지 2번과 3번 자리에 민지와 경서가 나란히 앉은 것을 알 수 있다.

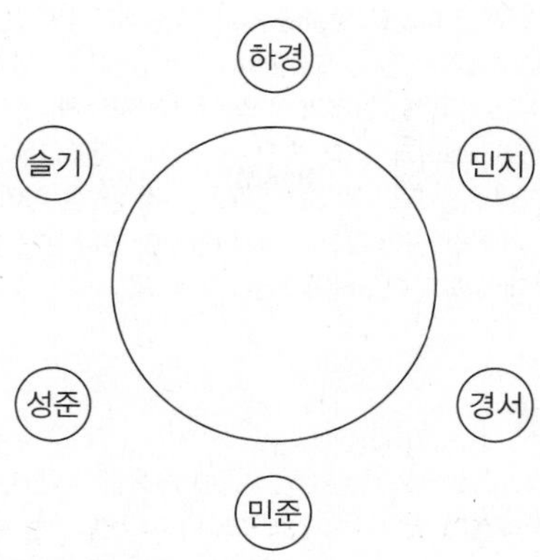

2) 6번 자리에 경서가 앉은 경우
세 번째 조건에 따라 5번 자리에는 민지가 앉으므로 첫 번째 조건에 따라 2번 자리에는 슬기만 앉을 수 있다. 이때, 두 번째 조건에 따라 슬기는 성준이 옆 자리에 앉아야 하므로 3번에는 성준이가 앉고, 나머지 4번에 민준이가 앉은 것을 알 수 있다.

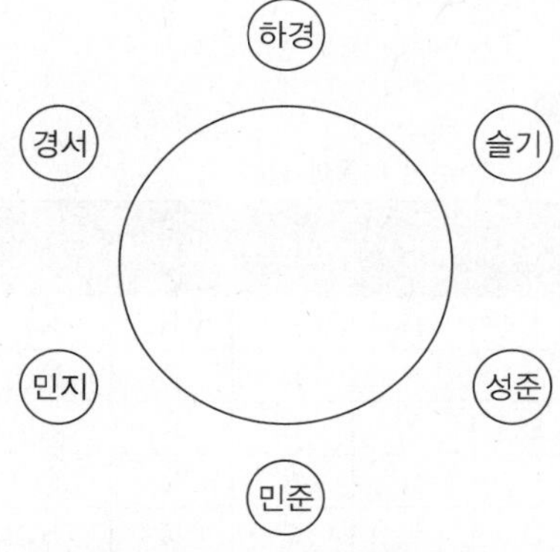

따라서 항상 참이 되는 것은 '하경이와 민준이가 서로 마주보고 앉아 있다.'의 ①이다.

오답분석

② 민지는 민준이 바로 옆 자리에 앉을 수도 있고 앉지 않을 수도 있다.
③ 경서는 하경이 바로 옆 자리에 앉을 수도 있고 앉지 않을 수도 있다.
④ 민지는 슬기와 마주보고 앉을 수도 있고 성준과 마주보고 앉을 수도 있다.
⑤ 경서와 성준이는 마주보고 앉는 경우도 있고 그렇지 않은 경우도 있다.

06 정답 ①

(다)에 따라 나머지 짝수 번호인 2번, 4번 학생은 2번 또는 4번의 의자에만 앉을 수 있다. 2번, 4번 학생이 자기의 번호가 아닌 4번, 2번 의자에 각각 앉을 경우 (가)에 따라 홀수 번호 학생 1명만 다른 번호의 의자에 앉아야 한다. 그러나 홀수 번호의 학생 3명 중 1명만 다른 번호의 의자에 앉는 것은 불가능하므로 2번, 4번 학생은 자기의 번호와 일치하는 번호의 의자에 앉아야 한다.

따라서 1번, 3번, 5번은 모두 자기의 번호와 일치하지 않는 번호의 의자에 앉아야 하므로 1번 의자에 5번 학생이 앉는 경우와 1번 의자에 3번 학생이 앉는 경우로 나누어 볼 수 있다.

구분	1번 의자	2번 의자	3번 의자	4번 의자	5번 의자
경우 1)	5번 학생	2번 학생	1번 학생	4번 학생	3번 학생
경우 2)	3번 학생	2번 학생	5번 학생	4번 학생	1번 학생

이때, (나)에 따라 2명의 학생은 자기의 번호보다 작은 번호의 의자에 앉아야 하므로 경우 1)은 제외된다.
따라서 1번부터 5번까지의 학생들은 다음과 같이 의자에 앉아 있음을 알 수 있다.

1	2	3	4	5
3번 학생	2번 학생	5번 학생	4번 학생	1번 학생

오답분석

② 2번 학생은 2번 의자에 앉아 있다.
③ 3번 학생은 1번 의자에 앉아 있다.
④ 4번 학생은 4번 의자에 앉아 있다.
⑤ 5번 학생은 3번 의자에 앉아 있다.

07 정답 ③

(가)에 따라 A, B, C, D는 모두 직업이 같거나 두 명씩 서로 다른 직업을 가져야 한다. 이때 (라)에 따라 A와 D의 직업은 서로 같아야 하므로 A, B, C, D의 직업이 모두 같은 경우와 (A, D)와 (B, C)의 직업이 서로 다른 경우로 나누어 볼 수 있다.

1) A, B, C, D의 직업이 모두 같은 경우
(다)에 따라 C가 경찰관인 경우 D와 직업이 같을 수 없으므로 C는 경찰관이 될 수 없다. 따라서 A, B, C, D는 모두 소방관이다.

2) (A, D)와 (B, C)의 직업이 서로 다른 경우
- A, D가 소방관인 경우
(나)에 따라 A가 소방관이면 B가 소방관이거나 C는 경찰관이다. 이때, A와 B의 직업이 서로 다르므로 B는 소방관이 될 수 없으며 C가 경찰관이 된다. C가 경찰관이면 (다)에 따라 D는 소방관이 된다. 따라서 A, D는 소방관이며, B, C는 경찰관이다.
- A, D가 경찰관인 경우
(다)의 대우 'D가 소방관이 아니면 C는 경찰관이 아니다.'가 성립하므로 D가 경찰관이면 C는 소방관이 된다. 따라서 A, D는 경찰관이며, B, C는 소방관이다.

구분	A	B	C	D
경우 1	소방관			
경우 2	소방관	경찰관	경찰관	소방관
경우 3	경찰관	소방관	소방관	경찰관

따라서 B, C의 직업은 항상 같다.

08 정답 ④

다섯 번째 조건에 따라 C항공사는 제일 앞번호인 1번 부스에 위치하며, 세 번째 조건에 따라 G면세점과 H면세점은 양 끝에 위치한다. 이때 네 번째 조건에서 H면세점 반대편에는 E여행사가 위치한다고 하였으므로 5번 부스에는 H면세점이 올 수 없다. 따라서 5번 부스에는 G면세점이 위치한다. 또한 첫 번째 조건에 따라 같은 종류의 업체는 같은 라인에 위치할 수 없으므로 H면세점은 G면세점과 다른 라인인 4번 부스에 위치하고, 4번 부스 반대편인 8번 부스에는 E여행사가, 4번 부스 바로 옆인 3번 부스에는 F여행사가 위치한다. 나머지 〈조건〉에 따라 부스의 위치를 정리하면 다음과 같다.

1) 경우 1

<table>
<tr><td>C항공사</td><td>A호텔</td><td>F여행사</td><td>H면세점</td></tr>
<tr><td colspan="4">복도</td></tr>
<tr><td>G면세점</td><td>B호텔</td><td>D항공사</td><td>E여행사</td></tr>
</table>

2) 경우 2

<table>
<tr><td>C항공사</td><td>B호텔</td><td>F여행사</td><td>H면세점</td></tr>
<tr><td colspan="4">복도</td></tr>
<tr><td>G면세점</td><td>A호텔</td><td>D항공사</td><td>E여행사</td></tr>
</table>

따라서 항상 참이 되는 것은 ④이다.

09 정답 ③

인원은 9명이고, 자리는 11개이므로 빈자리는 두 개가 생긴다. 두 번째 조건에서 사원 양옆과 앞자리는 비어있을 수 없다고 했으므로 B, C, E, F, G를 제외한 A, D자리는 빈자리가 된다. 세 번째 조건에서 지점장 앞자리에 이 상무 또는 최 부장이 앉으며, 첫 번째 조건을 보면 같은 직급은 옆자리로 배정할 수 없는데, ③처럼 F와 G에 과장 두 명이 앉으면 성 대리 양옆 중 한 자리에 '한 대리'가 앉아야 하므로 적절하지 않다.

<table>
<tr><td rowspan="2">지점장</td><td>빈자리</td><td>B</td><td>성 대리</td><td>C</td><td>빈자리</td></tr>
<tr><td>최 부장
또는
이 상무</td><td>김 사원</td><td>F</td><td>이 사원</td><td>G</td></tr>
</table>

오답분석

① 지점장 앞자리 A는 빈자리이다.
② A와 D는 빈자리이다.
④ B, C, F, G자리 중 한 곳을 최 부장이 앉으면, E에는 이 상무가 앉게 된다.
⑤ 한 대리가 앉을 수 있는 자리는 F 또는 G이다.

10 정답 ③

2열에는 C대리와 D대리 중 한 명이 앉아야 하므로, C대리가 3열에 앉으면 D대리가 2열에 앉아야 한다.

오답분석

① A사원이 A2, B주임이 C1, C대리와 D대리가 A1과 B2, E과장이 C2에 앉는 경우도 가능하다.
② E과장이 A2에 앉더라도, 2열에 앉지 않은 대리 1명과 A사원이 각각 C2, A1에 앉는 경우, B주임이 C1에 앉을 수 있다.
④ ①에서 반례로 들었던 경우가 ④의 반례이기도 하다. B주임이 C1에 앉았지만 D대리가 B2에 앉을 수 있기 때문이다.
⑤ 통로 쪽 좌석 A2, B2, C2 중 B2에는 대리 중 한 명이 앉고, A2, C2 중 한 곳에 E과장이 앉고 나머지 대리 한 명이 남은 통로 좌석에 앉는다면 대리끼리 이웃하여 앉을 수 있다.

11 정답 ④

두 번째 조건에 의해 A와 D는 1층, 6층에 배정될 수밖에 없다. 이때, A는 B보다 아래층에 있다는 조건에 의해 A가 6층이 될 수 없으므로 A는 1층, D는 6층, 이런 상황에서 C가 4층이 되어 다음과 같이 두 가지 경우가 생긴다.

1층	2층	3층	4층	5층	6층
A	E	B	C	F	D
A	B	E	C	F	D

12 정답 ②

조건에 따라 정리해 보면 다음과 같다.

구분	첫 번째	두 번째	세 번째	네 번째	다섯 번째	여섯 번째
경우 1	A	D	F	B	E	C
경우 2	A	F	D	B	E	C
경우 3	D	F	B	E	C	A
경우 4	F	D	B	E	C	A
경우 5	D	F	C	E	B	A
경우 6	F	D	C	E	B	A

A가 맨 앞에 서면 E는 다섯 번째에 설 수밖에 없다.

오답분석

① A가 맨 뒤에 서 있는 경우 맨 앞에는 D가 서 있을 수도, F가 서 있을 수도 있다.
③ 경우 1과 경우 3에서 F와 B는 앞뒤로 서 있다.
④ 경우 1과 경우 2에서 C는 맨 뒤에 서 있다.
⑤ 경우 5와 경우 6에서 B는 C보다 뒤에 서 있다.

13 정답 ⑤

E주임이 1열 A석에 앉는다면 B대리는 1열 B석에 앉게 된다. 또한 G사원은 C대리가 앉은 2열보다 앞쪽에 앉아야 하므로 1열 C석에 앉게 되므로 반드시 참인 설명이다.

오답분석

① E주임은 B대리의 옆 좌석에만 앉으면 되므로 B대리가 1열 B석에 앉으면 E주임은 1열 A석에도 앉을 수 있다.
② A과장이 3열 A석에 앉더라도 3열 B석에는 F주임이 아닌 D주임이 앉을 수도 있다.

③ 1열에는 B대리와 E주임이 이웃해 앉아야 하므로 G사원은 1열 B석에 앉을 수 없다. 따라서 F주임이 2열 B석에 앉게 되더라도 서로 이웃해 앉는 경우는 발생하지 않는다.
④ A과장이 3열 A석에 앉는다면, D주임과 F주임은 2열 B석과 3열 B석에 나누어 앉게 되므로 이웃해 앉게 된다.

14 정답 ①

C, D, E의 진술이 연관되어 있고 두 사람만 진실을 말하고 있다고 하였으므로 C, D, E의 진술은 거짓이고 A, B의 진술이 참이다.

오답분석

②·③·④·⑤ 서로 진실을 말하고 있다는 C와 D의 진술은 동시에 참이 되거나 거짓이 되어야 한다.

15 정답 ②

먼저 B의 진술이 거짓일 경우 A와 C는 모두 프로젝트에 참여하지 않으며, C의 진술이 거짓일 경우 B와 C는 모두 프로젝트에 참여한다. 따라서 B와 C의 진술은 동시에 거짓이 될 수 없으므로 둘 중 한 명의 진술은 반드시 참이 된다.

1) B의 진술이 참인 경우
A는 프로젝트에 참여하지 않으며, B와 C는 모두 프로젝트에 참여한다. B와 C 모두 프로젝트에 참여하므로 D는 프로젝트에 참여하지 않는다.
2) C의 진술이 참인 경우
A의 진술은 거짓이므로 A는 프로젝트에 참여하지 않으며, B는 프로젝트에 참여한다. C는 프로젝트에 참여하지 않으나, B가 프로젝트에 참여하므로 D는 프로젝트에 참여하지 않는다.

따라서 반드시 프로젝트에 참여하는 사람은 B이다.

16 정답 ④

'마뜩하다'는 '제법 마음에 들 만하다.'의 뜻으로 '흡족하게 마음에 들다.'이라는 뜻인 '마땅하다'와 유의관계이다. 따라서 '참을성이 없고 성질이 조급하다.'의 뜻을 가진 '성마르다'와 유의관계인 단어는 '참을성이 없이 몹시 급하다.'이라는 뜻인 '조급하다'이다.

오답분석

① 시끄럽다 : 듣기 싫게 떠들썩하다.
② 메마르다 : 땅이 물기가 없고 기름지지 아니하다.
③ 너그럽다 : 마음이 넓고 아량이 있다.
⑤ 완만하다 : 움직임이 느릿느릿하다.

17 정답 ②

'낙관'은 '인생이나 사물을 밝고 희망적인 것으로 봄'이라는 뜻이므로 '앞으로의 일이 잘 안될 것이라고 봄'이라는 뜻인 '비관'과 반의관계이고, 나머지는 유의관계이다.

오답분석

① • 기량 : 기술상의 재주
  • 재능 : 어떤 일을 하는 데 필요한 재주와 능력
③ • 호조 : 상황이나 형편 따위가 좋은 상태
  • 순조 : 일 따위가 아무 탈이나 말썽 없이 예정대로 잘되어 가는 상태
④ • 지능 : 지혜와 재능을 통틀어 이르는 말
  • 두뇌 : 사물을 판단하는 슬기
⑤ • 통보 : 통지하여 보고함
  • 연락 : 어떤 사실을 상대편에게 알림

18 정답 ③

규칙은 세로 방향으로 적용된다.
첫 번째 도형을 시계 방향으로 45° 회전한 것이 두 번째 도형, 이를 y축 기준으로 대칭 이동한 것이 세 번째 도형이다.

19 정답 ①

규칙은 세로 방향으로 적용된다.
첫 번째 도형을 시계 반대 방향으로 270° 회전한 것이 두 번째 도형, 이를 시계 방향으로 60° 회전한 것이 세 번째 도형이다.

20 정답 ①

규칙은 가로 방향으로 적용된다.
첫 번째 도형을 시계 반대 방향으로 45° 회전한 것이 두 번째 도형, 이를 시계 반대 방향으로 90° 회전한 것이 세 번째 도형이다.

21 정답 ①

• 문자표

A	B	C	D	E	F	G	H	I	J
K	L	M	N	O	P	Q	R	S	T
U	V	W	X	Y	Z				
0	1	2	3	4	5	6	7	8	9

• 규칙

⊕ : 각 자릿수 +2, +0, +0, +2
⊖ : 각 자릿수 −1, +1, +1, −1
◉ : 1234 → 2143
● : 1234 → 4123

BUS8 → (◉) UB8S → (⊕) WB8U

22 정답 ②

IU93 → (◉) UI39 → (●) 9UI3 → (⊖) 8VJ2

23 정답 ④

NWRB → MXSA → XMAS
⊖ ⊙

24 정답 ②

OHMJ → QHML → PINK
⊕ ⊖

25 정답 ④

스마트팩토리의 주요 기술 중 하나인 에지 컴퓨팅은 중앙 데이터 센터와 직접 소통하는 클라우드 컴퓨팅과 달리 산업 현장에서 발생하는 데이터를 에지 데이터 센터에서 사전 처리한 후 선별하여 전송하기 때문에 데이터 처리 지연 시간을 줄일 수 있다.

26 정답 ④

테아플라빈(Theaflavins)은 녹차가 아닌 홍차의 발효과정에서 생성된 것으로, 혈관기능을 개선하며 혈당 수치를 감소시키는 역할을 한다. 녹차의 경우 카테킨에 함유된 EGCG(Epigallocatechin-3-gallate)가 혈중 콜레스테롤 수치를 낮추는 역할을 한다.

27 정답 ④

제시문에서는 미흡한 위생 관리나 건강관리 등의 개인적 요인으로 인해 질병이 발병한다고 주장한다. 따라서 이러한 주장에 대한 반박으로는 성별, 계층, 직업 등의 사회적 요인에 따라 질병의 종류나 심각성이 다르게 나타날 수 있다는 내용의 ④가 가장 적절하다.

28 정답 ⑤

제시문에서는 대리모가 아이를 금전적인 대가를 받는 수단으로 취급하여 인간의 존엄과 가치를 침해한다는 것을 전제로 대리모의 허용을 반대한다. 이러한 주장을 반박하기 위해서는 근거로 제시하고 있는 전제를 부정하는 것이 효과적이므로 대리모는 아이가 아닌 임신·출산 서비스를 매매의 대상으로 삼는다는 ⑤를 통해 반박하는 것이 가장 적절하다.

오답분석

①·② 대리모를 찬성하는 입장에 해당하나, 제시문의 주장과는 전혀 다른 관점에서 반박하고 있으므로 적절하지 않다.
③·④ 대리모를 통해 발생할 수 있는 문제에 대한 해결책에 해당하므로 제시문의 주장에 대한 반박으로 적절하지 않다.

29 정답 ③

랜드스케이프 건축가들은 건물의 내부와 외부를 각각의 고정된 의미로 분리하여 바라보려는 전통적인 이분법적 관점을 거부하고, 이들을 하나의 주름 잡힌 표면으로 보고자 하였으므로 건물 표면의 주름진 곡선을 통해 서로 관계를 맺고 있는 건물의 내부와 외부를 표현하고자 했음을 알 수 있다.

오답분석

① 랜드스케이프 건축에서는 대지와 건물 자체가 새로운 의미를 생성하는 능동적인 존재로 작동하므로 건물이 대지의 의미를 규정한다는 내용은 옳지 않다. 건물 전체가 대지를 덮고 있는 DDP의 형상은 대지와 건물의 연속된 통합을 의미한다.
② 랜드스케이프 건축에서의 내부 공간은 성격이 고정되지 않고, 우연적인 상황 혹은 주변의 여러 가지 요인의 전개로 인해 재구성될 수 있는 잠재적인 특징을 지닌다.
④ 랜드스케이프 건축의 가장 큰 특징은 하나로 연결되어 통합된 공간으로 볼 수 있으며, 고객의 편의성 향상과는 거리가 멀다.
⑤ 랜드스케이프 건축에서는 내부와 외부의 구분을 모호하게 함으로써 건물 내부에서 외부를 바라보는 시선과 외부에서 내부를 바라보는 응시를 동시에 담아낼 수 있다.

30 정답 ⑤

바우마이스터에 따르면 개인은 자신이 가지고 있는 제한된 에너지를 자기 조절 과정에 사용하는데, 이때 에너지를 많이 사용한다고 하더라도 긴박한 상황을 대비하여 에너지의 일부를 남겨 두기 때문에 에너지가 완전히 고갈되는 상황은 벌어지지 않는다. 즉, L씨는 식단 조절 과정에 에너지를 효율적으로 사용하지 못하였을 뿐, 에너지가 고갈되어 식단 조절에 실패한 것은 아니다.

오답분석

① 밴두라에 따르면 인간은 자기 조절 능력을 선천적으로 가지고 있으며, 자기 조절은 세 가지의 하위 기능인 자기 검열, 자기 판단, 자기 반응의 과정을 통해 작동한다.
② 밴두라에 따르면 자기 반응은 자신이 한 행동 이후에 자신에게 부여하는 정서적 현상을 의미하는데, 자신이 지향하는 목표와 관련된 개인적 표준에 부합하지 않은 행동은 죄책감이나 수치심이라는 자기 반응을 만들어 낸다.
③ 밴두라에 따르면 선천적으로 자기 조절 능력을 가지고 있는 인간은 가치 있는 것을 획득하기 위해 행동하거나 두려워하는 것을 피하기 위해 행동한다.
④ 바우마이스터에 따르면 자기 조절은 개인적 표준, 모니터링, 동기, 에너지로 구성된다. L씨의 건강관리는 개인의 목표 성취와 관련된 개인적 표준에 해당하며, 이를 위해 L씨는 자신의 행동을 관찰하는 모니터링 과정을 거쳤다.

제2회 최종점검 모의고사

01	02	03	04	05	06	07	08	09	10
②	④	④	④	③	④	③	③	③	④
11	12	13	14	15	16	17	18	19	20
④	②	⑤	④	③	④	①	④	⑤	①
21	22	23	24	25	26	27	28	29	30
②	⑤	③	①	⑤	②	⑤	④	⑤	⑤

01 정답 ②

'노트북을 구매한다.'를 '노', '흰색 마우스를 구매한다.'를 '마', '키보드를 구매한다.'를 '키'라고 하자.

구분	명제	대우
전제1	**노 → 마**	마× → 노×
결론	**노 → 키**	키× → 노×

전제1의 대우가 결론으로 연결되려면, 전제2는 마 → 키가 되어야 한다. 따라서 전제2는 '마우스를 구매한 사람은 키보드를 구입했다.'의 대우인 ②이다.

02 정답 ④

'도로가 언다.'를 '도', '사고가 잘 난다.'를 '사', '도로 정비가 되어 있다.'를 '정'이라고 하자.

구분	명제	대우
전제1	**도 → 사**	사× → 도×
결론	사× → 정	**정× → 사**

전제1이 결론의 대우로 연결되려면, 전제2는 정× → 도가 되어야 한다. 따라서 전제2는 '도로 정비를 하지 않으면 도로가 언다.'인 ④이다.

03 정답 ④

'경찰에 잡힌다.'를 '경', '도둑질을 했다.'를 '도', '감옥에 간다.'를 '감'이라고 하자.

구분	명제	대우
전제1	**경× → 도×**	도 → 경
결론	**감× → 도×**	도 → 감

전제1이 결론으로 연결되려면, 전제2는 감× → 경×가 되어야 한다. 따라서 전제2는 '감옥에 가지 않은 사람은 모두 경찰에 잡히지 않는다.'의 대우인 ④이다.

04 정답 ④

주어진 조건을 정리하면 다음과 같다.

구분	영어(3명)	중국어(2명)	일본어(1명)	프랑스어(1명)	독일어(1명)
A	○	×	×	×	○
B	○	○	×		×
C	×	○	○	×	×
D	○	×	×		×

D 또는 B가 프랑스어를 할 줄 알기 때문에 D가 어느 국가로 파견 근무를 떠나는지 알 수 없다.

오답분석

① A는 영어와 독일어 두 개의 외국어를 능통하게 할 수 있다.
② B는 영어와 중국어를 능통하게 하지만, 프랑스어도 능통하게 하는지 알 수 없다.
③ C는 일본어를 능통하게 하므로 일본으로 파견 근무를 떠난다.
⑤ A는 영어, 독일어를 능통하게 하고, C는 중국어 일본어를 능통하게 하기 때문에 동일하게 능통하게 하는 외국어는 없다.

05 정답 ③

먼저 진구가 장학생으로 선정되지 않으면 광수가 장학생으로 선정된다는 전제(~진 → 광)에 따라 광수가 장학생으로 선정될 것이라고 하였으므로 '진구가 장학생으로 선정되지 않는다(~진).'는 내용의 전제가 추가되어야 함을 알 수 있다. 따라서 〈보기〉 중 진구와 관련된 내용의 전제인 ㄴ이 반드시 추가되어야 한다. 이때, 지은이가 선정되면 진구는 선정되지 않는다고(지 → ~진) 하였으므로 지은이가 선정된다(지)는 전제 ㄷ도 함께 필요한 것을 알 수 있다. 결국 ㄴ과 ㄷ이 전제로 추가되면, '지은이가 선정됨에 따라 진구는 선정되지 않으며, 진구가 선정되지 않으므로 광수가 선정된다(지 → ~진 → 광).'가 성립한다.

06 정답 ④

먼저 세 번째 조건에 따라 3팀은 3호실에 위치하고, 네 번째 조건에 따라 8팀과 2팀은 4호실 또는 8호실에 각각 위치한다. 이때, 두 번째 조건에 따라 2팀과 5팀은 앞뒤로 나란히 위치해야 하므로 결국 2팀과 5팀이 각각 8호실과 7호실에 나란히 위치하고, 4호실에는 8팀이 위치한다. 또한 첫 번째 조건에 따라 1팀과 7팀은 1호실 또는 5호실에 각각 위치하는데, 마지막 조건에서 4팀은 1팀과 5팀 사이에 위치한다고 하였으므로 4팀이 5팀 바로 앞인 6호실에 위치하고, 1팀은 5호실에 위치한다. 따라서 1호실에는 7팀이 위치하고, 바로 뒤 2호실에는 6팀이 위치한다.

이를 종합하여 기획 1~8팀의 사무실을 배치하면 다음과 같다.

창고	입구	계단
기획 7팀	복도	기획 1팀
기획 6팀		기획 4팀
기획 3팀		기획 5팀
기획 8팀		기획 2팀

따라서 기획 4팀과 기획 6팀은 복도를 사이에 두고 마주하는 것을 알 수 있다.

오답분석

① 창고 뒤에는 기획 7팀의 사무실이 위치하며, 기획 1팀의 사무실은 계단 쪽 라인에 위치한다.
② 기획 2팀의 사무실은 8호실에 위치한다.
③ 기획 3팀과 5팀은 복도를 사이에 두고 마주한다.
⑤ 기획 7팀과 8팀은 창고 쪽의 라인에 위치한다.

07 정답 ③

주어진 조건에 따라 A~E의 이번 주 당직일을 정리하면 다음과 같다.

구분	월	화	수	목	금
〈경우 1〉	A, B, E	B	C	D	A, D
〈경우 2〉	A, B	B	C	D	A, D, E
〈경우 3〉	A, D, E	D	C	B	A, B
〈경우 4〉	A, D	D	C	B	A, B, E

따라서 C는 항상 수요일에 혼자 당직을 서므로 반드시 참이 되는 것은 ③이다.

오답분석

① 경우 3·4의 경우 B는 월요일에 당직을 서지 않는다.
② 경우 1·2의 경우 B는 금요일에 당직을 서지 않는다.
④ 경우 3·4의 경우 D는 금요일에 당직을 서지 않는다.
⑤ 경우 1·3의 경우 E는 금요일에 당직을 서지 않는다.

08 정답 ③

주어진 조건을 정리하면 1층에는 어린이 문헌 정보실과 가족 문헌 정보실, 5층에는 보존서고실, 4층에는 일반 열람실이 위치한다. 3층은 2층과 연결된 계단을 통해서만 이동이 가능하므로 엘리베이터로 이동할 수 없는 제2문헌 정보실이 3층에 위치하는 것을 알 수 있다. 제1문헌정보실은 하나의 층을 모두 사용해야 하므로 결국 남은 2층에 위치하게 된다.

1층	2층	3층	4층	5층
어린이 문헌 정보실과 가족 문헌 정보실	제1문헌 정보실	제2문헌 정보실	일반 열람실	보존 서고실

'빅데이터' 관련 도서는 정보통신, 웹, 네트워크 코너에서 찾을 수 있으므로 3층 제2문헌 정보실로 가야 한다.

09 정답 ③

용인 지점에서는 C와 D만 근무할 수 있으며, 인천 지점에서는 A와 B만 근무할 수 있다. 이때, A는 과천 지점에서 근무하므로 인천 지점에는 B가 근무하는 것을 알 수 있다. 주어진 조건에 따라 A~D의 근무 지점을 정리하면 다음과 같다.

구분	과천	인천	용인	안양
〈경우 1〉	A	B	C	D
〈경우 2〉	A	B	D	C

따라서 항상 참이 되는 것은 ③이다.

오답분석

①·② 주어진 조건만으로 A와 B가 각각 안양과 과천에서 근무한 경험이 있는지는 알 수 없다.
④·⑤ 주어진 조건만으로는 C와 D가 어느 지점에 근무하게 되었는지 정확하게 알 수 없다.

10 정답 ④

b과제는 c, f, g, h과제보다 먼저 수행하므로 K가 가장 첫 번째로 수행하는 과제는 b과제임을 알 수 있다. 또한 e과제보다 먼저 수행하는 f과제를 c과제보다 나중에 수행하므로 c과제와 f과제가 각각 두 번째, 세 번째 수행 과제임을 알 수 있다. 마지막으로 남은 g과제와 h과제 중 g과제는 h과제보다 먼저 수행한다.

신입사원 K가 수행할 교육 과제의 순서를 정리하면 다음과 같다.

첫 번째	두 번째	세 번째	네 번째	다섯 번째	여섯 번째
b과제	c과제	f과제	e과제	g과제	h과제

따라서 K가 다섯 번째로 수행할 교육 과제는 g과제이다.

11 정답 ④

주어진 조건에 따라 선반에 놓여 있는 사무용품을 정리하면 다음과 같다.

층	사무용품
5층	보드마카, 접착 메모지
4층	스테이플러, 볼펜
3층	2공 펀치, 형광펜
2층	서류정리함, 북엔드
1층	인덱스 바인더, 지우개

보드마카와 접착 메모지는 5층 선반에 놓여 있으므로 선반의 가장 높은 층에 놓여 있음을 알 수 있다.

12 정답 ②

먼저, 네 번째 조건에 따라 마 지사장은 D지사에 근무하며 다섯 번째 조건에 따라 바 지사장은 본사와 두 번째로 가까운 B지사에 근무하는 것을 알 수 있다. 다 지사장은 D지사에 근무하는 마 지사장 바로 옆 지사에 근무하지 않는다는 두 번째 조건에 따라 C 또는 E지사에 근무할 수 없다. 이때, 다 지사장은 나 지사장과 나란히 근무해야 하므로 F지사에 다 지사장이, E지사에 나 지사장이 근무하는 것을 알 수 있다. 마지막으로 라 지사장이 가 지사장보다 본사에 가깝게 근무한다는 세 번째 조건에 따라 라 지사장이 A지사에, 가 지사장이 C지사에 근무하게 된다.

본사	A	B	C	D	E	F
	라	바	가	마	나	다

따라서 A ~ F지사로 발령받은 지사장을 순서대로 나열하면 '라 – 바 – 가 – 마 – 나 – 다'이다.

13 정답 ⑤

주어진 조건에 따르면 과장은 회색 코트를 입고, 연구팀 직원은 갈색 코트를 입었으므로 가장 낮은 직급인 기획팀의 C사원은 검은색 코트를 입었음을 알 수 있다. 이때, 과장이 속한 팀은 디자인팀이며, 연구팀 직원의 직급은 대리임을 알 수 있지만, 각각 디자인팀의 과장과 연구팀의 대리가 A, B 중 누구인지는 알 수 없다. 이것을 정리하면 다음과 같다.

구분	A 또는 B	A 또는 B	C
직급	과장	대리	사원
코트	회색	갈색	검은색
팀	디자인팀	연구팀	기획팀

따라서 항상 옳은 것은 ⑤이다.

14 정답 ④

A와 E의 진술이 상반되므로 둘 중 한 명이 거짓을 말하고 있음을 알 수 있다.

1) E의 진술이 거짓인 경우 : 지각한 사람이 D와 E 2명이 되므로 성립하지 않는다.
2) A의 진술이 거짓인 경우 : B, C, D, E의 진술이 모두 참이 되며, 지각한 사람은 D이다.

따라서 거짓을 말하는 사람은 A이며, 지각한 사람은 D이다.

15 정답 ③

먼저 마지막 정보에 따라 D는 7호실에 배정되었으므로 B와 D의 방 사이에 3개의 방이 있다는 네 번째 정보에 따라 B의 방은 3호실임을 알 수 있다. 이때, C와 D의 방이 나란히 붙어 있다는 세 번째 정보에 따라 C는 6호실 또는 8호실에 배정될 수 있다.

1) C가 6호실에 배정된 경우
   두 번째 정보에 따라 B와 C의 방 사이의 거리는 D와 E의 방 사이의 거리와 같으므로 E는 4호실 또는 10호실에 배정될 수 있다. 그러나 E가 10호실에 배정된 경우 A와 B의 방 사이에는 모두 빈방만 있거나 C와 D 두 명의 방이 있게 되므로 첫 번째 정보와 모순된다. 따라서 E는 4호실에 배정되며, A ~ E가 배정받은 방은 다음과 같다.

1	2	3	4	5	6	7	8	9	10
		B	E	A	C	D			

2) C가 8호실에 배정된 경우
   두 번째 정보에 따라 B와 C의 방 사이의 거리는 D와 E의 방 사이의 거리와 같으므로 E는 2호실에 배정된다. 또한 첫 번째 정보에 따라 A와 B의 방 사이의 방에는 반드시 1명이 배정되어야 하므로 A는 1호실에 배정된다.

1	2	3	4	5	6	7	8	9	10
A	E	B				D	C		

따라서 항상 참이 되는 것은 '9호실은 빈방이다.'의 ③이다.

16 정답 ④

'마수걸이'는 '맨 처음으로 물건을 파는 일'의 뜻으로 '시장을 처음 열어 물건의 매매를 시작함'이라는 뜻인 '개시'와 유의관계이다. 따라서 '엉클어지거나 흐리지 않고 아주 분명하다.'의 뜻을 가진 '뚜렷하다'와 유의관계인 단어는 '모습이나 소리 따위가 흐릿함이 없이 똑똑하고 뚜렷하다.'이라는 뜻인 '분명하다'이다.

오답분석

① 흐릿하다 : 조금 흐린 듯하다.
② 복잡하다 : 일이나 감정 따위가 갈피를 잡기 어려울 만큼 여러 가지가 얽혀 있다.
③ 깔끔하다 : 생김새 따위가 매끈하고 깨끗하다.
⑤ 산뜻하다 : 기분이나 느낌이 깨끗하고 시원하다.

17 정답 ①

'하락'은 '값이나 등급 따위가 떨어짐'이라는 뜻이므로 '물건값이 뛰어 오름'이라는 뜻인 '등귀'과 반의관계이고, 나머지는 유의관계이다.

오답분석

② • 전진 : 앞으로 나아감
  • 진보 : 정도나 수준이 나아지거나 높아짐
③ • 초대 : 어떤 모임에 참가해 줄 것을 청함
  • 초청 : 사람을 청하여 부름
④ • 지탄 : 잘못을 지적하여 비난함
  • 비판 : 현상이나 사물의 옳고 그름을 판단하여 밝히거나 잘못된 점을 지적함
⑤ • 개탄 : 분하거나 못마땅하게 여겨 한탄함
  • 분개 : 몹시 분하게 여김

18 정답 ④

규칙은 세로 방향으로 적용된다.
첫 번째 도형을 180° 회전한 것이 두 번째 도형, 이를 x축 기준으로 대칭 이동한 것이 세 번째 도형이다.

19 정답 ⑤

규칙은 세로 방향으로 적용된다.
첫 번째 y축 기준으로 대칭 이동한 것이 두 번째 도형, 이를 색 반전한 것이 세 번째 도형이다.

20 정답 ①

규칙은 가로 방향으로 적용된다.
첫 번째 도형을 x축 기준으로 대칭 이동한 것이 두 번째 도형, 이를 시계 방향으로 90° 회전한 것이 세 번째 도형이다.

21 정답 ②

• 문자표

A	B	C	D	E	F	G	H	I	J
K	L	M	N	O	P	Q	R	S	T
U	V	W	X	Y	Z				
0	1	2	3	4	5	6	7	8	9

• 규칙

♧ : 각 자릿수 +0, +1, +2, +3
♣ : 각 자릿수 +0, +1, +0, −1
◎ : 1234 → 1243
● : 1234 → 3412

S7BS → S7SB → SBS7
     ◎   ●

22 정답 ⑤

WW4W → 4WWW → 4XYZ
     ●   ♧

23 정답 ③

EDRO → EETR → TREE
     ♧   ●

24 정답 ①

CH25 → CH52 → 52CH → 53CG
     ◎   ●   ♣

25 정답 ⑤

마지막 문단의 '칸트의 생각들은 독일 철학의 흐름 속에 이어지다가 후일 아인슈타인에게도 결정적 힌트가 되었다.'라는 내용에서 칸트의 견해가 아이슈타인에게 영향을 끼친 것은 알 수 있지만, 두 사람의 견해가 같다는 것은 확인할 수 없다.

오답분석

① '우리는 이 개념들을 배워서 아는 것이 아니다. 즉, 경험에 앞서 이미 아는 것이다.'에서 공간, 시간 등의 개념은 태어날 때부터 가진 것임을 알 수 있다.
② '경험에 앞서는 범주를 제시했다는 점에서 혁명적 개념이었고, 경험을 강조한 베이컨 주의에 대한 강력한 반동인 셈이다.'라는 내용을 통해 낭만주의와 베이컨 주의가 상반된 내용을 다룬다는 것을 짐작할 수 있다.
③ '현상으로서 공간과 시간은 그 자체로서 존재할 수 없고 단지 우리 안에서만 존재할 수 있다.'는 내용을 통해 알 수 있다.
④ 세 번째 문단 중 '칸트가 건설한 철학적 관념론은 … 객관적이고 물질적인 것에서 근본을 찾는 유물론과는 분명한 대척점에 있는 관점이다.'라는 내용을 통해 객관적이기보다는 주관적인 것에 가깝다는 것을 유추할 수 있다.

26 정답 ②

'피터팬증후군이라는 말로 표현되기도 하였으나, 이와 달리 키덜트는 … 긍정적인 이미지를 가지고 있다.'라는 내용을 통해 두 단어가 혼용하여 사용하지 않음을 알 수 있다.

오답분석

① '20 ~ 40대의 어른이 되었음에도 불구하고'라는 구절에서 나이를 알 수 있다.

③ '키덜트는 각박한 현대인의 생활 속에서 마음 한구석에 어린이의 심상을 유지하는 사람들로 긍정적인 이미지를 가지고 있다.'라는 문장을 통해 키덜트와 현대사회가 밀접한 관련이 있음을 짐작할 수 있다.
④ '키덜트들은 이를 통해 얻은 영감이나 에너지가 일에 도움이 된다고 한다.'의 내용에서 찾을 수 있다.
⑤ '기업들은 키덜트족을 타깃으로 하는 상품과 서비스를 만들어내고 있으며'를 통해 시장의 수요자임을 알 수 있다.

27 정답 ⑤

고전주의 범죄학에서는 인간의 모든 행위는 자유 의지에 입각한 합리적 판단에 따라 이루어지므로 범죄에 비례해 형벌을 부과할 경우 범죄가 억제될 수 있다고 주장한다. 따라서 이러한 주장에 대한 반박으로는 사회적 요인의 영향 등을 고려할 때 범죄는 개인의 자유 의지로 통제할 수 없다는 내용의 ⑤가 가장 적절하다.

오답분석

②·③·④ 고전주의 범죄학의 입장에 해당한다.

28 정답 ④

제시문에서는 청소년들의 과도한 불안이 집중을 방해하여 학업 수행에 부정적으로 작용한다고 주장한다. 따라서 이러한 주장에 대한 반박으로는 오히려 불안이 긍정적으로 작용할 수 있다는 내용의 ④가 가장 적절하다.

29 정답 ⑤

김 씨에게 탁구를 가르쳐 준 사람에 대한 정보는 말로 표현할 수 있는 서술 정보에 해당하며, 이는 뇌의 내측두엽에 있는 해마에 저장된다.

오답분석

① 김 씨는 내측두엽의 해마가 손상된 것일 뿐 감정이나 공포와 관련된 기억이 저장되는 편도체의 손상 여부는 알 수 없다.
② 대뇌피질에 저장된 수술 전의 기존 휴대폰 번호는 말로 표현할 수 있는 서술 정보에 해당한다.
③ 운동 기술은 대뇌의 선조체나 소뇌에 저장되는데, 김 씨는 수술 후 탁구 기술을 배우는 데 문제가 없으므로 대뇌의 선조체는 손상되지 않았음을 알 수 있다.
④ 탁구 기술은 비서술 정보이므로 대뇌의 선도체나 소뇌에 저장되었을 것이다.

30 정답 ⑤

배심원들이 의견을 바꾸어 나간 것은 다른 배심원들의 동조에 영향을 미쳤던 만장일치 여부에 따른 결정에서 끝까지 손을 들지 않은 한 명의 배심원으로 인해 동조의 정도가 급격히 약화되었기 때문이다. 특정 정보를 제공하는 사람의 권위와 그에 대한 신뢰도가 높을 때 동조 현상이 강하게 나타날 수 있지만, 처음에 유죄라고 생각했던 배심원들은 반대한 배심원의 권위에 따라 동조한 것이 아니라 타당한 증거에 따라 의견을 바꾼 것으로 볼 수 있다.

오답분석

① 자신의 판단에 대한 확신이 들지 않을수록 동조 현상이 강하게 나타난다고 하였으므로 배심원들은 소년이 살인범이라는 확신이 없었을 것이다.
② 사람들은 집단으로부터 소외되지 않기 위해 동조를 하게 된다고 하였으므로 배심원들은 집단으로부터 소외되지 않기 위해 손을 들었을 것이다.
③ 지지자 집단의 규모가 클수록 지지를 이끌어내는 데에 효과적으로 작용한다고 하였으므로 대다수의 배심원이 손을 들었기 때문에 나머지 배심원들도 뒤늦게 손을 들 수 있었을 것이다.
④ 집단 구성원들의 만장일치 여부가 동조에 큰 영향을 미치는데, 이때 단 한 명이라도 이탈자가 생기면 동조의 정도가 급격히 약화된다. 따라서 유일하게 반대한 단 한 명의 배심원으로 인해 동조가 급격히 약화되었을 것이다.

제3회 최종점검 모의고사

01	02	03	04	05	06	07	08	09	10
②	⑤	④	③	④	②	③	④	①	⑤
11	12	13	14	15	16	17	18	19	20
③	①	③	②	③	④	⑤	①	③	①
21	22	23	24	25	26	27	28	29	30
②	①	④	⑤	②	⑤	④	⑤	④	④

01 정답 ②

'케이크를 좋아한다.'를 '케', '마카롱을 좋아한다.'를 '마', '머핀을 좋아한다.'를 '머'라고 하자

구분	명제	대우
전제1	**케 → 마×**	마 → 케×
결론	**케 → 머**	머× → 케×

전제1이 결론으로 연결되려면, 전제2는 마× → 머가 되어야 한다. 따라서 전제2는 '마카롱을 좋아하지 않으면, 머핀을 좋아한다.'인 ②이다.

02 정답 ⑤

'모든 사람'을 '사', '권리능력을 가지고 있다.'를 '권', '소유권을 행사할 수 있다.'를 '소'라고 하자

구분	명제	대우
전제1	**사 → 권**	권× → 사×
결론	**사 → 소**	소× → 사×

전제1이 결론으로 연결되려면, 전제2는 '권 → 소'가 되어야 한다. 따라서 전제2는 '권리를 가지고 있으면, 소유권을 행사할 수 있다.'인 ⑤이다.

03 정답 ④

'탁구를 잘 하는 사람'을 A, '테니스를 잘하는 사람'을 B, '집중력이 좋은 사람'을 C라고 하면, 전제1과 결론은 다음과 같은 벤다이어그램으로 나타낼 수 있다.

1) 전제1

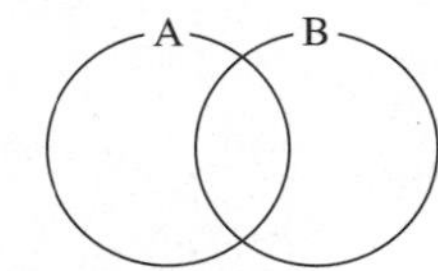

2) 결론

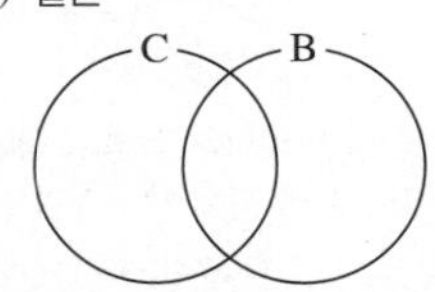

결론이 참이 되기 위해서는 B와 공통되는 부분의 A와 C가 연결되어야 하므로 A를 C에 모두 포함시켜야 한다. 즉, 다음과 같은 벤다이어그램이 성립할 때 결론이 참이 될 수 있으므로 전제2에 들어갈 명제는 '탁구를 잘 하는 사람은 모두 집중력이 좋다.'의 ④이다.

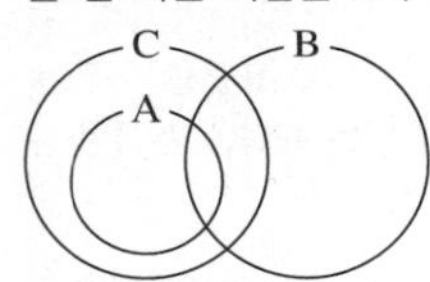

오답분석

① 다음과 같은 경우 성립하지 않는다.

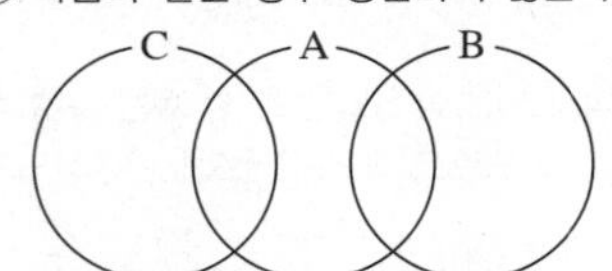

③ 다음과 같은 경우 성립하지 않는다.

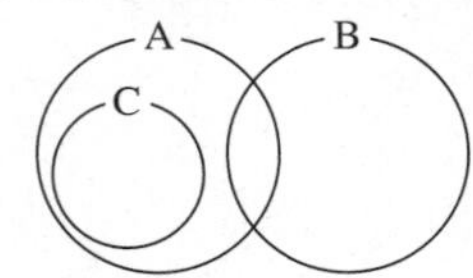

04 정답 ③

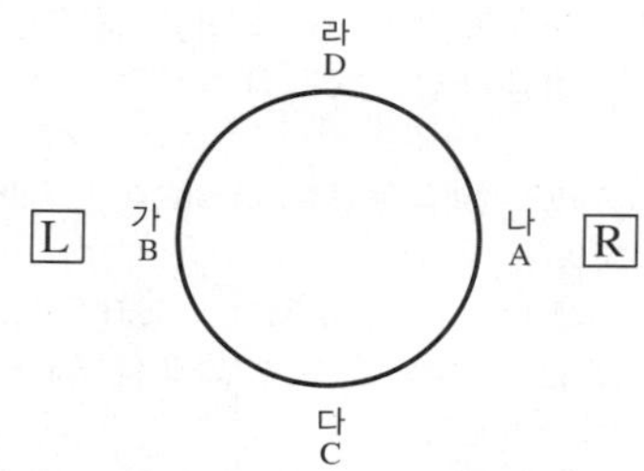

첫 번째 조건과 다섯 번째 조건에 의하여 다 직원의 위치는 시계 6시 방향이고, 9시 방향과 12시 방향은 각각 B인턴과 D인턴을 맡은 직원이 앉게 된다.

두 번째 조건에 의하여 A인턴을 맡은 직원은 3시 방향에 앉고, 세 번째 조건에 의하여 라 직원은 12시 방향에 앉아 있으므로 D인턴을 맡은 직원은 라 직원이다.

네 번째 조건에 의하여 나 직원은 3시 방향에, 가 직원은 9시 방향에 앉아 있게 되므로 A인턴을 맡은 직원은 나 직원, B인턴을 맡은 직원은 가 직원이다. 즉, 남은 C인턴은 다 직원이 맡는다.

05 정답 ④

두 번째, 네 번째 조건에 의해, B는 치통에 사용되는 약이고, A는 세 번째, 네 번째 조건에 의해 몸살에 사용되는 약이다.

∴ A – 몸살, B – 치통, C – 배탈, D – 피부병

두 번째, 다섯 번째 조건에 의해, 은정이의 처방전은 B, 희경이의 처방전은 C에 해당된다. 그러면 소미의 처방전은 마지막 조건에 의해 D에 해당된다.

∴ A – 정선, B – 은정, C – 희경, D – 소미

06 정답 ②

첫 번째, 두 번째 조건에 따라 로봇은 '3번 – 1번 – 2번 – 4번' 또는 '3번 – 2번 – 1번 – 4번' 순서로 전시되어 있으며, 사용 언어는 세 번째, 네 번째, 다섯 번째 조건에 따라 '중국어 – 영어 – 한국어 – 일본어' 또는 '일본어 – 중국어 – 영어 – 한국어' 순서이다. 제시된 조건에 의해 3번 로봇의 자리가 정해지게 되는데, 3번 로봇은 일본어를 사용하지 않는다고 하였으므로, 사용 언어별 순서는 '중국어 – 영어 – 한국어 – 일본어' 순이다. 또한, 2번 로봇은 한국어를 사용하지 않는다고 하였으므로, '3번 – 2번 – 1번 – 4번' 순서이다.

오답분석

① 1번 로봇은 한국어를 사용한다.
③ 4번 로봇은 일본어를 사용한다.
④ 중국어를 사용하는 3번 로봇은 영어를 사용하는 2번 로봇의 옆에 위치해 있다.
⑤ 영어를 사용하는 로봇은 한국어를 사용하는 로봇의 왼쪽에 위치해 있다.

07 정답 ③

첫 번째 조건에 따라 주거복지기획부가 반드시 참석해야 하므로 네 번째 조건의 대우에 의해 산업경제사업부는 참석하지 않는다. 다섯 번째 조건에 따라 두 경우로 나타내면 다음과 같다.

- 노사협력부가 참석하는 경우
  세 번째 조건의 대우에 따라 인재관리부는 참석하지 않으며, 다섯 번째 조건에 따라 공유재산관리부도 불참하고, 공유재산개발부는 참석할 수도 있고 참석하지 않을 수도 있다.
  즉, 주거복지기획부, 노사협력부, 공유재산개발부가 주간 회의에 참석할 수 있다.
- 공유재산관리부가 참석하는 경우
  두 번째 조건에 따라 공유재산개발부도 참석하며, 다섯 번째 조건에 따라 노사협력부는 참석하지 않고, 인재관리부는 참석할 수도 있고 참석하지 않을 수도 있다.
  즉, 주거복지기획부, 공유재산관리부, 공유재산개발부, 인재관리부가 주간 회의에 참석할 수 있다.

따라서 이번 주 주간 회의에 참석할 부서의 최대 수는 4개이다.

08 정답 ④

먼저 L씨가 월요일부터 토요일까지 운동 스케줄을 등록할 때, 토요일에는 리포머 수업만 진행되므로 L씨는 토요일에 리포머 수업을 선택해야 한다.

금요일에는 체어 수업에 참여하므로 네 번째 조건에 따라 목요일에는 바렐 또는 리포머 수업만 선택할 수 있다. 그런데 L씨가 화요일에 바렐 수업을 선택한다면, 목요일에는 리포머 수업만 선택할 수 있다. 따라서 수요일에는 리포머 수업을 선택할 수 없으며, 반드시 체어 수업을 선택해야 한다.

월	화	수	목	금	토
리포머	바렐	체어	리포머	체어	리포머

오답분석

L씨가 등록할 수 있는 월 ~ 토요일까지의 운동 스케줄은 다음과 같다.

구분	월	화	수	목	금	토
경우 1	리포머	바렐	체어	리포머	체어	리포머
경우 2	리포머	체어	바렐	리포머	체어	리포머
경우 3	리포머	체어	리포머	바렐	체어	리포머
경우 4	체어	리포머	바렐	리포머	체어	리포머
경우 5	바렐	리포머	체어	리포머	체어	리포머

① 경우 2와 경우 3에 따라 옳은 내용이다.
② 경우 4에 따라 옳은 내용이다.
③ 경우 2에 따라 옳은 내용이다.
⑤ 경우 3에 따라 옳은 내용이다.

09 정답 ①

오른쪽 끝자리에는 30대 남성이, 왼쪽에서 두 번째 자리에는 40대 남성이 앉으므로 네 번째 조건에 따라 30대 여성은 왼쪽에서 네 번째 자리에 앉아야 한다. 이때, 40대 여성은 왼쪽에서 첫 번째 자리에 앉아야 하므로 남은 자리에 20대 남녀가 앉을 수 있다.

1) 경우1

40대 여성	40대 남성	20대 여성	30대 여성	20대 남성	30대 남성

2) 경우2

40대 여성	40대 남성	20대 남성	30대 여성	20대 여성	30대 남성

따라서 항상 옳은 것은 ①이다.

10 정답 ⑤

먼저 첫 번째 조건에 따라 감염대책위원장과 백신수급위원장은 함께 뽑힐 수 없으므로 감염대책위원장이 뽑히는 경우와 백신수급위원장이 뽑히는 경우로 나누어 볼 수 있다.

1) 감염대책위원장이 뽑히는 경우
   첫 번째 조건에 따라 백신수급위원장은 뽑히지 않으며, 두 번째 조건에 따라 위생관리위원장 2명이 모두 뽑힌다. 이때, 위원회는 총 4명으로 구성되므로 나머지 후보 중 생활방역위원장 1명이 뽑힌다.
2) 백신수급위원장이 뽑히는 경우
   첫 번째 조건에 따라 감염대책위원장은 뽑히지 않으며, 세 번째 조건에 따라 생활방역위원장은 3명 이상이 뽑힐 수 없으므로 1명 또는 2명이 뽑힐 수 있다. 따라서 생활방역위원장 2명이 뽑히면 위생관리위원장은 1명이 뽑히고, 생활방역위원장 1명이 뽑히면 위생관리위원장은 2명이 뽑힌다.

이를 표로 정리하면 다음과 같다.

구분	감염병관리위원회 구성원
경우 1	감염대책위원장 1명, 위생관리위원장 2명, 생활방역위원장 1명
경우 2	백신수급위원장 1명, 위생관리위원장 1명, 생활방역위원장 2명
경우 3	백신수급위원장 1명, 위생관리위원장 2명, 생활방역위원장 1명

따라서 항상 참이 되는 것은 '생활방역위원장이 뽑히면 위생관리위원장도 뽑힌다.'인 ⑤이다.

오답분석

① 경우 3에서는 위생관리위원장 2명이 뽑힌다.
② 경우 2에서는 생활방역위원장 2명이 뽑힌다.
③ 어떤 경우에도 감염대책위원장과 백신수급위원장은 함께 뽑히지 않는다.
④ 감염대책위원장이 뽑히면 생활방역위원장은 1명이 뽑힌다.

11 정답 ③

다음의 논리 순서를 따라 주어진 조건을 정리하면 쉽게 접근할 수 있다.

- 첫 번째 조건 : B부장의 자리는 출입문과 가장 먼 10번 자리에 배치된다.
- 두 번째 조건 : C대리와 D과장은 마주봐야 하므로 2·7번 또는 4·9번 자리에 앉을 수 있다.
- 세 번째 조건 : E차장은 B부장과 마주보거나 옆자리이므로 5번과 9번에 배치될 수 있지만, 다섯 번째 조건에 따라 옆자리가 비어있어야 하므로 5번 자리에 배치된다.
- 다섯 번째 조건 : E차장 옆자리는 공석이므로 4번 자리는 아무도 앉을 수가 없어 C대리는 7번 자리에 앉고, D과장은 2번 자리에 앉아야 한다.
- 일곱 번째 조건 : 과장끼리 마주보거나 나란히 앉을 수 없으므로 G과장은 3번 자리에 앉을 수 없고, 6번과 9번에 앉을 수 있다.
- 여섯 번째 조건 : F대리는 마주보는 자리에 아무도 앉지 않아야 하므로 9번 자리에 배치되어야 하고 G과장은 6번 자리에 앉아야 한다.

따라서 주어진 조건에 맞게 자리배치를 정리하면 다음과 같다.

출입문				
1 – 신입사원	2 – D과장	×	×	5 – E차장
6 – G과장	7 – C대리	8 – A사원	9 – F대리	10 – B부장

12 정답 ①

제시된 조건을 표로 나타내면 다음과 같다.

구분	경우	경우 2	경우 3	경우 4
6층	F	F	E	D
5층	A	A	A	A
4층	D	E	F	F
3층	B	B	B	B
2층	E	D	D	E
1층	C	C	C	C

오답분석

②·⑤ C는 1층에 입주했다.
③ F는 6층, 4층에 입주할 수 있다.
④ D는 6층, 4층, 2층에 입주할 수 있다.

13 정답 ③

김 과장이 2주차 월요일에 단식을 했기 때문에, 1주차 토요일과 일요일은 반드시 세 끼 식사를 해야 한다. 또한 목요일은 업무약속으로 점심 식사를 했으므로 단식을 할 수 없다.

구분	월	화	수	목	금	토	일
아침	○		○	○	○	○	○
점심				○		○	○
저녁				○		○	○

• 월요일에 단식을 했을 경우
화・수요일은 세 끼 식사를 해야 한다. 그러면 금요일이 단식일이 되는데, 이 경우 네 번째 조건을 만족하지 못한다.
• 화요일(아침에 식사)에 단식을 했을 경우
월・수・목요일은 세 끼 식사를 해야 한다. 그러면 금요일이 단식일이 되는데, 이 경우 네 번째 조건을 만족하지 못한다.
• 화요일(저녁에 식사)에 단식을 했을 경우
월・수・목요일은 세 끼 식사를 해야 한다. 그러면 금요일이 단식일이고, 아침에 식사를 했으므로 모든 조건을 만족한다.

14 정답 ②

제시된 내용을 기호로 정리하면 다음과 같다.

- ~A → B
- A → ~C
- B → ~D
- ~D → E

E가 행사에 참여하지 않는 경우, 네 번째 조건의 대우인 ~E → D에 따라 D가 행사에 참여한다. D가 행사에 참여하면 세 번째 조건의 대우인 D → ~B에 따라 B는 행사에 참여하지 않는다. 또한 B가 행사에 참여하지 않으면 첫 번째 조건의 대우에 따라 A가 행사에 참여하고, A가 행사에 참여하면 두 번째 조건에 따라 C는 행사에 참여하지 않는다. 따라서 E가 행사에 참여하지 않을 경우 행사에 참여 가능한 사람은 A와 D 2명이다.

15 정답 ③

거짓을 말하는 사람이 1명이기 때문에 B와 C 둘 중 한명이 거짓을 말하고 있다.
B가 거짓말을 한다면 A는 진실을 말하고 있다. A는 C가 범인이라고 했고, E는 A가 범인이라고 했으므로 A와 C가 범인이다.
C가 거짓말을 한다면 B는 진실을 말하므로 A도 거짓말을 하고 있다. 1명만 거짓을 말하고 있으므로 모순이다.

16 정답 ④

제시된 단어는 유의관계이다.
'분별'은 '사물을 제 분수대로 각각 나누어서 가름'을 뜻하고, '변별'은 '사물의 옳고 그름이나 좋고 나쁨을 가림'을 뜻한다. 따라서 '존속과 멸망 또는 생존과 사망을 아울러 이르는 말'의 뜻인 '존망'과 유의관계인 단어는 '죽기와 살기'의 뜻인 '사활'이다.

오답분석

① 절명 : 목숨이 끊어짐
② 사멸 : 죽어 없어짐
③ 종신 : 목숨을 다하기까지의 동안
⑤ 인식 : 사물을 분별하고 판단하여 앎

17 정답 ⑤

'일반'은 '특별하지 아니하고 평범한 수준. 또는 그런 사람들'이라는 뜻이므로 '특별히 다름'이라는 뜻인 '특수'와 반의관계이고, 나머지는 유의관계이다.

오답분석

① • 영고 : 번성함과 쇠퇴함
 • 성쇠 : 성하고 쇠퇴함
② • 구획 : 토지 따위를 경계를 지어 가름. 또는 그런 구역
 • 경계 : 지역이 구분되는 한계. 사물이 어떠한 기준에 의하여 분간되는 한계
③ • 귀향 : 고향으로 돌아가거나 돌아옴
 • 귀성 : 부모를 뵙기 위하여 객지에서 고향으로 돌아가거나 돌아옴
④ • 결점 : 잘못되거나 부족하여 완전하지 못한 점
 • 단점 : 잘못되고 모자라는 점

18 정답 ①

규칙은 세로 방향으로 적용된다.
첫 번째 도형을 시계 방향으로 90° 회전하면 두 번째 도형이고, 이를 색 반전하면 세 번째 도형이다.

19 정답 ③

규칙은 세로 방향으로 적용된다.
첫 번째 도형을 x축 기준으로 대칭 이동한 것이 두 번째 도형이고, 이를 y축 기준으로 대칭 이동한 것이 세 번째 도형이다.

20 정답 ①

규칙은 가로 방향으로 적용된다.
첫 번째 도형을 시계 반대 방향으로 90° 회전한 것이 두 번째 도형이고, 이를 x축 기준으로 대칭 이동한 것이 세 번째 도형이다.

21 정답 ②

◐ : 각 자릿수 +4, −3, +2, −1
◆ : 1234 → 4123
▤ : 1234 → 4321
♧ : 각 자릿수 −1

E73ㅎ → ㅎE73 → ㅍD62
 ◆ ♧

22 정답 ①

5ㅅㄱ9 → 9ㄱㅅ5 → 59ㄱㅅ
 ▤ ◆

PART 3 정답 및 해설

23 정답 ④

2ㅇ7M →(♧) 1ㅅ6L →(◐) 5ㄹ8K →(▤) K8ㄹ5

24 정답 ⑤

4JR5 →(◆) 54JR →(◐) 91LQ →(♧) 80KP

25 정답 ②

사물인터넷(IoT)의 발달로 센서의 사용 또한 크게 늘고 있다.

오답분석

① 인체의 작은 움직임(주파수 2~5Hz)도 스마트폰이나 웨어러블(안경, 시계, 의복 등과 같이 신체에 작용하는 제품) 기기들의 전기 에너지원으로 사용될 수 있다.
③ 교체 및 충전식 전기 화학 배터리는 수명이 짧다는 특징을 갖고 있다.
④ 기계적 진동원은 움직이는 인체, 자동차, 진동 구조물, 물이나 공기의 흐름에 의한 진동 등 모두를 포함한다.
⑤ 전자기력 기반은 패러데이의 유도법칙을 이용하여 전기를 생산하며, 낮은 주파수의 기계적 에너지를 전기에너지로 변환하는 매우 효율적인 방법이다.

26 정답 ⑤

오염수를 희석을 시키더라도 시간이 지나면 오염물질이 다시 모여들 수 있다는 것은 엔트로피 증가의 법칙을 무시한 주장이다.

오답분석

① 초미세먼지(2.5마이크로미터)의 1만 분의 1 정도의 크기이다.
② 방사성 오염 물질은 독립된 원자 상태로 존재하기도 하나, 대부분은 다른 원소들과 화학적으로 결합한 분자 상태로 존재한다.
③ 전기적으로 중성인 경우도 있고, 양전하나 음전하를 가진 이온의 상태로 존재하기도 한다.
④ 당초 섭씨 1,000도 이상으로 뜨거웠던 건 맞지만 오랜 기간에 걸쳐 천천히 식은 상태다.

27 정답 ④

제시문에서는 사유 재산에 대한 개인의 권리 추구로 다수가 피해를 입게 된다면 사익보다 공익을 우선시하여 개인의 권리가 제한되어야 한다고 주장한다. 따라서 이러한 주장에 대한 반박으로는 개인인 땅 주인이 권리를 행사함에 따라 다수인 마을 사람들에게 발생하는 피해가 법적으로 증명되어야만 권리를 제한할 수 있다는 ④가 가장 적절하다.

28 정답 ⑤

제시문에서는 탑을 복원할 경우 탑에 담긴 역사적 의미와 함께 탑과 주변 공간의 조화가 사라지고, 정확한 자료 없이 탑을 복원한다면 탑을 온전하게 되살릴 수 없다는 점을 들어 탑을 복원하기보다는 보존해야 한다고 주장한다. 따라서 이러한 근거들과 관련이 없는 ⑤는 주장에 대한 반박으로 적절하지 않다.

29 정답 ④

삽입 정렬을 사용하여 정렬할 경우 527을 564와 비교하여 앞으로 삽입하고, 89를 564와 비교하여 527의 앞으로 삽입하고, 다시 527과 비교하여 527의 앞으로 삽입한다. 72도 이와 같은 방법으로 비교하여 정렬하면 시간 복잡도는 총 1+2+3+4=10번이 된다.
기수 정렬은 원소들 중 자릿수가 가장 큰 원소의 자릿수만큼 원소들의 자릿수의 숫자를 확인하는 과정이 반복되므로 모듈로 연산은 3회가 되고 시간 복잡도는 총 5+5+5=15번이 된다. 따라서 A씨가 삽입 정렬이나 기수 정렬 중 하나를 사용하여 정렬하더라도 시간 복잡도는 모두 10번 이상이 된다.

오답분석

① 삽입 정렬을 사용하여 정렬하면 시간 복잡도는 10번이 된다.
② 기수 정렬을 사용하여 정렬하면 시간 복잡도는 15번이 된다.
③ 기수 정렬(15번)보다 삽입 정렬(10번)을 사용하는 것이 더 효율적이다.
⑤ 삽입 정렬의 시간 복잡도는 10번, 기수 정렬의 시간 복잡도는 15번이므로 서로 동일하지 않다.

30 정답 ④

쇤베르크의 '달에 홀린 피에로'는 무조적 짜임새를 기본으로 한 작품으로, 무조 음악은 12개의 음을 자유롭게 사용한다. 따라서 쇤베르크는 기존의 조성 음악과 달리 12개의 음을 자유롭게 사용하여 작곡하였음을 알 수 있다.

오답분석

① 한슬리크는 음악의 아름다움은 오로지 음과 음의 결합에 의해 이루어진다고 주장하였으므로 '달에 홀린 피에로'에 드러난 인간의 주관적 감성은 한슬리크가 주장하는 음악적 아름다움과 거리가 멀다.
② 한슬리크는 음악의 아름다움은 외부의 어떤 것에도 의존하지 않는다고 주장하였으므로 음악 외적인 요소에 해당하는 가사는 한슬리크가 음악적 가치를 평가하는 요소에 해당하지 않을 것이다.
③ 표현주의 음악은 기존의 조성 음악으로부터의 탈피를 보여주는 대표적인 음악으로, 조성 음악의 체계는 17세기 이후 지속된 서양 음악의 구조적 기본 틀이었다. 따라서 표현주의 음악으로 무조적 짜임새의 '달에 홀린 피에로'는 서양 음악의 구조적 기본 틀에서 벗어난 작품으로 볼 수 있다.
⑤ 한슬리크는 음악 내적인 요소에서 음악의 아름다움을 찾으려 했지만, 쇤베르크는 전통적 아름다움의 개념을 거부하고 인간 내면의 주관적 감성을 충실하게 표현하고자 했다.

MEMO

I wish you the best of luck!

MEMO

I wish you the best of luck!

GSAT 삼성직무적성검사 추리 문제풀이 용지

성명 : 　　　　수험번호 :

①	②
③	④
⑤	⑥

추리

※ 본 문제풀이 용지는 온라인 GSAT 수검용으로 온라인 모의고사 응시 시 활용하기 바랍니다.

GSAT 삼성직무적성검사 추리 문제풀이 용지

성명 : 수험번호 :

⑦	⑧
⑨	⑩
⑪	⑫

추리

※ 본 문제풀이 용지는 온라인 GSAT 수검용으로 온라인 모의고사 응시 시 활용하기 바랍니다.

GSAT 삼성직무적성검사 추리 문제풀이 용지

성명 :

수험번호 :

⑬

⑭

⑮

⑯

추리

⑰

⑱

※ 본 문제풀이 용지는 온라인 GSAT 수검용으로 온라인 모의고사 응시 시 활용하기 바랍니다.

GSAT 삼성직무적성검사 추리 문제풀이 용지

성명 : **수험번호 :**

⑲	⑳
㉑	㉒
㉓	㉔

추리

※ 본 문제풀이 용지는 온라인 GSAT 수검용으로 온라인 모의고사 응시 시 활용하기 바랍니다.

GSAT 삼성직무적성검사 추리 문제풀이 용지

성명 :

수험번호 :

㉕	㉖
㉗	㉘
㉙	㉚

※ 본 문제풀이 용지는 온라인 GSAT 수검용으로 온라인 모의고사 응시 시 활용하기 바랍니다.

GSAT 삼성직무적성검사 추리 문제풀이 용지

성명 :

수험번호 :

①	②
③	④
⑤	⑥

※ 본 문제풀이 용지는 온라인 GSAT 수검용으로 온라인 모의고사 응시 시 활용하기 바랍니다.

GSAT 삼성직무적성검사 추리 문제풀이 용지

성명 : 수험번호 :

⑦	⑧
⑨	⑩
⑪	⑫

※ 본 문제풀이 용지는 온라인 GSAT 수검용으로 온라인 모의고사 응시 시 활용하기 바랍니다.

GSAT 삼성직무적성검사 추리 문제풀이 용지

성명 :

수험번호 :

⑬	⑭
⑮	⑯
⑰	⑱

※ 본 문제풀이 용지는 온라인 GSAT 수검용으로 온라인 모의고사 응시 시 활용하기 바랍니다.

GSAT 삼성직무적성검사 추리 문제풀이 용지

성명 : 　　　　　　　　**수험번호 :**

⑲	⑳
㉑	㉒
㉓	㉔

추리

※ 본 문제풀이 용지는 온라인 GSAT 수검용으로 온라인 모의고사 응시 시 활용하기 바랍니다.

GSAT 삼성직무적성검사 추리 문제풀이 용지

성명 :

수험번호 :

㉕	㉖
㉗	㉘
㉙	㉚

추리

※ 본 문제풀이 용지는 온라인 GSAT 수검용으로 온라인 모의고사 응시 시 활용하기 바랍니다.

GSAT 삼성직무적성검사 추리 문제풀이 용지

성명 : **수험번호 :**

①	②
③	④
⑤	⑥

추리

※ 본 문제풀이 용지는 온라인 GSAT 수검용으로 온라인 모의고사 응시 시 활용하기 바랍니다.

GSAT 삼성직무적성검사 추리 문제풀이 용지

성명 : 　　　　　　　　　　　　　　　　　수험번호 :

⑦	⑧
⑨	⑩
⑪	⑫

※ 본 문제풀이 용지는 온라인 GSAT 수검용으로 온라인 모의고사 응시 시 활용하기 바랍니다.

GSAT 삼성직무적성검사 추리 문제풀이 용지

성명 : 수험번호 :

⑬	⑭
⑮	⑯
⑰	⑱

※ 본 문제풀이 용지는 온라인 GSAT 수검용으로 온라인 모의고사 응시 시 활용하기 바랍니다.

GSAT 삼성직무적성검사 추리 문제풀이 용지

성명 : 수험번호 :

⑲	⑳
㉑	㉒
㉓	㉔

추리

※ 본 문제풀이 용지는 온라인 GSAT 수검용으로 온라인 모의고사 응시 시 활용하기 바랍니다.

GSAT 삼성직무적성검사 추리 문제풀이 용지

성명 : **수험번호 :**

㉕	㉖
㉗	㉘
㉙	㉚

※ 본 문제풀이 용지는 온라인 GSAT 수검용으로 온라인 모의고사 응시 시 활용하기 바랍니다.

좋은 책을 만드는 길
독자님과 함께하겠습니다.

도서나 동영상에 궁금한 점, 아쉬운 점, 만족스러운 점이
있으시다면 어떤 의견이라도 말씀해 주세요.
시대고시기획은 독자님의 의견을 모아 더 좋은 책으로 보답하겠습니다.

www.sidaegosi.com

2021 하반기 온라인 모의고사와 함께하는 삼성직무적성검사 GSAT 추리 + 무료삼성특강

개정2판1쇄 발행	2021년 09월 20일 (인쇄 2021년 08월 20일)
초 판 발 행	2020년 08월 20일 (인쇄 2020년 06월 12일)
발 행 인	박영일
책 임 편 집	이해욱
저 자	SD적성검사연구소
편 집 진 행	이경서
표지디자인	박수영
편집디자인	배선화 · 안아현
발 행 처	(주)시대고시기획
출 판 등 록	제 10-1521호
주 소	서울시 마포구 큰우물로 75 [도화동 538 성지 B/D] 9F
전 화	1600-3600
팩 스	02-701-8823
홈 페 이 지	www.sidaegosi.com
I S B N	979-11-383-0492-4 (13320)
정 가	13,000원

온라인 모의고사와 함께하는 삼성직무적성검사

GSAT

2021 하반기 채용 대비

추리

무료삼성특강

2021년 상반기 최신기출문제 복원 및 분석